# おとぎ話と魔女

## ——隠された意味——

シェルドン・キャッシュダン著

田口孝夫 訳

法政大学出版局

Sheldon Cashdan
THE WITCH MUST DIE
How Fairy Tales Shape Our Lives

「カエルのお姫さま」を
いくら読んでも飽きることのない
アリアン　に

おとぎ話と魔女／目次

# はじめに

　おとぎ話には特別な数というものがある。白雪姫の継母となった王妃は、死をもたらす贈り物を三度にわたって白雪姫のもとにもってゆく。シンデレラは最初の二回の舞踏会では言い寄る王子を何度もはぐらかすが、つぎの三度目の舞踏会で靴をなくす。また、粉屋の娘はこびとのルンペルシュティルツヒェンが三度目に登場したときに、最初の赤ん坊をあげると約束する。三度の訪問、三つの試練、三つの約束など、三という数字はおとぎ話に欠かせない主要素である。

　さて、本書『おとぎ話と魔女――隠された意味』を書き出したときに、私には三つの目的というか、三つの願いがあった。第一の目的はおとぎ話の新しい理解の仕方を提示することだった。これらのむかしの話は何を伝えているのか。それらにはどんな深い意味があるのか。われわれが最初に耳にする物語はおとぎ話であり、それはわれわれを喜ばせたり楽しませたりする。しかし、それはまた、われわれに心理的葛藤に取り組む術《すべ》を教えてくれたりもする。本書は〈子どもの七つの大罪〉を一貫したテーマとしてあつかうが、それによって、子どもが羨望、貪欲、虚栄などの人間のやっかいな性癖に対処していくのに、おとぎ話がどのように役立つかを示そうとするものである。

　二番目の目的は、ふたたび幼いころのおとぎ話の世界を訪れて、子どもにもっともらしく説明されていた物語のなかに、じつは、どのような意味が隠されていたのかを明らかにすることである。なぜ、白雪姫は三度までも邪悪な王妃を家のなかに入れてしまうのか、子どもにはその理由はほとんどわからない。しかも、七人のこびとたちは何度もそうしてはいけないと警告している。また、なぜ、「カエルの王さま」の王女が、ベッドに入れてくれというカエルの要求を拒むのかもわからない。ただ、カエルがぬめぬめしていて冷たいからなのか、それとも、それ以上の理由があるというのか。また、魔女がラプンツェルの巻き毛を切るのは、この若い娘が妊娠した罰なのだということも、一目瞭然というわけにはいかない。ラプンツェルのエプロンの腰まわりがきつくなったとなれば、妊娠したことは明らかである。おとなはこうした状況の意味するところをなんなく理解できるが、子どもにとってはそれが難しいのである。

第三の目的は、あまり人目にふれないおとぎ話を読者に提供することである。それらは児童書ではめったにお目にかかれない。「びゃくしんの木の話」や「笑わないお姫さま」などは、あまりに刺激的だったり性的だったりしたために、途中で姿を消して、後世に伝えられることはなかった。しかしながら、これらの力づよい痛烈な話も、おとぎ話や物語の豊かな遺産の一部なのであり、またそこには、「シンデレラ」「ヘンゼルとグレーテル」「眠れる森の美女」などをはじめとして、広く知られて愛されている話の種子とも言うべきものがふくまれている。

おとぎ話では、三度目の訪問があり、三つの任務が首尾よく達成され、三つの願いがかなったときに、みんなが（魔女は例外となるだろうが）いつまでも幸せに暮らすというかたちで終わる。本書もまた、その魔法というか、魅力がうしなわれないかぎり、幸福な結末をむかえることになるだろう。また、これは約束こそできないが、読者のなかには、それからずっと幸せに暮らせるようになる人もいないとはかぎらない。何が願いを実現させてくれるかは、だれにもわからないことなのだ。

## ⚜ 謝辞

本とはおとぎ話のようなものである。夢としてはじまり、実現した夢として終わる。本書『おとぎ話と魔女――隠された意味』もすべてのおとぎ話と同様に多くの配役を有している。妖精の名づけ親はリンダ・チェスター・リテラリー・エージェンシーの女性たち、すなわち、リンダ、ローリー・フォックス、とりわけジョアンナ・プルシーニといった方たちである。私の眼の輝きをみて本のことだと察してくれたのはジョアンナ女史だった。彼女はいつも激励や援助を惜しまなかったばかりでなく、さまざまな執筆段階で貴重な情報を提供し、私がいろいろ考えていたことを明確にするのに貢献してくれた。まったくすばらしい女性で、まれにみる代理人というほかない。

ベーシック・ブックス社の編集担当者ジョウ・アン・ミラー女史は、この物語のなかでは親切な魔女である。彼女は特別な魔法の杖をふるうがごとく、みごとな心理学の知識や鋭敏な知性によって最終稿をまとめるのを助けてくれた。本書の一ページ一ページに彼女の細やかな神経と専門的知識が輝き出ている。私が森のなかをとおってゆくときに彼女がかたわらにいてくれたことは、なんと幸いだったことか。グリンダがドロシーをカンザスまで送ったように、ジョウ・アンは本書を家まで送ってくれたと言っていい。

妻のエヴァは王女である。彼女はまったく骨惜しみをしなかったし、一度として不満を述べたことはなかった。彼女がどれほど草稿を繰り返し読んでくれたか、また、どれほど複雑に思い悩む心をしずめるのに役立ってくれたか、わからない。本書にすぐれたところがあるとすれば、その多くは妻のおかげであるが、それだけではない。何年もまえのこと、彼女はキス一つで私の人生を変えた。彼女がいなかったら、私はいまだに水に浮かんだ睡蓮の葉の上にすわって月をながめていたかもしれないのだ。

子ども時代に聞いたおとぎ話には、人生で教えられたどの真理よりも、深い意味がやどっている。

——フリードリヒ・シラー

わたしは白雪姫だったが、吹き溜まりにいた。

——メイ・ウェスト

# 第1章　むかし昔

私はおとぎ話の世界を二度訪れた。最初は幼かったころ、つぎは何年もたっておとなになってからである。どこでも父親や母親とはそうしたものだろうが、私の両親も「ヘンゼルとグレーテル」や「ジャックと豆の木」などの有名な話を読んでくれた。しかし、幼年時代のおとぎ話のなかで、もっとも鮮明に覚えているのは、ウォルト・ディズニーの映画によるものだった。私は暗い映画館のなかで椅子のへりにすわって『白雪姫』をみた。猟師が白雪姫の心臓を切り取ろうとするところでは息がつまりそうだった。猟師がよこしまな王妃の命令にそむいて白雪姫を逃がしてやるところでは、まわりにいた子どもたちと同じようにホッと安堵のため息をついた。それから何週間ものあいだ、私は「ハイホー、ハイホー、さあ、仕事にゆこうよ」と口ずさんだものだ。いまでこそ、こびとたち全員の名前をとっさに言えなくなっているけれども、邪悪な王妃・白雪姫・七人のこびとたちは、いつまでも華やかなイメージとして私の記憶のなかに息づいている。

長い年月が過ぎ去って、私はふたたびおとぎ話の世界を訪れた。そのころには私はもう大学で教鞭をとっていて、大学院の学生たちを相手に児童に心理療法をほどこす実習を担当していた。また、学部の学生に教えることも私の仕事にふくまれていた。「ファンタジーと民間伝承の心理学」というセミナーは好きな授業の一つで、これは私の長年の関心から生まれたものだった。ファンタジーは子どもの生活のなかで、いったいどんな役割を果たしているのか。このセミナーでは、おとぎ話の意味をさぐり、それらが子どもの心理的成長にどのような影響をおよぼすのかをみいだそうとした。月曜の午後、私は学生たちと円陣を組んですわっては、もっとも有名な二〇世紀のおとぎ話である『オズの魔法使い』やグリム兄弟の古典的物語について論じ合ったものだ。

こうした物語について語り合うときに、学生たちはなんと熱っぽくなったことか。私はまずそのことに驚いた。ただ漫然とすわってノートをとるようなほかの授業とは、雰囲気がまったくちがっていた。どの学生にも幼年時代に心の琴線にふれたお気に入りのおとぎ話があった。ある若い女子学生は寝るまえに母親が「シンデレラ」を読んでくれたことを思い出した。彼女は電気を消すまえに、母親代わりの妖精の登場するくだりを繰り返し読んで欲しいとねだったそうだ。金糸銀糸のガウンや宝石には抗《あらが》いがたい魅力があったのだ。

おとぎ話に初めて出会ってから何年もたっているというのに、このように強烈な反応を呼び起こすのは、なぜなのか。おとぎ話はなんらかの意味で私たちを変えるのだろうか。もしそうなら、どのように変えるのか。その変わらぬ魅力の裏には何があるのか。私はそうした疑問に答えようとして、じつは、おとぎ話には多くの神話があることに気がついた。その多くは私も学生たちと共有しているものだった。

## 第一の神話――おとぎ話は子ども向けの話である

おとぎ話の研究をしてみてわかったことがある。一つには、かなり多くの話が児童書には採用されていないということである。ある意味では、これはそれほど驚くべきことではないかもしれない。童話集のなかには、すべてをそっくり採用すると、どうにも手に負えなくなるほど多くの話が収められているものもある。グリム兄弟の『児童および家庭のためのおとぎ話』には、ゆうに二〇〇篇を超える話が収められているが、子ども向けの本に採用できるのは、せいぜい一二篇くらいではなかろうか。

しかし、純然たる一巻の童話集についても事情は変わらない。シャルル・ペローの『がちょうおばさんのお話』には、「シンデレラ」「赤ずきん」「眠れる森の美女」をはじめとして、一二篇のおとぎ話しか収められていないが、それでもどういうわけか、その童話集のなかの何篇かは現代版から削除されている。それらの消された物語は、採用されている物語に劣らずたいへん魅力的であり、どうして削除されてしまったのか、まったく理由がわからない。そうした消された話の一つに「ロバの皮」がある。この話はつぎのように始まる。

むかし昔、あるところに王さまが住んでいました。みんなからとても愛されていて、自分は世界一幸福な王さまだと思っていました。王さまの裕福なことといったらだれもかなわないほどで、馬小屋は最高のアラビア馬でいっぱいでした。そのなかに一頭の魔法のロバがおりました。それこそ、王さまがいちばんたいせつにしている財産で、特別な力をもっていました。なんと、それは黄金のふんをするロバだったのです。毎朝、召使いたちが馬小屋にゆくと、ロバの寝ているわらの上には、いつも、たくさんの金貨が散らばっています。この魔法のロバのおかげで、王さまは無限の財産を手にすることができたのでした。

それから、何年もの栄華の時が過ぎ去って、王さまのもとにお妃さまが瀕死の床にあるという恐ろしい知らせがとどきました。いつも王さまの幸せのことばかり考えてきたお妃さまは、息をひきとるまえに最期の力をふりしぼり、王さまに言いました。

「あなたはご自身のためだけでなく、国の人たちみんなのために、いつかは再婚しなければなりません。でも、すぐには結婚なさらないで。わたくしよりも美しく姿のいい方が出てくるまで待っていただきたいのです」

しかし、それから何年たっても国王の努力は実を結ばなかった。いまは亡き王妃よりも美しい女性は、国中探しても一人もいなかったのである。ある日、国王は突如として気がついた。この国にはかつての妻よりも美しい女性がいるではないか。ほかならぬ自分の娘こそ、その女性だ。王女は花も恥じらう美しい乙女になっていて、いまや結婚適齢期。国王は娘を花嫁にしようと考えはじめる。

お姫さまは王さまのお気持ちを知って恐ろしくなり、母親代わりの力のあるかしこい妖精に助けを求めました。妖精は王さまを避けるために、なにか、ぜったい王さまの手に入らないような結婚の贈り物をねだるといいと言いました。お姫さまは言われたとおり、まず、お星さまのようにきらきら輝くドレスが欲しいとねだりました。するとどうでしょう、翌朝、ドアの外に星のちりばめられたドレスがおかれているではありませんか。そこでこんどは、月の光でできたドレスも欲しいと言ったのですが、それでも願いはかなえられてしまいます。最後に、太陽のように光り輝くドレスでないといやだとがんばりましたが、それでも翌朝、目がさめると、ちゃんとドアの近くに想像を絶するほどの輝かしい黄金のガウンがおかれています。王さまはつぎつぎとなんでも要求をかなえてしまうのでした。

すっかり困り果てたお姫さまは、また妖精のもとにゆき、「わたし、いったい、どうしたらいいの」とたずねました。不安におびえるお姫さまに、妖精は言いました──「王さまがたいせつにしているロバの皮が欲しいとおっしゃいなさい」。妖精は自信たっぷりでした。王さまの豊かな財産はすべて、そのロバから生み出されるのだから、ぜったいに王さまはロバを殺すはずがない。「ロバがいるからこそ、莫大な財産が手に入るのです。だから、だいじょうぶ、あなたの頼みを聞き入れるようなことはしませんよ」

ところが、お姫さまは驚きました。なんと、王さまは魔法のロバを殺して、その皮を結婚の贈り物としてもってきたのです。もはや手の打ちようがありません。妖精はお姫さまにここから逃げ出すようにと言いました。お姫さまは顔と手にまっくろな煤《すす》をぬりたくり、ロバの皮にくるまって、夜の暗闇にまぎれてお城を逃げ出さなければなりません。

「できるだけ遠くまで、お逃げなさい。ドレスや宝石は土のなかをとおって、あなたのあとを追っていくでしょう。地面を三回たたけば、必要なものはなんでもすぐに手に入るはずです」

にっちもさっちもいかなくなった若い娘が、動物の姿に身をやつして父親のもとを逃げ出すという冒険物語は、おとぎ話にはよくみられる主題である。「雌グマ」というイタリアのおとぎ話では、王女が口に魔法の棒をくわえて、一時的にクマに変身し、そのかっこうで父親の城から逃げてゆく。ドイツの民話「たくさんの毛皮」では、若い娘が父親である国王に、いろいろな種類の動物の毛皮を使ってドレスをつくって欲しいと要求する。国王は娘の〈不可能〉な要望をかなえるべく、さっそく毛皮のドレスをつくってやるが、娘はそのドレスで変装して田舎へと逃げのびる。

さて、「ロバの皮」の不安におびえる王女もまた田舎へと逃げ、そこで王子のいる城をみつける。そして、なんとか城の洗濯女の職にありついた王女は、だれにも素性を知られないように、人目を避けてひっそりと暮らしはじめる。ほかの洗濯女たちは娘が悪臭を発するけだものの皮を着ているところから、娘のことを〈ロバ皮ちゃん〉と呼んでばかにする。それでも娘はひたすらだまって耐え忍び、自分が王女であることはぜったいに明かさない。

しかし、ある日、きたならしい身なりにほとほと嫌気がさした王女は、地面をたたいて自分のドレスを取り出してみる。月の光でつくられたそのドレスを身につけると、ほんのつかのま、栄光につつまれていた当時の王女の姿がよみがえった。ちょうどそのとき、偶然にも城の中庭をみまわっていた王子は、美しくよそおった王女の姿をみて、あまりの美しさに心をうばわれる。不思議な娘に一目ぼれしたのだった。しかし、その恋はあまりに激しすぎて、王子は求愛することもできず、すっかりふさぎの虫に取りつかれ、自室に引きこもってしまう。

しかし、最後には真実の恋が勝利をおさめることになる。王子は母に頼んで娘を宮殿に招いてもらう。王子には名案があった。娘の指にしかぴったりはまらない指輪が用意され、やがて、娘が汚れたロバの皮をまとって広いホールに姿をあらわす。

「中庭のいちばん奥まった部屋にすんでいるのはあなたですか？」王子さまがたずねました。
「はい、そのとおりです、王子さま」
「それでは、どうぞ、お手をお出しください」
するとどうでしょう、みんなが驚いたことに、汚れた黒い毛皮の下から、まっ白で華奢《きゃしゃ》なちいさな手がそっと差し出されたではありませんか。指輪はかんたんにするりとはまりました。そのとき、毛皮が床に落ちて、いとも美しい姿があらわれました。王子さまは娘のまえにひざまずきました。王さまとお妃さまも大喜びでした。

「ロバの皮」は王子が娘に結婚を申し込み、娘がそれを喜んで受け入れるところで終わる。娘の父親は――じつに都合のいいことに、すでに再婚していて不浄な愛から冷めているのだが――結婚式に招かれて、〈それからというもの、みんなが幸せに暮らしましたとさ〉というかたちで終わる。

「ロバの皮」が児童書から削除された理由は、ロバのユニークな能力とはあまり関係がない――子どもはウンチやオシッコに関することなら、なんでもおもしろがるものである。問題になるのは、むしろ国王の不自然な欲望のほうである。近親相姦的な欲望はおとぎ話にはみられないものなのだ。版によっては近親相姦の主題を抑制するために、娘が養女ということになっているものもある。しかし、養女であろうとなかろうと、娘に対して欲望をいだく父親のことをあつかったおとぎ話など、親たるもの、だれも子どもに読んでやろうとは思うまい。

それでは、どうしてペローの童話集にこれが出てくるのだろうか。理由はかんたん、そもそも、おとぎ話は子ども向けの話ではなかったからである。おとぎ話はもともと、社交の集まり、糸をつむぐ部屋、野良仕事など、おとなたちが集まるところで語られたのであり、決して子ども部屋で語られたわけではないのである。

初期のおとぎ話のなかに、露出行為、婦女暴行、のぞき趣味などが少なくないのは、こうした理由による。「赤ずきん」では、主人公の赤ずきんがオオカミとベッドに入るまえに、ストリップをしてみせるという版もある。また、「眠れる森の美女」の初期のかたちでは、王子は眠っている王女を陵辱して立ち去り、その結果、王女は妊娠する。「笑わないお姫さま」では、主人公の王女はうっかり魔女の陰部をみてしまったために、処女のまま一生を過ごすという運命を余儀なくされる。一八世紀になってさえ、おとぎ話はパリジャンの排他的サロンで芝居として上演され、文化的エリートたちの〈娯楽《ディヴェルティスマン》〉となっていたのである。

おとぎ話が児童文学として認められるようになったのは、一九世紀になってからのことである。そうなった理由の一つは、あちこちを旅して歩く行商人の行動にあった。かれらは〈呼び売り商人《チャップマン》〉と呼ばれ、村から村へと渡り歩いては、いろいろな家庭用品や楽譜、またチャップ・ブックと呼ばれる安価な小冊子などを売り歩いた。チャップ・ブックはほんの数ペンスで買える廉価本で、そこには民話や伝説、おとぎ話などが載せられていた。ただし、それらは大幅に書き変えられ、読み書きがそれほど得意でない読者の好みにあわせて単純化されていた。そのため、文章もつたなく挿絵も粗雑だったにもかかわらず、それは年少の読者層の心をとらえ、魔法や冒険を求める子どもたちに心から受け入れられるようになったのである。

## 第二の神話——おとぎ話を書いたのはグリム兄弟である

一八〇〇年代のはじめに、ヴィルヘルムとヤーコプのグリム兄弟は有名な二巻本の童話集『児童および家庭のためのおとぎ話』を出版した。二人が意図したのは、ドイツ民族の民族的起源を反映するような、ドイツの現存する物語や伝説の集大成を生み出すことだった。その結果、こんにち、あらゆる時代のもっとも包括的な童話集と考えられている作品集が誕生したわけである。

しかし、ヴィルヘルムとヤーコプは、じっさいには、その童話集に収められている物語を何ひとつ書かなかった。二人はただ編集したにすぎない。何世紀ものあいだ、ヨーロッパ中部に広まっていた物語をかれらに提供してくれたのは、友人や親戚の人たちだった。この童話集に収められた多くの話は、ヴィルヘルムの義理の母親ドロテア・ヴィルトが寄せたものであり、また、ジャネットとアマーリエのハッセンプフルーク姉妹の手になるものも数多い（この二人の姉妹はやがて結婚してグリム家に入る）。ほとんどの話はイタリアやフランスに起源をもつものだったが、そんなことはどうでもいい。グリム兄弟はそれらをきわめてドイツ的だと判断し、自分たちの作品集に収めたのである。

したがって、グリム兄弟の「灰かぶり《シンデレラ》」はシャルル・ペローの「シンデレラ」ときわめて近い関係にあることが判明する。どちらの話でも、意地の悪い継母とわがままな娘たちが、よってたかってヒロインにひどい仕打ちをする。ほんのささやかな楽しみさえも許さず、ヒロインが王子の目にとまらないよう画策したりもする。ただし、グリムの話には、母親代わりの妖精やガラスの靴は出てこない。代わりに登場するのは、刺繍のついた絹の靴であり、また、自分の娘の足が大きすぎて靴のサイズに合わないからといって、その足をちいさく切り詰めてしまう嫉妬ぶかい継母なのである。

同じように、グリムの「赤ずきん」は祖母を訪ねる途中、森で道草をくってしまう少女の話だが、これはペローの「赤ずきん」よりも複雑である。グリムでは、オオカミは一匹ではなく二匹登場し、そのうちの一匹は最後に溺れ死んでしまう。また、眠る王女の登場する「いばら姫」は、ペローの「眠れる森の美女」が根底から書き改められたものにほかならない。

たしかに、技術的に言えば、グリム兄弟が書いた話は一つもなかったが、それらはいっそう年少の読者にふさわしい読み物になるように変更されていた。そうした変更をうながした要因の一つは、ヴィルヘルムのピューリタン的傾向によるものだったが、また、商業的意図もそれに一役かっていた。子どもには子ども特有の関心事があるという認識が高まるにつれて、おとぎ話を求める子どもたちの市場は急速に拡大してゆく。そして、出版社は、親が子どもに安心してあたえられる本に投資したいと考えるようになったのである。

グリム兄弟によって〈書かれた〉話の多くは、翻訳されるときに変更されるのが常だった。一九世紀に出版された英語版の序文には、つぎのような翻訳者の文章が載せられている。

イギリスでは母親の反感をかいそうな短い話を一二篇ほど削除し、ほかに十分になっとくできる理由から、四つの物語について少しばかり手を加えた。厳粛な主題と下品な主題との混交はドイツにおいてはめずらしくないが、イギリスの本では好意的に受け入れられないと考えたからである。

かくて、露骨な性的言及が随所にみられる話は、子どもの感性に迎合するような話に取って代わられることになる。こうした過程において、いま読んでいる話の作者はグリム兄弟だと人々は思い込んでしまったわけである。

## 第三の神話――おとぎ話には教訓がある

三つ目のよくある誤解は、おとぎ話の教育的価値にかかわるものである。おとぎ話とは若い読者に正しいふるまいについて〈教訓〉をあたえ、いかにして人生に成功するかを教えるものである――民俗学者のなかにはこのように考える人たちがいる。そうした考え方によれば、「赤ずきん」では、母親の言うことを聞くように、そして、とくに森のなかを歩いてゆくときには知らない人に話しかけてはいけないと、子どもたちに諭していることになる。同じように「眠れる森の美女」は、子どもたちに自分の居場所でないところに入り込んではいけないと忠告する。王女は禁じられた部屋に入り込んで、毒のついた紡錘《つむ》で指を刺し、そのとき、この教訓を思い知るというわけである。

おとぎ話は教訓をあたえるという考え方は、部分的にはペローにまでさかのぼることができる。ペローの話には、多くの場合、韻文で書かれた一風変わった教訓が添えられている。たとえば、「赤ずきん」はつぎのような警告で終わる。

ちいさい皆さん、このお話はこう言っているのです――
道草をくってはいけません、
知らない人の言うことをきいてはいけません、

そんなことをすると、とんでもないことになりますよ。

なるほど、もっともな忠告ではある。ただし、「赤ずきん」は森では知らない人に近づくなという忠告よりは、食料や食人慣習との関連のほうが重要なのである。ニューヨークの娘たちが子どものころ「赤ずきん」を読んだからといって、はたしてセントラル・パークで見知らぬ男性とおしゃべりしないようになるかどうか、疑わしいものである。

ペローのいわゆる教訓のなかには、忠告としては疑問を感じさせるものもある。それらはむしろ皮肉に近い。「シンデレラ」の結末にある警告をみてみよう。

母親代わりの人がいると大助かり、
妖精の羽がなくてもかまいません。
あなたはとてもおりこうさん。おまけに
おつむがよくて勇気いっぱい、よくお勉強するがんばりやさん。
けれど、それって、なんの役にも立ちません、
いざというとき力になってくれる人がいなければ。

ここでペローが教えようとしていることは、知性や勤勉、勇気などは身分の高い知人がいなければたいして意味がないということであるらしい。自分がどういう人間かではなくて、だれを知っているかが問題だ。コネをもっていないなら、生まれつきの能力や体力などは忘れてしまいなさいという。これはたしかに政

界に入ろうとしている者には役に立つ忠告かもしれないが、育児室を出るか出ないかの子どもたちへの教訓としては、とても感心できるようなものではない。

子どもたちに教訓を教え込みたいなら、イソップの寓話をはじめ、とくに有益な教訓をあたえるために書かれた子ども向けの話をするほうがいい。「ウサギとカメ」は、遅くても着実な歩みが競争に勝つ秘訣であり、成功したいのなら、気まぐれな仕事に従事するようなまねはするなと教えてくれる。また、「羊の皮を着たオオカミ」は、だれか、ほかの人のまねをすると、けっきょく大きな犠牲をはらうことになると諭している。また、『ちびっこ機関車くん』〔一九三〇年。ワッティ・パイパー作の絵本〕――忍耐の証明――は自分の能力に自信をもつことが必要だと主張する(「ぼくにはできる、ぼくにはできるんだ……」)。おとぎ話には魅力的な特質はたくさんあるが、教訓をあたえるということは、おとぎ話の特質にかぞえることはできないのである。

## おとぎ話の意味

おとぎ話について、いったい何がこんなにも人びとの心をとらえて放さないのだろうか。なぜ、「ジャックと豆の木」や「白雪姫」、また「シンデレラ」はこんなにも魅力的なのだろうか。もっともわかりやすい説明としては、おとぎ話には類例のないほど冒険がぎっしり詰め込まれているということがあげられる。子ども向けの物語には、「ジャックと豆の木」にみられるような、死をものともしない一連の追跡をあつかう話はほとんどない。首筋にかかる食人鬼の息ほど目を本にくぎづけにするものはない。「ヘンゼルとグレーテル」にしてもそうだ。罪のない子どもたちが殺されそうになる最後のぎりぎりの瞬間に救出されるのである。子どものころに読んだ話のなかに、こうした展開を巧みに用いている話がどれくらいあったろうか。『ビロードうさぎの涙』〔一九二二年。マージャリー・ウィリアムズの絵本〕や『ちびっこ機関車くん』のような話は、それ自体としては楽しいけれども、おとぎ話のように髪の毛が逆立つようなスリル感を味わわせてくれることはない。

　また、おとぎ話は想像力をかきたてるサスペンスに満ちた冒険物語であるだけではない。ただの娯楽にすぎないのではなく、追跡シーンや絶体絶命からの救出の先には厳粛なドラマがある。そこに子どもたちの心の世界で起こる出来事が反映されているのである。おとぎ話の魅力は、最初のうちこそ、人を魅了したり楽しませたりできるという点にあるが、しかし、おとぎ話が変わらぬ価値をもっているとされるのは、それが子どもたちを助ける力をもっているからである。子どもは成長する過程で心の葛藤に直面する。おとぎ話は子どもがそうした葛藤に対処するのに役立つのである。

　このようなわけで、おとぎ話は長く読み継がれる。だからこそ、毎年、ディズニーの古典的作品の記念版が売りきれてしまうのであり、『リトル・マーメイド』や『アラジン』などの映画が観客動員記録を更新してゆくのである。「ヘンゼルとグレーテル」のように、罪もない子どもが餓死せよとばかり森に送り込まれる話の魅力については、ほかにどのように説明することができるだろうか。また「人魚姫《リトル・マーメイド》」のように、ただ契約に署名するという、ただそれだけのためにヒロインの舌が切り取られてしまう話を、ほかにどのように正当化したらいいだろう。おとぎ話が魅力的なのは、それが魔法の冒険であるだけでなく、子どもたちが日常生活における葛藤に対処するのに力をかしてくれるからにほかならない。

精神分析的見解——シンデレラとエディプスの出会い

では、いったい、子どもたちの葛藤とは、どのような性質のものなのだろうか。ジクムント・フロイトの後継者たちは、それらについて、概して性的であり、いわばエディプス・コンプレックス的関心に深く根ざしていると論じている。『昔話の魔力』を著した精神分析学者ブルーノ・ベッテルハイム〔一九〇三―九〇年。オーストリア出身の米国の学者〕の説にしたがえば、おとぎ話のなかに隠されているテクストは、男根願望、去勢不安、無意識的な近親相姦願望といったことがらを中心に展開する。ベッテルハイムによれば、隠された性心理的葛藤こそが、「赤ずきん」から「ルンペルシュティルツヒェン」にいたるまで、広範囲におよぶおとぎ話の原動力となっているという。

フロイト流に性の表出が強調されれば、こじつけ気味とは言わないまでも奇抜な解釈がいくらでも生まれてくる。たとえば、白雪姫と継母との葛藤の原因は、白雪姫のエディプス・コンプレックス的な父親願望から生じるものと想定される。継母が娘を殺そうと画策しはじめるのは、この七歳の少女が性的に自分をおびやかす存在になると考えたからにほかならない。継母が「鏡よ、壁の鏡よ、この世でいちばん美しいのはだーれ」と絶えず口にするのは、文字どおり、国王にとっては自分よりも白雪姫のほうが魅力的なのではないかという不安をあらわしている。それゆえ、「白雪姫」のプロットに弾みをつけるのは、王妃の容貌への執着心ではなく、若い娘と王妃のあいだに潜在する性的闘争ということになる。

白雪姫と七人のこびとたちとの関係もまた、同じように創意に富んだ解釈を誘う。ベッテルハイムはこびとたちを「発育不全のペニス」とみなして、つぎのように言う——「これらの〈ちいさな男たち〉は発育の止まった身体をもち、仕事は坑夫（暗い穴のなかにもぐるのが得意な連中だ）というわけで、すべてにペニス的な意味合いを有している」。こびとたちは年ごろの白雪姫に対して、まったく脅威をあたえない。それというのも、こびとたちの性的能力がとるにたりないからである。こびとたちは行為に走れないからこそ、白雪姫が性的に傷つきやすい年ごろに達したとき、彼女に安息所を提供できるというわけである。

「シンデレラ」さえも、精神分析の大鎌の一撃からのがれられない。グリム兄弟の話では、継母は自分の腹をいためた娘のだれかが、王子の花嫁として選ばれることを願うあまり、娘たちに命じて、足が靴にぴったり収まるように、かかとや足指を切り取らせる。王子は靴から血が流れていることに気づいて、当然のことながら、ひどく動揺する。しかし、精神分析的原理によれば、王子の狼狽《ろうばい》は、継母の非道な残酷さ——あるいは王子を欺こうとする態度——というよりは、血をみることで喚起された去勢不安によって引き起こされるという。このように、おとぎ話のなかのどんなことがらにも、その背後にプロットの推進力として性衝動がはたらいていることが、つぎつぎに認められてしまうのである。

かりにこうした性的暗示がじっさいに存在するとしても、ちいさな子どもたちが物語中のそうした暗示に反応すると考えるのが、はたして妥当なことだろうか。妖精を研究している民俗学者マリア・テイターは、そのようには考えない。おとぎ話は子どもたちに性衝動の危険性について、警告するために用いられるというのは曲解だと彼女は批判する。テイターは「眠れる森の美女」についてのベッテルハイムの性心理的解釈にふれて、つぎのように言う——「紡錘《つむ》で指を刺して深い眠りにおちいる王女の話を読むときに、親は性のことを考えるかもしれないけれども、ベッテルハイムの言うように、子どもが王女の指の血からセックスと月経を連想するとは思えない」。同じように、城を取り囲むいばらの垣根の裂け目から、ワギナの入り口の象徴を思いつくのには、想像力の飛躍が必要である。

子どもが性的存在であることや、おとぎ話のなかには性的願望にふれているものがあることは、だれしも否定しないだろう。しかし、ちいさな子どもたちの生活においては、性の問題は決して緊急の関心事ではない。子どもたちは性のことよりは、親を喜ばせたり、友人をつくったり、友人と仲よくしたり、また学校でうまくやってゆくことなどに心をくだいている。家庭内の自分の立場を心配し、自分がきょうだいに劣らず愛されているかどうかを気にする。かれらは親に捨てられるようなことを、やったり言ったりしていないかどうかを考える。幼い子どもたちの心を占めている関心事の多くは、性に関することよりは、生きていくうえで自分にとってたいせつな人との関係に、何か影響をおよぼすような考え方や衝動なのである。

### 〈自己〉の観点——善を求めて

精神分析的視点に対して、強力な対抗馬として登場するのは心理学的観点である。こちらは子どもの成長する自己意識に焦点をあてる。自己理論は性的問題を強調するのではなく、主として子どもにとっての親密な関係、とくに両親や仲間たちとの関係をおびやかす人格的側面をあつかうのである。子どもは意味ある関係を確立し、それを維持しようとして、そのための障害となるような内なる力とたたかっている。かくて、おとぎ話で起こる出来事の多くは、そうした格闘を反映しているものと考えられることになる。

こうした観点からは、たとえば、「ヘンゼルとグレーテル」は旧来の〈大食〉に関する問題をあつかっていると考えられる。ヘンゼルと妹グレーテルは魔女の家にたどり着き、お菓子の家を腹いっぱい食べるが、それでもまだ、家の残りをがつがつと食べつづける——「ヘンゼルは屋根の味が気に入って、屋根をごっそりひきはがし、グレーテルはおさとうの窓ガラスをそっくり取りはずしました」。子どもにとっての難問の一つは、十分なときにもう十分だと知ることなのである。

また、〈虚栄〉の究極の凱歌とも言うべき「白雪姫」をみてもいい。この話には、外見への関心が、もっと重要なことがらに介入してくると、どういう結果になるかが生き生きと描かれている。ここでは邪悪な王妃が自分の外見に心をうばわれているだけではない。白雪姫も、変装した王妃の差し出した美しいレースを欲しがって、あやうく生命をうしないそうになる。また、「シンデレラ」の話においても、美しいガウンや王子といったものの彼方《あなた》に目を向ければ、それが本質的に〈羨望〉についての話であることが明らかになる。

主なおとぎ話はそれぞれ、自己のなかの何か一つ、特定の欠点や不健全な素質をあつかっているのであり、その意味では単一的である。「むかし昔」の向こうに一歩入り込めば、すぐにおとぎ話が〈子どもの七つの大罪〉、すなわち、虚栄・大食・羨望・性欲・欺瞞・貪欲・怠惰をあつかっていることがわかる。複数の〈罪〉をあつかっているおとぎ話もあるにはあるが、典型的に中心となるのは、どれか一つの罪にかぎられる。

したがって、かりに「ヘンゼルとグレーテル」に〈欺瞞〉の要素がふくまれているとしても、この話は一義的には食べものと過食の話であると言える。たしかに両親はうそをつく。子どもたちを森のなかに残してゆくけれど、あとでかならず戻ってくると約束する。しかし、プロットを進展させる主題となるのは、食料と生命の維持という問題なのである。子どもたちが捨てられるのは家に食べものがないからであり、かれらがお菓子の家をがつがつと食べるのは空腹だからである。また、魔女がヘンゼルをふとらせるのは、ヘンゼルをもっとおいしいごちそうにするためにほかならない。

おとぎ話の根底には〈罪〉があると考えれば、なぜ、子どもたちがおとぎ話にこれほど感情的に激しい反応を示すのか、また、なぜ、ある話がある人の気に入るのかを説明する助けとなる。「白雪姫」のような話は、自分の外見や魅力などに問題を感じている子どもたちには、特別な意味をもちうる。それらは子どもたちにとって身近な興味ある問題である。邪悪な継母が自分の外見以外には何も考えられなくなっているのは、文字どおり、こうした関心の反映であろう。同じように、きょうだい同士が激しい対抗関係にある家庭の子どもたちは、羨望を中心に物語が展開する「シンデレラ」のような話に心ひかれる傾向がある。

いわゆる大罪のもつ深い意味は、それらがおそらく子どもたちにとって、もっとも恐ろしい不安、すなわち捨てられるのではないかという不安をかきたてるところにある。遺棄されること、自分の身をまもる術《すべ》もないのに、一人、おき去りにされるということは、幼い子どもたちにとっては考えるだに恐ろしい。こうした不安は、おとなになっても影響をおよぼすこともある。数年まえ、私は友人のヴァージニアのエピソードで、そのことを骨身にしみて感じたものである。

ある日の午後、私たち夫婦はヴァージニアとそのご主人といっしょに、ケープコッドで開かれたアンティークの青空市で過ごしていた。ところが、どうしたことか、ヴァージニア一人がはぐれてしまった。私たち四人は出店のあいだをぶらぶら歩きながら、自分の興味のある品物に目をうばわれていた。それぞれ互いのいるところに目くばりを利かせていたつもりだったが、ふと気がつくとヴァージニアの姿がなかったのだ。三人であちらこちら探したけれども、彼女の姿はどこにもない。あまりにも人出が多すぎた。そこで、いつかはきっと出会えるはずだと考えて、三人ともぶらぶら出店めぐりをつづけることにした。

けっきょくは無事に出会えたのだが、なんと、彼女は救護本部の腰かけにすわって、しくしく子どものように泣いていた。迷子になったことが、むかしの記憶をよみがえらせたらしい。彼女は子どものころ、母親に面倒をみる余裕がなかったために孤児院に入れられた。それから何年もたって、そのときの母親の決心が理解できるようになり、また、その後、めでたく母親に引き取ってもらえたのだが、しかし、ふたたび、一人、おいてきぼりをくらったときに、心のなかにふつふつと湧き上がる感情の波を、なんとしてもおさえることができなかったというのである。

親はしばしば知らずに——またときには承知のうえで——捨てられるのではないかという子どもの不安につけこんで、子どもに行儀よくふるまわせようとする。ぐずぐずしている子どもに、親が「捨てる」と言って脅迫している光景はよくみかけるところである。かれらは「すぐ来ないと、そこにおいてゆくからね」とか、「もう行ったら戻ってこないからね」などと言う。また、幼い子どもは悪い子でいると、親に売られたり、人手にわたされたりするのではないかと不安に思ったりもする。

子どもたちは、〈罪ぶかい〉素質を行動であらわしてしまうと、罰として捨てられる——あるいはほかの恐ろしい結果をまねく——のではないかと想像する。それは絶えざる脅威となる。それでも、いつもいい子でいるのは難しいし、自分の性癖によってふりまわされることもよくある。年端《としは》もゆかない子どもたちは自分の性癖がよくわからないし、この点はいかんともしがたいのである。おとぎ話を読んで聞かせると、子どもたちが安心するのはそのためである。親がいっしょにいてくれるおかげで、恐ろしい箇所もそれほど怖いと思わずにすむ。そのうえ、困った考えや衝動をかかえていても、親には拒絶されないという安心感が子どもに伝えられるのである。

あるおとぎ話に描かれた罪に対して親がどのように感じるかが、その物語を豊かにするのに大いに役立つことがある。子どもはおとぎ話をききながら、しょっちゅう質問してくる。なぜ、ジャックはハープを盗むの？　なぜ、白雪姫はおばあさんを家のなかに入れちゃうの？　なぜ、魔女は死んじゃうの？　このように物語に隠されている罪に子どもの注意を巧みに引きつけることによって、親は――また教師も――おとぎ話をきくという体験を、いっそう豊かに、いっそう意味ぶかいものにすることができる。

だからといって、私はおとぎ話を子どもたちに説明してやるべきだと言いたいのではない。それらの話の意味は本能的にわかるのがいちばんいい。しかし、物語に描かれた〈罪〉のことを知っていれば、子どもたちの自然な好奇心とあいまって、かれらが感じる疑問への答えをいっそう有意義なものにすることができる。こうしたフィードバックを説明のかたちではなく、楽しい探検のかたちでおこなうことができれば、おとぎ話に課せられた心理学的使命をより効果的に果たせるようになる。その使命とは自己にひそむ肯定的な力と否定的な力とのあいだの葛藤を解消してやることである。

## 心のバルコニー

おとぎ話がこうした葛藤を解決する方法は、子どもが内的葛藤をとことん経験できる舞台を提供するところにある。子どもはおとぎ話をきいて、無意識的に物語のなかのいろいろな人物に自己の一部を投影する。いわば、登場人物たちは自己の対立する要素をあらわす心理的な信頼すべき友人となる。たとえば、「白雪姫」の邪悪な王妃は自己陶酔症《ナルシシズム》を体現しているし、読者が自分と同一視する若い王女は、そうした傾向を克服しようとあがいている子どもの心の一部を体現している。そして、王妃を倒すことは、自分のなかの前向きな力が無益な衝動に打ち勝つことを意味している。おとぎ話は、自己のなかのいろいろな部分の葛藤を物語中の人物の葛藤としてあらわすことによって、子どもの自己意識に影響をおよぼす緊張感を解消する方法を示してくれるのである。

このように、おとぎ話はサイコ・ドラマ、すなわち、劇場の概念を心理療法の原理といっしょにした治療技術に類似している。サイコ・ドラマは一九二〇年代末にウィーンで〈即興演劇〉として紹介され、のちにヤーコブ・モレノー〔一八九二―一九七四年。ルーマニア生まれ。サイコ・ドラマの創始者〕によってアメリカに移入された。モレノーは集団療法の分野における先駆的な精神医学者で、隠された心理的葛藤をさぐるのに、演劇による再現の価値は計り知れないと考えた。

私は大学で心理学を学んでいたころ、モレノーじきじきのサイコ・ドラマなるものをみせられた。私の異常心理学コースの教授はクラス全員を、マンハッタンのちいさな公会堂へと校外見学に連れ出した。それは大家モレノー自身による治療技術の公開実験をみるためだった。モレノーはすこし紹介的な話をしたあと、実演に参加する有志はいないかと聴衆に呼びかけた。クラスの学生の一人ジャックが舞台にあがり、モレノーのかんたんな質問に答えた。弟がいるといったことなど、自分の家族のことをすこし話したのである。さらに聴衆のなかから、もう一人の学生がその弟の役で駆り出され、モレノー夫妻がジャックの両親の役を演じることになった。

それからモレノーは、ジャックに弟とのあいだを象徴するような出来事について話すようにうながした。ジャックが思い出した出来事は、はじめはまったく何の他意もなく語られた。ジャックが弟と遊びから帰ってくると、母親が風呂に入るようにと言ったこと、自分は風呂から出るときに、弟のためにきちんと浴槽をきれいにしておいたということなどである。それから彼の不満が飛び出した。それなのに、弟はいつも自分と同じようにしてくれない。最初に風呂に入ると、浴槽を汚れたままにして出てくるという。このことから〈口論〉がはじまり、舞台上の参加者だけでなく聴衆のなかからも笑いが起こった。話は浴用タオルや浴槽の内側にできた垢の輪などといった、明らかに些細なことがらをめぐるものだったからである。

しかし、そこで雰囲気は一変した。ジャックは弟の無神経さについて〈父〉と〈母〉に激しく訴えはじめた。しかし、モレノーも奥方もあまり親身になって話をきかず、兄弟のことは兄弟同士で問題を解決したらどうだと言わんばかりの態度をとった。それからのやりとりはしだいに熱をおびてきた。ジャックは涙をこらえて、〈両親〉とも彼の立場になって考えてくれたことはめったにないと非難した。ある時点では、自分よりも弟のほうをひいきにするとさえ口ばしった。そして、ジャックの弟に対する積年の憤懣――それに両親への怒り――がその場の雰囲気を支配して、会場はしんと静まりかえった。はじめは罪のない演技にみえたものが、胸のつまるような家庭劇になったのだった。

おとぎ話は子ども時代のサイコ・ドラマである。表面は空想に満ちたファンタジーへの旅であるが、その背後には現実生活の葛藤を反映した現実のドラマがある。シンデレラと姉たちとのあいだの対抗関係は、ジャックと弟とのあいだの対抗関係から、それほどかけ離れてはいない。だからこそ、おとぎ話はたいへん魅力的なのである。おとぎ話はおもしろいだけでなく、それがなければ隠れていてみえてこない強力な感情に肉迫する。こうしたミニドラマの登場人物たちは――ジャックの弟や両親のように――〈現実〉ではないけれども、かれらの密度の高いやりとりは、きわめて強力な現実的感情を子どもたちの生活のなかに生み出すのである。

こうしたドラマの主役の一人は魔女である。腹黒い王妃であれ、邪悪な女妖術師であれ、あるいは執念ぶかい継母であれ、魔女は主人公に対して破壊的な脅威をあたえるという点で、容易に見分けがつく。「ヘンゼルとグレーテル」では、自分の家を食べられた魔女はヘンゼルを叱るだけでは飽きたらず、彼を食材にしようとする。「白雪姫」の邪悪な王妃は白雪姫が死ぬまで倦むことなく攻撃をしかける。また、〈西のいじわる魔女〉はドロシーと三人の仲間をやっつけようと考えている。

魔女は主人公に対して外的な脅威となるのと同時に、読者の心のなかの欠点や弱点を誇張して体現している。「ヘンゼルとグレーテル」では、魔女は極度の大食をあらわしていて、飽食癖だけでなく食人癖ももっている。ディズニーの『リトル・マーメイド』の〈海の魔女〉は明らかに好色で、アリエルに向かって、男を手に入れるには誘惑するしかないなどと言ってはばからない。いろいろなおとぎ話において、魔女は子どもがみんな格闘している自己の忌まわしい側面をいろいろ体現しているのである。

これらの話では、魔女がいじわるな継母というかたちをとることも多い。グリム兄弟の『児童および家庭のためのおとぎ話』には、そうした話が一二篇以上もあって、「白雪姫」や「灰かぶり《シンデレラ》」はそのなかの有名な二つの例である。そうした話では、継母は主人公をいじめたり、食べ物をあたえなかったり、不可能な仕事を押しつけたりして、主人公を不幸にする。継母の魔女的性格は悪行をおこなうのに魔法を使うことによって強調されている。あるイングランドのおとぎ話では、継母がまま子を大きな虫に変えてしまうし、また、あるアイルランドの話では、まま子たちをオオカミに変身させたりもする。

現代の批評家たちの主張するところでは、継母が否定的に描かれるのは、おとぎ話の女ぎらい的傾向によるものであるという。おとぎ話では、女性は性悪で残酷として描かれることが多いと考えられている。たしかに、これには一片の真実があるが、あまりにこのことを重要視するのは危険である。なぜなら、ここにはおとぎ話は現実の忠実な再現であるという含みがあるからである。しかし、じっさい、そんなことはない。たしかに歴史的には、継母が実子をひいきして、まま子たちに辛くあたったという例もあったかもしれない。しかし、おとぎ話で描かれているほど残酷だったという証拠は何もない。じじつ、継母《ステップ・マザー》(stepmother)という語の「ステップ」(step)は中英語の「ステイフ」(steif)に由来しており、これは孤児をあらわすのに用いられて「(親に)先立たれた」という意味である。歴史的には、継母とは残酷であるよりは、孤児に慰安をあたえる母親代わりという意味だったのである。

したがって、われわれは魔女という存在を、あまり文字どおりに受け取るべきではない。魔女は現実の人物というよりは、子どもの精神に作用している心理的な力を表象するものなのである。アン・セクストン〔一九二八—七四年。精神病や自殺未遂などをうたった米国詩人〕の娘である作家リンダ・グレイ・セクストンは、幼年時代の母親との関係をつづった回想録のなかで、このことを強調している。リンダはおとぎ話が幼年時代に果たした役割にふれて、「継母が私の心のなかで——おそらくすべての読者の心のなかでも——いかに自分の母親の嫌な面をあらわす代理の人物となっていたかがよくわかる」と記している。

## 幼年時代の足がかり

おとぎ話は子どもの生活だけでなく、おとなの生活の一部でもある。おとぎ話に出てくるイメージや主題は、いつも、われわれが考えたり話したりすることがらに巧妙に忍び込み、熱烈な願望や深く秘められた希望のメタファーとして作用する。われわれは王子——あるいは王女——が自分の人生にあらわれて、人生を完全なものにしてくれることを願ったり（「いつかわたしの王子さまがやってくる」）、冒険的事業や何かほかの重要な企画が〈おとぎ話的結末〉をむかえることを期待したりする。また、危機に瀕している環境や地球規模の紛争をまえにして、「それからずっと幸せに暮らしましたとさ」などということがはたして可能なのかと考えたりもする。

しかし、おとぎ話はおとなの願望を語るのに都合のいいメタファーであるにとどまらない。それらはある状況のもとで実際的な関心に結びつく。私の知人の一人に経営コンサルタント会社の社長をしている女性がいる。彼女は問題をかかえている会社が生産力を増大し、社内の雰囲気を改善するための方策の一つとして、おとぎ話を利用している。彼女のおこなう教育的介入は、一つには最高経営責任者や中間管理職との早朝ミーティングというかたちをとっているが、彼女はそこでおとぎ話をして、その話の主題を企業内力学に適応するようにと参加者にうながす。おとぎ話のなかには、職場にみられる力学と同じような力学――権力・支配・羨望など――が数多くふくまれているので、そこから企業内の闘争に新たな視点を導入する意義ぶかい方策を導き出すことができる。この早朝の会合は、彼女の会社の有するコンサルタント技術のなかでも、もっとも効果を発揮する教育的介入の一つであるという。このミーティングに欠席したり、遅刻したりする者は、ほとんどいないそうである。

そして最後に、おとぎ話は心理療法でおこなわれていることを明らかにするのに役立ったりもする。とりわけ、患者が幼年時代の感情――それに欠点――を調和させようと努力しているケースについては、このことは明らかである。患者が羨望・貪欲・虚栄など、幼年時代の〈罪〉に起因する心の葛藤で苦しんでいる場合、私は一再ならず、患者に洞察力をあたえるための一助として、おとぎ話を利用した。かれらはそれをきわめて真剣に受け取り、自分の人生にあてはめる。女性患者の一人は、自分の妹に陰険な態度をとっていたのだったが、グリム兄弟の「灰かぶり《シンデレラ》」とペローの「シンデレラ」を比較して示したところ、そうした態度を考えなおすようになった。グリム兄弟の話では、ヒロインの使者となる二羽のハトが、最後に姉たちの目をくちばしでつつき出すのに対して、ペローの話では、姉たちはヒロインと和解し、宮殿に招かれてヒロインや王子といっしょに暮らすようになるのである。

ちょうど「白雪姫」の王妃が、自分の外見に心をうばわれていたように、われわれも過度に外見にとらわれることがある。全国一の美女という地位をまもるために、まさか殺人をおかしたりはしないだろうが、われわれも人の注目を浴びるために、多くの時間や金銭をついやすことはあるだろう。また、だれか他人の持ち物、あるいは地位を望んだことのない人がいるだろうか。また、たとえば「がちょう番の娘」に登場する邪悪な侍女のように、ほかの人物に成り代わろうとする人はめったにいないだろうが、だからといって、ほかの人物と入れ替わりたいと願ったことなど一度もないと言える人もいないのではなかろうか。

けっきょくのところ、おとぎ話がおとなにあたえる強い影響力は、子どものころに受けたおとぎ話の影響に起因している。なんといっても、美徳の種がまかれるのは幼年時代なのである。以下の各章では、子どものころに親しんだ多くの話を——それにそれほど知られていない話もふくめて——ふたたび訪れ、子どもが怠惰・羨望・貪欲などのやっかいな性癖とたたかうときに、おとぎ話がどのように手助けをしてくれるのかを具体的に示したい。なぜ、おとぎ話では母親は早く死んでしまうのか。なぜ、父親は弱くて無力として描かれることが多いのか。なぜ、たとえばシンデレラの父親は、必要なときに姿をあらわさないのか。こうしたことはやがて明らかになるだろう。また、われわれは〈エメラルドの町〉へ旅するドロシーの道連れとなって、『オズの魔法使い』のような現代のおとぎ話で、二〇世紀に罪というものが、どのようにあつかわれているのかをみいだすことになるだろう。さらに、魔女は常に死ななければならないのだろうかという、もっとも基本的な疑問についても考えたい。この最後の問いに対する答えは、きわめて重要な意味合いをもっている。なぜなら、魔女はおとぎ話のページのなかだけでなく、われわれの心のもっとも深い奥底にも生きているからである。

# 第2章　心の内なる魔女

## ——眠れる美女たち

王子さまは眠っているお姫さまに近づきました。お姫さまはにしき織りの天蓋の下、ビロードの椅子にゆったりと手足をのばして眠っています。王子さまは声をかけましたが、深い夢の国にいるのか、まったく聞こえないようでした。お姫さまはみればみるほど魅力的で、とつぜん、王子さまのからだのなかを熱い血がかあっと走りぬけました。王子さまはお姫さまを両手に抱いてベッドに連れてゆくと、眠っているあいだに最初の愛の果実を摘みとりました。そして、ことが終わると、お姫さまを残して、自分の国に帰っていったのでした。それからは、忙しさにまぎれて、この出来事を思い出すことはありませんでした。

これは出来事なのか。強姦ではないのか。これが子どものころから知っている「眠れる美女」なのだろうか。くちびるへのやさしいキスや魅惑的な目ざめ、それに華やかな結婚の祝宴はどうなったのだろうか。ここには自分を救ってくれたことに感謝して、両手で王子をあたたかくむかえる王女の姿はない。代わりに描かれているのは、放浪の王子によって眠っているあいだに陵辱された無防備な乙女の姿である。しかも、これもまだ序の口なのである。

お姫さまは九ヶ月のあいだ眠りつづけ、九ヶ月後に、男の子と女の子のかわいらしい双子の赤ちゃんを産み落としました。お姫さまの名まえはターリアといい、身ごもっているターリアの世話をしてきたのは二人の妖精でした。妖精が生まれたばかりの赤ちゃんに、眠っているお姫さまのお乳を吸わせようとしたとき、一人がお乳をみつけられずに、お母さんの指に吸いつきました。それは毒のトゲの刺さった指でした。むかし、禁じられた紡錘《つむ》を触ったときに刺さったトゲは、このとき、ぽろりと抜け落ちたのでした。目をさましたお姫さまは、双子の赤ちゃんにそれぞれ日と月という名まえをつけました。それからしばらくして、王子さまが戻ってきて、ターリアと子どもたちをひきとりました。

しかし、たった一つ問題があった。王子はすでに結婚していたのである。妻は残虐な性癖をもった悪女で、夫が裏切ったことを知ると、ターリアと子どもたちを殺そうと画策する。王女を城に招いた妻は、こっそり料理人に子どもたちを殺せと指示する。子どもたちを切り刻んで、その肉をシチューにして夫に食べさせようという腹である。しかし、料理人はなんとしてもそんな恐ろしいことをする気になれない。そこで彼は子どもたちをかくまって、代わりに子羊の料理を出す。

妻は子どもたちの件はかたづいたと思い込み、こんどはターリアをどうしてくれようと考える。そして、夫が旅に出ているあいだに、召使いたちに命じて城の中庭に薪を積ませ、ターリアを燃え上がる炎のなかに放り込ませる。あわや、王女が焼き殺されようかというその瞬間、王子が戻ってきて、妻の残忍な計画を知る。ターリアはまだ生きていて、危ういところで炎のなかから救出された。王子は喜ぶが、同時に、知らないうちに我が子を食べさせられたことを知り、愕然《がくぜん》とする。

「ああ、なんということを！」王子さまは悲しみに打ちひしがれました。「それでは、このわたしが自分のかわいい子羊を食い殺したオオカミだったというわけか」それから王子さまは、よこしまな妻をみました。「ああ、わたしをだましたひどい女め、なんてひどいことをしてくれたんだ。おまえなんか消えてなくなれ。この報いを受けるがいい」王子さまはこう言うと、ターリアのために用意された炎のなかに、よこしまな妻を投げ入れるように命じました。

よこしまな女は炎のなかで身をよじってもだえ苦しみました。そのとき、悲嘆にくれている王子さまのもとに料理人がやってきました。なんと、双子の子どもはまだ生きているというのです。料理人は「お子さまたちはご無事です」と言って、急いで日と月を隠れ家から連れてきました。子どもたちは両親のもとへ駆け寄り、しっかとしがみつきました。家族の幸せな再会でした。それから王子さまはターリアを妻にむかえ、みんな、いつまでも幸せに暮らしたのでした。

この魅力的な眠れる美女の話は、一六三四年に初めてナポリの物語作者ジャンバッティスタ・バジーレ〔一五七五？―一六三二年。イタリアの詩人・民話作家〕によって記録された。これが〈眠れる美女〉物語群のもっとも初期の一形態である。

タイトルは「日と月とターリア」。ここには、魔法をかけられて死んだように眠る王女、城の塔のなかへの長期間にわたる幽閉、ハンサムな王子による救出など、眠れる美女の物語の特徴となるすべての要素がみいだせる。そして、古典的なおとぎ話の例にもれず、物語は魔女――この場合は邪悪な妻――の死で終わる。

それから三〇〇年後のこと、もう一人の邪悪な魔女が同じように悲惨な死をとげる。そこで魔女の死をもたらしたのは、無邪気な子どもの行動だった。

ドロシーは近くにあったバケツの水を手にとって、魔女にザブッとぶっかけました。魔女は頭のてっぺんからつま先までびしょぬれです。

よこしまな魔女はギャッと恐怖の叫び声をあげたかと思うと、ドロシーがあっけにとられてみているまえで、みるみる縮んで溶けてゆきました。

「なんたることをしてくれたんじゃ」と、魔女は叫びました。「わしはすぐに溶けてなくなってしまうわい」

ドロシーが驚いてみていると、魔女は溶けてどろどろになる。おそらく二〇世紀でもっとも人気があったと言っても過言ではない児童書『オズの魔法使い』では、〈西のいじわる魔女〉はこうして溶けてなくなり、それからというもの、二度と登場することはない。

## なぜ、魔女は死ななくてはならないのか

ジャンバッティスタ・バジーレの「日と月とターリア」から、フランク・ボーム〔一八五六―一九一九年。米国のジャーナリスト・児童書作家〕の『オズの魔法使い』が出版されるまで、およそ三世紀が経過しているが、そのあいだ、おとぎ話の魔女やそれに相当する人物たち――女妖術師・鬼女・復讐心に燃える王妃・邪悪な継母など――が何百人も同じような運命に遭遇してきた。グリム兄弟が記録している「びゃくしんの木の話」では、邪悪な継母は大きな石臼《いしうす》に押しつぶされて死ぬ。「白雪姫」や「ヘンゼルとグレーテル」でも、そうした魔女に相当する人物の運命は似たり寄ったりである。どのおとぎ話をとってみても、魔女は死ぬのはもちろん、その死に方が悲惨である。

シャルル・ペローの「眠れる森の美女」はバジーレの話と酷似しているが、しかし、王子は若く独身で、王女の妊娠は結婚後のことであるという点がちがっている。とはいえ、この王子も家庭の絆から自由ではない。彼には嫉妬ぶかい妻の代わりに、所有欲のつよい母親がいた。

王子は母親を遠ざけておくために、結婚したことをひたすら隠しとおして、自分の家と新婚の妻の家とのあいだを往復する。長期にわたって留守にすることについては、狩猟の旅に出かけるという口実を使って母親をなっとくさせる。やがて二年間が過ぎ去って、二人のあいだには珠のような男の子と女の子が生まれている。王子はあえて両親に妻や子どものことは話さなかった。なぜなら、母親は所有欲がつよいというだけでなく、バジーレの話の妻のように、人食いの性癖をもっていたからである――「お妃さまはちいさな子どもが近くにくると、跳びかかりたくなるのを、なんとかこらえているのだといううわさが、宮

廷でささやかれておりました」。
王子の秘密の生活があばかれるのは、父親が死んで王座を継ぐことになり、王国へ呼び戻されたときである。王子は妻と子どもたちをともなって帰国する。自分が国王となったいま、妻や子どもたちに危害が加えられる心配はないはずだった。しかし、王子は母親を甘くみていた。彼女もまた、バジーレの話の残忍な妻のように、義理の娘とその子どもたちを亡きものにしようと画策する。邪悪な母親は息子が所用で遠隔地に出かけるのを待って、計画を実行にうつす。その計画とは、まず幼い子どもたちを処分して、それから義理の娘をヒキガエルや毒ヘビなど、気味の悪い生きものの入った大桶のなかに投げ入れるというものだった。
幸いなことに、王子はタイミングよく帰国して、母親の奸計が実行されるのを阻止する。あわや、妻が大桶のなかに投げ込まれようとしているそのとき、王子が馬に乗って宮殿の中庭にやってきた。

だれ一人、王子さまがこんなにも早くお帰りになるとは思ってもいませんでした。大急ぎでやってきた王子さまはたいへんびっくりして、この恐ろしいありさまはどうしたわけかとたずねましたが、だれも答える者はありません。ちょうどそのとき、鬼のような母親は目前の光景にとりみだし、大桶のなかに自分からまっさかさまに身を投げて、あっというまに、なかにいた気味の悪い生きものにかみ殺されてしまったのでした。

ペローのおとぎ話は、ルイ一四世の宮廷人たちに大歓迎を受けたが、ペローがバジーレの話にあった問題点を取り除いたのは、ヴェルサイユ宮殿で物議をかもすのを避けるためだったにちがいない。それは容易に想像がつく。王室側近の人たちは姦通や暴行が中心となるような話を好意的に受け入れるはずがない。

ペローは復讐心のつよい妻の代わりに、執念ぶかい母親を登場させることによって、物語のなかの〈危険な関係〉を都合よく一挙に消去した。そうすることによって、王室の感性にふれることなく潜在的な不満を解消することができたのである。ただし、それでもやはり、魔女が物語の焦点になっている点は変わらない。

ほとんどの読者になじみのある「眠れる美女」はグリム兄弟の話であるが、ここでは、魔女はそれまでの魔女の運命を免れている。それもそのはず、ここには魔女は登場しないのである。代わりに慈悲ぶかい妖精が登場し、死の呪いを無効にして、それを長い眠りに変える。考え方によっては、死の呪いをかけたのは、宴会に招かれなかった一三番目の妖精なのだから彼女が魔女だと言えなくもない。しかし、この妖精は早々と姿を消す。一度、幼いいばら姫の誕生を祝う宴席にやってきて、呪いを宣告しただけで、それ以後、ふたたび言及されることはない。したがって、この物語には持続する悪の存在はないし、また、善の力と悪の力とのあいだの葛藤もない。

その代わりにグリムの話の焦点となるのは、運命の予言、たまたま指に刺さるトゲ、一〇〇年におよぶ眠りなどである。したがって、この話はほかの話がはじまるところで終わる。王子が魔法の眠りから王女を目ざめさせて、めでたし、めでたしとなるわけである。

王子さまは眠っているお姫さまがあまりに愛くるしいので、目をそらすことができません。すぐにかがんでキスをすると、お姫さまは目をさましました。ぱっちりと開いた目で、王子さまをじっとやさしくみつめています。それから、お姫さまは立ち上がり、ふたり仲よく出てゆきました。王さまとお妃さま、それに宮廷の人たちもみんな目をさまして、びっくりしたように、たがいにみつめ合いました。

それから王子さまといばら姫の結婚式が華やかにとりおこなわれました。おふたりは死ぬまで仲よく幸せに暮らしたのでした。

ここにはセックスもなければ赤ん坊もいない。復讐心のつよい妻も、嫉妬ぶかい義理の母も――すなわち魔女も――いないのである。

グリム兄弟の「眠れる美女」から魔女が排除されているのは、おとぎ話においては例外的なことと言ってよい。魔女は眠れる王女の話だけでなく、ほとんどの主要なおとぎ話において中心的な位置を占めている。「ラプンツェル」や「人魚姫」、また「ヘンゼルとグレーテル」においても、魔女は欠かせない存在である。また、『オズの魔法使い』でも魔女は肝心かなめの役割を果たしている。この物語は〈西のいじわる魔女〉がいなければ、ほとんど空想的な旅行記にすぎなくなる。それも鳴り物入りのにぎやかさはあっても、ほとんど空疎な国を旅する話にすぎなくなるのである。

それにしても、なぜ、魔女は死ななければならないのだろうか。しかも、これほど悲惨な死に方をするのは、なぜなのだろうか。こうした疑問に答えるには、物語自体ではなく、読者のほうに目を向けなければならない。おとぎ話は魔法の冒険であるにしても、それだけでなく、普遍的な葛藤――自己のなかの善の力と悪の力とのたたかい――も同時にあつかっている。このたたかいは〈分裂〉と呼ばれる原初的な心理の力学から誕生する。その起源は母親と子どものあいだの、もっとも早い段階での相互作用にある。それゆえ、おとぎ話の心理学的意義を理解するためには、われわれは生命の時間をさかのぼって、魔女や魔法使いやおとぎ話が、心理の地平においてほんのちいさな点にすぎなかったころまで戻らなければならない。

## 善の起源――分裂と自己

人間が生きてゆくには、多くの場合、自分のなかの基本的分裂を調和させていかなければならない。それは他人との関係を支配する。愛すべきところと嫌なところ、忠実なところと不実なところ、価値あるところと無価値なところなど、これらの分裂は、幼年期に大ざっぱに世界を二分して、満たされる（よい）気持ちと満たされない（悪い）気持ちとに分けるところから生じてくる。満腹はよくて空腹は悪い、暖かいのはよくて冷たいのは悪い、抱かれるのはよくてスキンシップがないのは悪いといった具合である。子どもはやがて何がよくて何が悪いのか、ことばでレッテルづけできるようになるが、それよりもずっとまえに、原初の感覚的知性によって、世界が――あるいは何であれ、そこにあるものが――善と悪とに分けられることを認識できるようになる。

幼児が大きくなるにつれて、関連性のないイメージや音や感覚が、母親というか第一の保護者の姿に統合されてくる。母親は子どもにとって生命維持の主な始源なのであるから、子どもが必要なものすべてを充足させるのに母親を頼りにするのは、きわめて自然なことである。幼児にとって、母親はすべてをあたえ、すべてを愛してくれる、いわば、この世の善なるものすべての根源なのである。

しかし、母親もただの人間にすぎない。幼児が要求するものをいつでもすぐにあたえることができるとはかぎらない。幼児が飢餓感を感じているときに、いつでもそこにいて、すぐ食べ物をあたえられるわけではないし、また、幼児がぐずっているときに、即座にいまの仕事をやめて、幼児をあやしてやれるわけでもない。母親には日常生活でやらなければいけないことがいろいろあって、すべての点で子どもが望むようにすることはできない。

こうしたことがあっても、子どもは相変わらず母親的な至福《ニルヴァーナ》の幻想にしがみつこうとする。しかし、しばらくすると、子どもは幼児期の生活の現実から、不安な認識に直面せざるをえなくなる。自分の生存に責任をもってくれる人物は首尾一貫しているかと思えば矛盾もしている、また、要求を満たしてくれるかと思うと失望もさせる、つまり、善かと思えば悪でもあるということに気づかざるをえなくなる。そして、幼児は概念的な思考に限界があるために、こうした考え方を吸収できないとは言わないまでも、それがきわめて困難だと感じるようになる。ここに問題がある。結果的に、混乱と不安が生じるのである。

幼い子どもたちは、こうした悩ましい事態を処理するにあたって、心のなかで母親を二つの心理的存在に〈分裂〉させて、要求に応えてくれる〈よい母親〉と失望させる〈悪い母親〉とをつくり出す。子どもはそうすることによって、それぞれのイメージが識別可能な別個の存在であるかのように反応し、そうしなければ予測できないはずの世界に、一片の秩序らしきものを導入しようとする。そうすることによって、子どもは心のなかで保護者である母親に対して、あるときは〈やさしいママ〉、またあるときは〈怖いママ〉として対応することができるようになる。そうすれば本来の矛盾を処理する必要はなくなるわけである。

この二つの母親の表象――よい母親と悪い母親――は時がたつにつれて、心理的に〈新陳代謝〉がなされ、子どもの成長する自己意識のよい面と悪い面とに変質する。この多くは言語によって、また、子どもの語彙に〈わたし〉という語がしだいに多くあらわれるようになる現象をとおしておこなわれる。子どもは成長するにつれて、自分のことを三人称で呼ぶ（「スージーちゃん、おトイレ」）ことをやめて、一人称で呼ぶようになる（「あたし、おトイレ」）。また、母親の指示（「お口いっぱいにほおばってはダメよ」）

はしだいに自分に対する指示（「あたし、食べすぎてはいけない」）に取って代わられるようになる。その結果、他人によるコントロールはしだいに自己コントロールへと変えられる。このような変化は自立的な自己と〈自己性《アイ・ネス》〉意識の発達の先触れとなる。

　結果的には、内面化された〈よい母親〉は内なる人物としてではなく、自分の一部（〈よい自分〉）として経験されるようになり、同時に〈悪い母親〉は自分の否定的側面として経験されるようになる。たしかに自分の子どもをなおざりにしたり虐待したりする悪い母親はいるけれども、ここでは悪い母親それ自体を問題にしているわけではない。ここでは、自然発生的に生じる自己分裂を問題にしていることに注意していただきたい。この分裂はちいさな子どもが、幼児期に体験した矛盾する母親の姿を調和させようとするところから生じてくるのである。

　おとぎ話において女性の登場人物がひときわ目立つのは、このような理由による。だからこそ、人食い男よりも魔女のほうがはるかに多く、また、名づけ親は男の妖精よりも女の妖精のほうが多いのである。おとぎ話は基本的に母親のドラマであり、魔女や母親代わりなどの女性の登場人物は、幼年期初期の分裂から派生したファンタジーとして機能している。おとぎ話は自己の分裂を、善の力と悪の力がたたかう冒険に変えることによって、子どもが自分のなかの否定的性癖に対処するのを助けるばかりでなく、子どもの自我の芽生えにおいて、母親の果たす中心的役割を称えるものでもあるのである。

　反対に、ほとんどのおとぎ話においては、男の登場人物の果たす役割は比較的ちいさい。王子はボール紙でできた人物というか、幸福な結末をもたらすために物語の終わりににわかに登場するだけの、ほとんどとってつけられたような人物になりがちである。多くの例では王子の介入はヒロインの救出にとって偶発的なことにすぎない。白雪姫が目ざめるのは、王子がなんらかの行動をとったからではなく、白雪姫が入れられているガラスの框《ひつぎ》をたまたま従者が落としたからである。グリム兄弟の「赤ずきん」では、ヒロインと祖母が力を合わせてオオカミを倒す。話のなかで猟師が登場するのはペローの「赤ずきん」だけである。

これらの話では、父親の役割も似たり寄ったりで、父親は狩りに出かけて留守であるか、さもなければ子どもの悲しみには無関心である。シンデレラの父親は娘が継母にいじめられているときに近くにいない。父親はなんらかの理由で、一人娘が汚れた服を着せられたり、台所の床を寝床にしているという事実に気がつかない。「灰かぶりネコ」というバジーレのシンデレラ物語では、父親は航海に出かけるときに娘に約束したこと――彼の帽子にあたった最初の小枝を持ち帰るということ――をすっかり忘れてしまう。凪が凪いで船が進めなくなったとき――このことが彼に誓いをなおざりにしたことを思い出させる――ようやく娘が欲しがったものを思い出すのである。

同じようにヘンゼルとグレーテルの父親も目立たない。彼は妻が子どもたちを森に捨てる、死んでもしかたがないと告げたときに、ほとんど異議をとなえない。彼は父親としては意志薄弱で、妻の計画におとなしくしたがって子どもへの愛を捨て去るのである。ギリシアの神話や伝説では、語りの力学はほとんど男の登場人物――ゼウス・ポセイドン・アガメムノンなど――の行動から流出するのだが、おとぎ話はそれとは異なり、女性について、また、子どもの自己意識の目ざめにおいて女性が果たす重要な役割について語られる。ドロシーがカンザスへ帰るのを最終的に助けてくれたのも、魔法使いではなくて、グリンダであった。

## 何か邪悪なものがやってくる

おとぎ話が心理学的使命――自己のなかの罪ぶかい性癖との格闘――を確実に成しとげるためには、読者や聞き手は個人的レベルで、その物語のなかに引き込まれなければならない。それを実現するために、おとぎ話では、幼い読者が容易に同化できるようなふつうの子どもが主人公として設定される。物語のなかの子どもたちは衝動的ですぐに誘惑に負ける。ヘンゼルとグレーテルは、近づくなと警告する声を何度も耳にするのに、ショウガパンの家をがつがつとむさぼり食らう。白雪姫はこびとたちが何度も警告したにもかかわらず、変装した王妃を――一度ならず三度も――家のなかへ招じ入れる。眠れる美女は城のなかをさまよい歩き、禁断の部屋のドアをあける。幼い子どもたちはほとんどなんの苦労もなく、権威ある人の声を無視する人物たちに自分を同化させることができる。

たとえば王子や王女の登場する物語のように、主人公が高貴な生まれであっても、同化は一様におこなわれる。ほとんどの子どもたちは特権的な生活を送ったり、そうした身分にありがちな自由を満喫したりということを心のなかで空想している。しかし、おとぎ話の王室の子どもたちは、大きな権力もなければ特別な力をもっているわけでもない。かれらはそうした肩書きをべつにすれば、ふつうの子どもとまったく変わらない。だからこそ、幼い読者は苦労しないで、王室の子どもが経験する感情的な苦悩を共有することができるのである。

『しなやかなおとなたち――悲惨な過去を乗り越えて』の著者ジーナ・ヒギンズは、こうしたおとぎ話の登場人物と読者とを結びつける絆について、ドラマティックな例をあげている。彼女はひどく虐待された二人の兄弟の事例を説明するなかで、『オズの魔法使い』のドロシーと同化することによって、いかに、かれらがじっさいの生活で受けた心の傷を埋め合わせることができたかを語っている。兄弟の一人は著者ヒギンズにつぎのように語ったという——「この映画をみることはぼくたち兄弟にとって意義ぶかい経験でした。いじわる魔女はぼくたちの母親そっくりでしたが、悪い魔女だけでなく、よい魔女もいるということを知って、心が癒される思いがしたのです」。

この映画をみた二人の兄弟は、ある晩、眠っている母親のもとにこっそり忍び寄って、バケツいっぱいの水をザブッと浴びせかけたという。その結果、かれらはひどくぶたれたが、この母親に対する反逆行為はかれらに力をあたえた。自分たちはひたすら虐待される犠牲者として、人生を歩む必要はないということを確信するにいたったのである。ヒギンズによると、かれらはこの出来事のおかげで自分の人生において、いじめっ子に対して「たまにではあるけれども激しい断固たる態度」をとることができるようになったと語ったそうである。ふつう、ほとんどの子どもたちはおとぎ話を実践したりはしないが、この兄弟の経験は、ほかのかたちでは感情を表現できない子どもたちに対して、場合によっては、おとぎ話がいかに感情のはけ口をあたえてくれるものであるかを示している。

おとぎ話に登場する多くの存在感のある人物のなかでも、とりわけ注目せざるをえないのは魔女である。魔女は作品中のプリマドンナというか、善と悪との闘争をかたちづくる支配的人物である。魔女には人びとを死んだような深い眠りにおちいらせる能力がある——また、同じように容易に人びとをよみがえらせることもできる。さらに呪文で霊を呼び出す呪術師や、必殺の毒物を調合する薬剤師でもあって、人びとの人生を変える能力ももっている。おとぎ話のなかで、魔女ほど力づよい、あるいは印象的な人物はほとんどいない。

おとぎ話が成功するためには――それが心理学的な目的を達成するためには――魔女は死ななければならない。自己のなかの罪ぶかい部分を体現しているのは、ほかならぬ魔女だからである。いくつかのおとぎ話では、魔女の死は残酷な力によってもたらされる。映画の『リトル・マーメイド』では、エリック王子が海の魔女を航海中の船の引き裂かれた舳先《へさき》に串刺しにする。また、策略が功を奏するおとぎ話もあって、グレーテルはパン焼き釜のなかに魔女を誘い込むことによって、ヘンゼルを救う。魔女があまりに手ごわかったり、あまりに巧みに逃げをうったりする場合は、名づけ親となっている妖精か、あるいは、だれか情けぶかい人物がうしろに控えていて、いつでも援助の手を差しのべてくれる。

そして最後には、物語中の子どもが勝者となる。ジャックは大男を倒し、白雪姫は邪悪な王妃に打ち勝ち、ドロシーは西のいじわる魔女を殺してしまう。おとぎ話といえば、幸福な結末になることになっている。こうした話では悲劇的な終わり方はしない。ぞっとするようなフィナーレにはならないし、終末論的な結末をむかえることはない。おとぎ話はワーグナーの歌劇やギリシア悲劇とはちがって、最後に空が轟音をたてて崩れ落ちてくることもなければ、火の嵐になることもない。それはむしろ超越の話である。魔女が死んで、それからずっとみんなが幸せに暮らすのである。

## 自己の中心への旅

おとぎ話を形成する出来事は、典型的には四部構成の旅のかたちで展開し、旅のそれぞれの行程が自己発見に向かう途中の中継地点となる。旅の第一部は〈横断〉で、主人公を異質な国へと導き入れる。そこでは魔法の出来事が起こり、奇妙な生き物が生息している。それにつづいて邪悪なる存在――悪意ある継母・殺人鬼・不誠実な魔法使い・魔女的な人物など――との〈遭遇〉がある。そして、旅の第三部となる〈征服〉では、主人公と魔女との生死をかけた闘争がはじまり、それは必然的に魔女の死というかたちで終わる。この航海を締めくくるのは〈祝賀〉である。めでたい結婚の宴や一族再会が実現し、そこで魔女を退治したことが布告され、みんながそれからずっと幸せに暮らすことになる。

このおとぎ話の未開の世界への旅は、心のなかへの旅と対応している。主人公が禁断の地域へと深く進んでゆくにつれて、読者は自己の未開の領域へと運ばれてゆく。ちょうど主人公が物語のなかで葛藤や危険――人食い・拷問・亡命など――に直面せざるをえないように、読者もまた、心のなかの葛藤や脅威に直面せざるをえない。こうして、おとぎ話は子どもたちに、自分はだれなのか、自分はこの世のなかでどんな位置を占めているのかという、自己意識をおびやかす内部の力に向き合う機会をあたえてくれる。

## 第一部　横　断

事実上、おとぎ話はまっすぐ地図のない領域へとつづく目にみえない国境を一歩横切るところからはじまる。この最初の第一歩はある種のジレンマによって突如として踏み出される。ヘンゼルとグレーテルが森のなかにゆくのは、好奇心がつよかったからでもなければ冒険を求めたからでもない。かれらは家に食料がなくなり、両親に捨てられた。生きてゆこうとするなら、自分たちで食べものをみつけなければならない。また、白雪姫が森のなかに逃げてゆくのは、邪悪な母親が彼女を殺そうとしていて、生命の危機が迫っていたからである。また、オズの国でのドロシーの冒険は、カンザスに帰りたいという願望によって駆りたてられた結果である。

子どもはジレンマを解決する道を探し求めて、見知らぬ風景のなかへと入ってゆく。それは奇妙な人物や奇妙な出来事がぎっしり詰め込まれている場所である。この見知らぬ国への通路、あるいはジョーゼフ・キャンベル〔一九〇四―八七年。米国の著名なフォークロア学者〕の言う〈敷居の横断〉は、主人公を子どもの慣れ親しんだ世界とはほとんど正反対の世界へと連れてゆく。それが「鏡の国」でアリスが鏡をとおって入っていった世界であり、豆の木のてっぺんにある国であり、また、モーリス・センダック〔一九二八年生まれ。米国の絵本作家〕の『怪獣たちのいるところ』なのである。

ところで、一線を踏み越えるということには、ちいさな読者に対するメッセージが秘められているものである。それは、成長するためには、探検したり、調査したり、また危険をおかしたりしなければならないというメッセージである。だれでも子どものころには見知らぬものに恐れをいだく。暗闇を怖がり、学校のことで心配し、新しい友人をつくることに不安を感じる。子どもは精神的に成長するためには、危険をおかさなければならない。ヘンゼルとグレーテルが森のなかへと踏み出す一歩一歩は、また、ドロシーが黄色いレンガ道をたどってゆく一歩一歩は、自己実現にいたる道を歩いてゆく足どりをあらわしている。

多くのおとぎ話では、見知らぬ世界はうっそうと茂る森林、あるいはたんなる〈森〉によって象徴される。森は猛獣の棲むところであり、妖術師や魔女が家をかまえている場所である。ロシア民話の偉大なる魔女バーバ・ヤーガは「赤ずきん」のオオカミと同様に森に住んでいる。森は「ヘンゼルとグレーテル」の魔女や「おやゆび小僧」の人食い男がひそんでいるところでもある。しかし、森には思いがけない危険がひそんでいると同時に、それは人をまもってくれることもある。白雪姫が一人で森をさまようとき、森の野獣たちは手出しをしないでとおしてくれる。また、彼女が希望をうしないそうになったときには、遠くのほうに七人のこびとたちの家がぼんやりと浮かび上がってくる。

いくつかのおとぎ話では、一線を踏み越えると予想もしなかった楽しい世界が待っている。「一二人の踊るお姫さま」では、王さまの娘たちが寝室の床下に隠されていた通路を降りてゆくと、そこは地下の湖につうじている。湖では一二人のハンサムな王子たちがボートのなかに控えていて、娘たちを湖の向こうにある魔法の城に連れてゆく。かれらは一晩中そこで踊り明かすのである。これほど魅惑的な筋書きはほかには想像できないほどだが、とかく外見は人を欺くもの。湖の向こうには森と同様に危険な罠がひそんでいる。

危険なのは禁じられた欲望である。地下の湖につうじる階段というモチーフは、無意識の世界への越境というか、危険を秘めた内面世界の未開の領域へくだってゆくことを象徴している。物語中の乙女とは一二人の成熟した王女ではなくて、むしろ未知の領域——性的誘惑の世界——に足を踏み入れようとしている一二人の無垢な少女なのである。寝室の床下に通路があったり、出かけるのが真夜中であったりするのは偶然ではない。王女たちのお忍びの外出は、自分でも気づいていない心の一面を露呈している。

下降というイメージは自己の淫らな部分だけでなく、ほかの〈罪〉とも交信をもつことを意味している。貪欲についてのグリムのおとぎ話「ホレおばさん」では、ヒロインは井戸のなかに落ちるが、そこに広がる世界では話のできるパンをはじめ、いろいろ奇妙なものがたくさん登場する。この特別な世界にもまた魔女のような人物が住んでいて、わがままな子どもたちに、強欲がどんな結果をもたらすかを教えるのである。井戸であれ、秘密の階段であれ、あるいは暗い森であれ、おとぎ話はそうしたところを経由して、主人公を——そして読者を——慣れ親しんだ世界とはまったく異なる世界へと連れてゆくことになる。

## 第二部　遭　遇

主人公が境界を横断して反対側にゆくと、奇妙なものが姿をあらわしはじめる。不思議な動物、魔法にかかったもの、助けてくれる親切な人などだが、なんといっても重要なのは魔女である。魔女は邪悪な王妃やいじわるな継母、それに人肉を食べる義理の母親だったりするが、なんであれ、魔女は子どもが旅を成功させるために克服しなければならない障害となる。近道もなければ、秘密の抜け道も裏通りもない。ドロシーはカンザスに帰りたいと思うなら、西のいじわる魔女が支配する王国まで旅をして、城のなかで魔女と対決しなければならない。

魔女との対決には、試練や〈不可能〉な任務というかたちをとった難問がからむことが多い。そして、民話や物語が村の生活の重要な一部だったころには、農業が経済的・社会的な原動力として支配的だったために、こうした話のなかの任務は明らかに農耕的な色彩をおびる傾向がある。「シンデレラ」では、ヒロインは継母に水を汲んだり、火のせわをしたり、灰からレンズ豆をえり分けたりという仕事を命じられる。また、「シンデレラ」と多くの点で共通するロシアのおとぎ話「うるわしのワシリーサ」では、ヒロインはトウモロコシの容器をきれいにしたり、たくさんの小麦をえり分けたりするよう言いつけられる。なかには、ヒロインがもつれた糸を解きほぐしたり、際限なく亜麻の繊維をつむぐようにと命じられたりする話もある。

こうした仕事が不可能とは言わないまでも、きわめて困難であるのは、時間が制限されているからである。「シンデレラ」は二時間で灰からレンズ豆をえり分けなければならない。これはほとんど不可能な仕事だろう。シンデレラがこれをやることができたのは、彼女を助けてくれる生きものがいたからにすぎない。「ルンペルシュティルツヒェン」の粉屋の娘は、部屋いっぱいのわらをつむいで金《きん》にしなければならない。しかも、それを夜明けまえに終わらせなければならない。さらに、時を得たルンペルシュティルツヒェンの援助のおかげで仕事が終わるや、こんどは、つぎの朝までに二部屋分のわらをつむいで金《きん》に変えることを命令される。さもないと死刑だというのである。

ジョーゼフ・キャンベルは『千の顔をもつ英雄』のなかで、任務や試練は伝説や神話を規定する特質であると記している。物語の主人公は試練を経験しなければならず、それをみごとに切りぬけることによって賛美・称賛され、高い地位を手に入れる。イアソン〔ギリシアの英雄。金の羊毛を求めるアルゴー船の旅の指導者〕はアエテース王の火を吹く牡牛を服従させて、征服者のマントを身にまとい、金の羊毛をもって帰国する。

しかし、おとぎ話は神話ではない。おとぎ話という小規模なドラマの主人公たちは、伝説で語られるような現実の人間以上の超人ではないし、かれらの任務は大胆不敵な大偉業でもない。火を吹く牡牛に引き具をつけるのと、灰からレンズ豆をえり分けるのとでは大ちがいである。おとぎ話の任務はただ魔女の邪悪な性質を強調するためのものにすぎない。話のなかの子どもは——また読者も——不合理な雑用を強制されて、じっさい魔女がいかに邪悪なる存在であるかを身にしみて感じるようになるのである。

魔女との遭遇は、魔女によって擬人化されている否定的特質を表面化させる。魔女はすべて悪いというわけではないが、魔女の悪の輪郭は正確には物語ごとに異なっている。「白雪姫」の邪悪な継母はいちじるしく虚栄心がつよく、ほとんど一日中、鏡に映った自分の姿をながめて過ごす。「ヘンゼルとグレーテル」の魔女はがつがつした食欲を満たすために、ちいさな子どもを捕らえる罠をしかけることに一日をついやす。そして「日と月とターリア」の陰険な妻は嫉妬に身を焦がす。

子どもたちはこうした物語中の邪悪な存在と出くわして、自分のなかの嫌らしい性癖に直面せざるをえなくなる。そして、そうした性癖を魔女の具体的特性と重ね合わせるようになる。こうして、魔女と向き合うことは自己認識の行為となり、そうしないと存在を否定したり無視したりしかねない自分の一部分を、子どもたちに否応なく認識させる手段となる。一九六〇年代の人気漫画のキャラクター、ポーゴーのことばを借りれば、「その敵には会ったことがある。それはわれわれなのだ」というわけである。

## 第三部　征　服

魔女退治は一連のおとぎ話に不可欠な第三の部分である。子どもがやっかいな考えや不健全な衝動を克服したいと願うなら、魔女は死ななければならない。魔女の死はその話の感情的核心となる。魔女をほろぼすことによってのみ、われわれは自己の悪い面が根絶され、よい面が勝ったことを確信できる。

おとぎ話の正義は迅速で確実である。有罪を決定する陪審員もいなければ、判決をくだす裁判官もいない。フェミニストの理論家・批評家ベル・フックスは『黒人に生まれて――少女時代の思い出』のなかで、おとぎ話は正義を擁護することによって、苦難の時代に避難所となってくれたと語っている――「正義が悪に打ち勝つという正しき世界の再現は、少女時代の傷ついた心にとっては一つの鎮痛剤となった。それは希望の源泉だった。どんなに不正に苦しめられようと、最後には真実が明るみに出て自分は救われるのだと信じることができたからだ」。

したがって、「日と月とターリア」の執念ぶかい妻が、ターリアのために用意された火葬用の薪の山に投げ入れられるのは、適切なことなのである。マリー＝ジャンヌ・レリティエのおとぎ話『かしこいお姫さま』でも、魔女の男性版ともいうべき陰険な王子は、ヒロインのために用意された大釘が内側にとびでた樽に入れられ、崖からごろごろと突き落とされる。また、「ヘンゼルとグレーテル」でも魔女は子どもたちを焼くはずだったパン焼き釜で死ぬことになる。おとぎ話ではどれもこれも、罰は罪にみあっている。

ほとんどの物語では、魔女は主人公の手にかかって死ぬことになるが、ペローの「眠れる森の美女」では、魔女はみずから死を選ぶ。奸計をめぐらせた義理の母親は、それに失敗すると、「ヒキガエルやマムシやヘビなど」のひしめく大桶のなかに身を投げて自殺する。ペローの話は魔女が自分の生命を絶つ数少ないおとぎ話の一つである。

これには理由がある。おとぎ話の基本的ルールとして、子どもが自分の身内の者を殺すことは許されないということがある。主人公は魔女、人食い鬼、妖術師、さらに継母までも殺すことができるけれども、自分の両親を殺すことだけは許されない。このような行為はあまりにも急所に近づきすぎる。ペローの話で王子が魔女を殺せば、母親殺しの罪をおかすことになる。ペローは鬼のような母親を自殺させることにより、幼い子どもがあまりにも困惑するような結末になるのを避けているのである。

魔女の死は美徳が悪徳に打ち勝つしるしであり、自己の肯定的な力が支配的となる証である。ドロシーは最後にオズの魔法使いを訪ねるために寄り道をしなければならないが、それでも西のいじわる魔女が死んでしまえば、なかば帰宅したも同然である。それにしても、なぜ、いじわる魔女はあんなにも恐ろしい死に方をしなければならないのだろうか。なぜ、「白雪姫」の邪悪な王妃は真っ赤に焼けた靴で死ぬまで踊りつづけなければならないのだろうか。また、なぜ、「がちょう番の娘」の陰険な侍女は、とがった釘やカミソリのように鋭い短剣が内側に打ちつけてある樽に入れられ、通りを引きずられていかなければならないのだろうか。鎖につないだり地下牢に閉じ込めたりするだけではいけないのだろうか。なぜ、危害をおよぼさないような遠隔地に追放するのではいけないのだろうか。じっさい、魔女を排除するのに、そうした極端な手段に訴える必然性があるのだろうか。

その答えは紛れもなくイエスである。もし、読者から罪ぶかい感情や恥ずべき考えを取り除こうという意図が、おとぎ話にひそんでいるなら、儀式的浄化という極端な行為でしか、それを実現することはできない。もし、その物語の心理学的目的が悪を完膚なきまでにたたきのめして、自己から除去することであるなら、読者は魔女の死が完全で徹底的であることを確認しなければならない。たとえ、それによって、現代の基準では過剰とも思われる暴力行為に幼い読者をさらすことになろうとも、それは避けられない。

しかし、こうした思い切った手段をとらなければならない理由がもう一つある。それは子どもたちが死をどのように理解しているかということとかかわっている。幼い子どもたちは死が最終的なものであることをなかなか理解できない。おとなたちは愛する人について、眠っているのだとか、長旅に出たのだとか言って、しばしば事態を混乱させる。それは明らかに子どもたちに苦痛を味わわせないで、いつかは帰ってくるという希望の光をあたえるためであるのだが、もし、子どもたちが死を最終的なものと考えないなら、おそらく魔女がよみがえることだってありうる。せっかく魔女を退治しても、またとつぜん、魔女が戸口に姿をあらわすようであっては、まったく意味をなさない。魔女が死ぬべきであるなら——そして死んだままにしておきたいなら——魔女が舞い戻るなんてありえないと思えるような死に方をしなければならないのである。

## 第四部　祝　賀

おとぎ話の航海の最終段階は幸福な結末である。物語によっては、それは家族の人たちとの喜ばしい和解というかたちをとるものもあれば、結婚の祝宴というかたちをとるものもある。幸福な結末はこれらのドラマには欠かせない一部に組み込まれていて、じっさい、幸福な結末をもたない話をおとぎ話と呼んでいいものかどうか、疑わしくなるほどである。たとえば、ハンス・クリスティアン・アンデルセンの物語のなかには、悲劇的で陰鬱な気分のまま終わるものがいくつかみられる。「マッチ売りの少女」は凍死するし、「人魚姫」は溶けて海の泡となる。目先の利いたディズニー・スタジオは、「人魚姫」を忠実に映画化すれば、観客を落胆させると踏んで、映画を興行的に成功させるには幸福な結末にする必要があると考えた。その結果、アリエルは最後にエリック王子と結婚して、祝祭的な結婚式で幕を閉じることになった。

心理学的な観点からすれば、幸福な結末は自己の肯定的な力が優位を築くことを意味する。魔女が退治され、魔女に体現される自己の一部が克服されれば、もはや子どもは自己非難や自己不信に苦しめられることはない。自己は変貌し——いわば浄化されて——、幼い読者はそれまでよりも安心して自分を信頼できるようになる。

しかし、おとぎ話の結末は一時的なものである。魔女の死をとおして克服されたはずの感情や性癖はまた戻ってくる。それは（希望的観測によれば）それほど切実ではないにしても、それでも容易に振りほどけない粘着力をもっている。そんなときには、かたわらに控えていたおとぎ話が、また新たに特別な魔法の杖をふるうことになる。子どもたちがこうした話を何度も繰り返して読むのはそのためである。魔女が死ぬたびごとに、子どもは自己不信ややっかいな性癖を克服できるという自分の力に対する信頼感を回復する。それは魔法のようなものである。

おとぎ話はつまるところ、勝利と変貌への旅路である。それは魔女が死ぬことを確認することによって、自己の肯定的な面を強化して、子どもたちがのびのびと自分の善の潜在的可能性を開拓できるようにする。しかしながら、魔女を排除することだけが問題であるなら、物語そのものは単純で芸のないものになる。善の力と悪の力がたたかって、最後に善が勝つというだけの話である。しかし、おとぎ話には魔女や名づけ親の妖精だけでなく、母親や父親、王子や国王、それに血染めのハンカチ、魔法の紡錘《つむ》、話のできる鏡などをはじめ、目をみはるような魅惑的なものがずらりと勢ぞろいしている。したがって、子どもたちにとってのおとぎ話の意味を余すところなく理解するためには、これらの多種多様なものや人物のもつ意義をさぐることが必要となる。

そうするためには、われわれも主人公の魔法の旅路に参加しなければならない。白雪姫とともに原始的な森のなかに足を踏み入れ、人魚姫とともに水面に浮かび、オオカミとともにベッドのなかに跳び込まなければならない。また、黄色のレンガ道を歩いてゆくドロシーと手を組まなければならない。子どもたちと連れ立って、見知らぬ世界への旅に出かけなければ、かれらが根絶したいと願っている罪や、物語中のいろいろな人物の果たす役割を理解することはできない。その旅に怖気づくことがあろうとも、前進するのみである。旅路の終わりに自分自身に出会えることはわかっているのだ。

# 第*3*章　虚　栄
## ――「鏡よ、壁の鏡よ」

「あらまあ、わたし、どこにいるのかしら」
と白雪姫は叫びました。

王子さまはすっかりうれしくなって、「わたしのおそばにおいでです」とこたえました。それから、これまでに起こったことをすべて話してきかせ、「わたしは世界中のだれよりもあなたを愛しております。いっしょに父の城に来て、わたしの花嫁になってください」と言いました。白雪姫は王子さまについてゆき、二人の結婚式は目もくらむほど華やかにとりおこなわれました。

この喜びに満ちた光景をむかえることができた

のは、ひとえに王子の従者の一人が木の切り株につまずいて、ガラスの柩《ひつぎ》の一方を取り落としたおかげである。もし、彼がそれほどぶきっちょでなかったら、白雪姫ののどにつまった毒リンゴの一部がポロリと落ちることもなく、ガラスのなかの白雪姫はいまも城のどこかで展示されていたことだろう。関係者全員にとって幸いだったことに、彼が足をすべらせたおかげで、王子と白雪姫はいつまでも幸せに暮らせるようになったのである。

「白雪姫」は蘇生と愛の復活がドラマティックに描かれていて、あらゆる時代のおとぎ話のなかでも、いちばん思い出に残る話の一つにかぞえられている。それはグリム童話集の中心となる物語であるだけでなく、ウォルト・ディズニーが長編アニメ映画の製作者として出発したその原点でもある。ディズニーはそれまでにも短編アニメはたくさん手がけていて、なかにはおとぎ話にもとづくものもあったけれども、それでも、広く親しまれているグリムの話を一つの長編映画に変えたことは画期的な出来事だった。『白雪姫と七人のこびと』はほかの映画以上に、おとぎ話がアニメーション化される時代の幕あけを告げるものであり、その後の一般大衆のおとぎ話に対する考え方を一変させた作品なのである。

「白雪姫」には一連のおとぎ話を構成するすべての要素がふくまれている。そこには敷居の横断、魔女(陰険な継母)との遭遇、魔女退治、それに幸福な結末がある。ディズニー映画はおおよそのところは、このグリム兄弟の話を原作としており、多少とも原作の線にのっとってつくられている。ディズニーでもグリムでも、少女は継母につきまとわれ、親切な猟師に生命を救われ、また、情けぶかいこびとたちに住む場所を提供される。しかし、両者のあいだには印象的な相違点もいくつかみられる。そもそも、冒頭からしてちがっている。ディズニーの冒頭では、すでに白雪姫の母親は死んでいるが、グリムでははじめのうち、母親は生きてぴんぴんしている。

むかし昔、冬のさなか、雪が羽のようにひらひらと空から舞い落ちていました。お妃さまは窓べにすわって縫いものをしていました。窓わくは黒檀でした。縫いものをしながら窓の外をみていたお妃さまは、指を針でちくりと刺してしまいました。血のしずくが三つ雪の上に落ちました。赤い血は雪の上でとても美しくみえたので、お妃さまは「わたし、子どもが欲しい。雪のように白くて、血のように赤く、そして黒檀の窓わくのように黒い子がいいわ」とつぶやきました。

それからまもなく、女の子が生まれました。肌は雪のように白く、くちびるは血のように赤く、髪は黒檀のように黒い子でした。この子は白雪姫と名づけられたのですが、そこで、お妃さまはお亡くなりになりました。

この詩的な書き出しは、王妃と白雪姫とを結びつける深い感情の絆を反映するものであり、この物語の方向を定めている。王妃の指からしたたり落ちた三滴の血のしずくは、母と子の変わらぬ結びつきを鮮明に描写することによって、両者のあいだの生物学的な血の絆を強調している。読者はその三滴の血によって、もはや母親は身体的に子どもの世話をすることはできないけれども、母親の生命の血は子どものなかに脈々と流れつづけるということを思い知らされるのである。

## 墓の向こうから差しのべられる手

おとぎ話においては、母親の死はよくみられるところである。「白雪姫」「ロバの皮」「シンデレラ」などは、いずれも母親の死ではじまる。事態を一変させるショッキングなこの出来事は、ほかの子ども向けの話——たとえば『バンビ』など——の特徴にもなっているが、それはおとぎ話ではとりわけ痛切な出来事となる。死んでゆく母親はふつう死んでからも子どもをまもろうとする。なかには、親子の精神的結びつきを強固なものにするために、祝福や祝禱が用いられる場合もある。シンデレラの母親は死ぬまぎわに、娘に向かって「いとしいおまえ、神さまをうやまって、いい子でいるのよ。きっと神さまがなんとかしてくださる。わたし、天国からみまもっているわ。いつもいっしょなのよ」と言う。

ときには母と子の結びつきは、お守りの品などの魔術的なものによって確認される場合もある。ロシアのおとぎ話「うるわしのワシリーサ」では、ヒロインの母親は人形をあたえて、「お母さんは死ぬけど、おまえの幸せを祈って、このお人形を残してゆくわ。いつもそばにおいてちょうだい。でも、ぜったい、ほかの人にはみせてはだめよ。もし、困ったことがあったら、お人形に食べものをあげて、どうしたらいいか、おききなさい」と言う。親の死は、たとえ〈みせかけ〉だけの場合でも、明らかにショッキングな出来事であるが、母親が墓の向こうから手を差しのべると約束すれば、子どもはたとえ世のなかに一人取り残されても、いつも自分を導いて世話をしてくれる救いの手があると信じることができる。

おとぎ話のなかには、物語がはじまるときに母親がすでに死んでいる——あるいはたんに行方がわからない——ものがある。たとえば、「ルンペルシュティルツヒェン」では粉屋の妻の姿はどこにもない。物語は「むかし、貧しい粉屋がおりました。粉屋には美しい娘がありました」というふうにはじまる。母親がどこにいるのか、母親に何が起こったのか、まったく何もふれられていない。また、ドロシーの母親の運命も謎である。ドロシーの親戚といえば、エムおばさんとヘンリーおじさんしか生きていないようにみえる。

おとぎ話に母親が登場しないことは、一つには、歴史的現実に原因があると考えれば説明がつく。一九世紀以前には、出産は主な死因の一つであり、女性の生命は何度も妊娠を繰り返すことによって常に危険にさらされていた。また、よく起こる疫病や疾病によっても人命がうしなわれた。したがって、子どもが自立できるようになるまえに、母親をうしなうということはめずらしいことではなかった。

継母が生みの母に取って代わるということは、おとぎ話ではふつうにみられることだが、これもまた歴史的事実にもとづいている。男たちは農耕生活の必要に迫られて、妻が死ぬとすぐに、子どもの世話をしたり家事をしたりする女性をむかえなければならなかった。実際的な日常の雑事のほうが、恋愛や長期にわたるロマンティックな関係よりも優先されたのである。おとぎ話は一種の歴史的文献である。それは、毎日が生きてゆくための苦闘の連続だった時代に、人生とはどのようなものだったのかを大まかに描いてみせる。

心理学的にみれば、おとぎ話における母親の死、あるいは不在は、逆説的に、自己の肯定的な要素をまもらなければならないという子どもの欲求にもとづいている。物語のなかの母親は世界中の善なるものすべてを象徴的に体現している。もし、それが力のつよい危険な魔女と一騎打ちの対決をしなければならなくなると、傷つけられたりほろぼされたりする危険が生じる。もし、両者のあいだに闘争が生じるなら──もし、母親がたとえば魔女の権威と直接対決をするようなことになれば──母親は生命の危険にさらされることになるだろう。

母親を死の危険をはらんだ猛攻撃からまもる、あるいは隔離する方法の一つは、たんに母親を物語からはずしておくことである。さもなければ、早い段階で母親が自然に死ぬことを確認しておくというのも一つの手である。それゆえ、多くのおとぎ話は（「白雪姫」もまさしくその一つである）母親が死ぬところからはじまるか、たんに姿をあらわさないということになる。子どもは母親の不在によってきわめて弱い立場に立つことになるが、それでも母親が穏やかに退場するほうが、非業の死をとげるという筋書きよりも好ましい。
逆説的だが、母親の退場は子どもを有能にする。それによって物語中の子どもは危険で残酷な世界に一人で立ち向かうようになるからである。主人公は母親や庇護者がいないので、自分の内に秘められた力に頼らざるをえない。そうした力は母親がまだ身近にいたらためしようがないものである。のちの魔女との対決の舞台を用意するのは、ほかならぬ母親の死なのである。
「白雪姫」には母親の消失のほかにも重要な主題がある。同情（猟師による土壇場での救済）、身の安全（こびとたちによる安らぎの場所の提供）、最後の救出（魔女の死）などである。しかし、物語をすすめ、避けがたい結末へと導いてゆく原動力となるのは、虚栄である。虚栄こそは物語全体に編み込まれた糸である。それは国王が新しい王妃を選んだ直後から明らかになる。

一年たつと、王さまはべつのお妃さまをむかえました。美しいけれども、うぬぼれがつよく、おうへいな女で、自分よりも美しい人がいることが許せませんでした。お妃さまには魔法の鏡がありました。鏡のまえに立ってなかをのぞき込んでは、

鏡よ、壁の鏡よ、
いちばん美しいのは、だーれ？

と言ったものでした。すると、鏡はこたえます。

いちばん美しいのは、あなたさま。

それで、お妃さまは満足しました。鏡はほんとうのことしか言わないとわかっていたからでした。
ところで、白雪姫は大きくなるにつれて、ますますきれいになりました。七つのときにはだれがみても美し

く、お妃さまもかなわないほどでした。あるとき、お妃さまが鏡にむかって、

壁の鏡よ、

いちばん美しいのは、だーれ？

と言うと、鏡は

お妃さま、たしかに、あなたさまはとても美しい、

でも、あなたさまより白雪姫のほうが美しい。

とこたえました。お妃さまはこれをきいて、たいそう驚きました。ねたましくて顔が青ざめ、それからというもの、白雪姫がうとましく、憎くて仕方がなくなったのでした。

## 地獄に復讐の女神はいない

おとぎ話の原動力としての虚栄は、ほとんどおとぎ話そのものと同じくらい古くから存在する。それは古くは紀元二世紀にアプレイウスが語った「キューピッドとプシケ」の話に登場する。「キューピッドとプシケ」は多くの人に最初のおとぎ話とみなされている話であるが、ここでは、ギリシアの美の女神ヴィーナスがプシケという名の王女が自分以上に美しいことを知り、人間であるその若い娘に嫉妬する次第が語られている。ヴィーナスは世界でいちばん美しい女性としての地位がおびやかされることに気づき、自分の地位をまもるために、いろいろ画策しはじめる。

物語はヴィーナスをあがめる者がだれもいなくなったというところからはじまる。ヴィーナスの崇拝者たちは、いまや、美しい乙女のプシケの足もとにバラの花をまくようになった。こうした侮辱に怒り狂っ

たヴィーナスは息子のキューピッドを呼び寄せ、乙女を破滅させようと、つぎのように命じる——「どうか、おまえ、あの思い上がった娘に、おまえの弓矢で一泡吹かせてやっておくれ。おかあさんのことをすこしでもたいせつに思うなら、かならず仇をとっておくれ」。

キューピッドは母親の命令を実行するつもりでいたが、プシケを一目みた瞬間、その美しさに打ちのめされる。そして、母親の命令にしたがうどころか、弓をおろしてプシケに愛の告白をしてしまう。ヴィーナスはキューピッドが敵にやぶれたことを知り、ふがいない息子に激怒する。そして、プシケにも復讐してやるとかたく心に誓う。

この若い娘を懲らしめようとするヴィーナスの努力は、おとぎ話におなじみの日常の雑事というかたちをとる。まず最初にプシケに課せられた任務は不可能な種分けの仕事だった。彼女は小麦や大麦、キビやレンズ豆などが山のように積まれている貯蔵所に連れていかれ、それぞれを種別に袋のなかに入れるようにと命じられる。「日が暮れるまでにこの仕事を終わらせなさい」というのがヴィーナスの命令だった。プシケは途方にくれるが、キューピッドが内緒で送ってくれた働きもののアリの一群に助けられ、なんとか仕事をやりとげる。

ヴィーナスはプシケがこの仕事をやりとげたことに腹をたてた。彼女はつぎに、荒れ狂う川の向こう岸で草を食む粗暴で危険な羊の群れから、金の羊毛を一房、取ってくるようにと命令する。プシケは川の神に助けられて、危険な川の流れを安全にわたり、羊たちが草を食む牧草地にやってくる。そして、草地に足を踏み入れようとするが、そのとき、川の神が忠告する。すぐに近づかないで、羊たちが疲れるまで待つほうがいい。プシケはこの教えにしたがって、首尾よく羊毛を手に入れ、うやうやしくヴィーナスに差し出した。

しかし、それでもヴィーナスは承知しない。ヴィーナスはさらにいっそう危険な仕事を考え出した。プシケはそのために黄泉《よみ》の国への危険な旅に出なくてはならない。彼女の使命とはプルートの妻ペルセポネをみつけ、所有している〈美の黄金のつぼ〉を手に入れるというものだった。プシケはそのつぼをヴィーナスに差し出さなければならないが、どのようなことがあっても、帰途、それをあけてはならないと命じられる。

プシケが誘惑に抵抗しがたいということはヴィーナスは百も承知だった。そして、じっさい、そのとおり、乙女は命令にそむき、なかに収められた美のおすそ分けにあずかろう愚かにもつぼをあけてしまう。美神ヴィーナスにも匹敵するようなとてつもない美人なら、それ以上、外見をみがく必要などなさそうだが、そもそも虚栄とはそうしたものだ。どんなに美しくてもこれで十分ということはない。プシケがふたをあけると、つぼから地獄の黒雲が煙のように立ちのぼり、たちまちプシケを包み込んでしまった。

たまたま、キューピッドが近くにいて、その出来事をみていたのは幸いだった。彼は死のもやを寄せ集めてつぼのなかに戻すと、プシケを呼びさまして、愚かな好奇心がどんなに危険なものかをじゅんじゅんと説く。危機一髪で死から免れて用心ぶかくなったプシケは、なおも旅をつづけて、無事、つぼをヴィーナスに手わたした。物語はプシケが使命を果たした功績によって、女神の地位に格上げされるところで終わる。彼女はオリュンポスの山にむかえられ、祝福されてキューピッドと結ばれる。ヴィーナスも勝手気ままな息子を許し、若い二人を祝福する。それから二人は幸せに暮らすわけである。

「キューピッドとプシケ」は厳密に言えばおとぎ話ではないが（主要な人物たちは人間ではなくて神々である）、ここにはおとぎ話にふつうにみられる多くの特徴がある。また、さらに重要なことには、ここには、熟考するべき重大事よりも虚栄が優先されると、どんなにめんどうな事態になるかがドラマティックに描かれている。このことは虚栄に明け暮れている白雪姫の継母をみれば明らかである。虚栄は彼女を夢中にさせる無害なものであるどころか、時間のつぶし方（鏡をのぞき込むこと）から殺人計画にいたるまで、彼女のやることなすこと、すべてに影響をあたえている。


お妃さまは白雪姫が自分よりも美しいことに気づくと、ねたみとうぬぼれが心のなかに雑草のようにはびこるようになりました。そして、とうとうがまんできなくなり、猟師を呼んで言いました。

「あの子を森のなかに連れておいき。もう、顔をみなくてすむようにね。殺しておしまい。そして、そのしるしに心臓をもってきてちょうだい」

猟師は言いつけられたとおり、白雪姫を連れ出しました。そして、清らかな胸に短剣を突き刺そうとすると、白雪姫はしくしく泣いて訴えました。

「ああ、猟師さん、どうか、生命だけは助けて。わたし、森の奥に行って、二度と家には帰りませんから」

白雪姫はとてもかわいらしかったので、猟師は哀れになりました。

「では、そうするがいい、かわいそうに」

猟師は、どうせ、森のけだものに食べられてしまうにちがいないと考えたのです。これで白雪姫を殺さずにすんだと思うと、心の重荷がとれたような気がしました。ちょうどそのとき、イノシシの子どもが走ってきました。猟師はそれをつかまえて殺し、心臓を取り出して、お妃さまのところにもっていきました。それが白雪姫の死んだしるしになりました。よこしまなお妃さまはそれに塩をふって料理すると、これで白雪姫もおしまいだと信じて、ぺろりと食べてしまいました。

## 夕食にはだれを食べようか？

人間を食うということは、ほとんどの人にとって考えるだけでも身の毛のよだつようなことだが、子どもたちにとってはなおさら怖い。それでも、人肉を食べる行為――あるいはそうした可能性――は、おとぎ話にかなりひんぱんに登場する。食人行為は「白雪姫」だけでなく、「日と月とターリア」やペローの「眠れる森の美女」にもあらわれる。バジーレの話の奥方もペローの義理の母親も、自分の食人癖の衝動を満たすべく、子どもを殺そうとやっきになる。ペローの話の魔女は、自分では子どもを食べようとは考えないが、そうした人食いの傾向が認められることは明らかである。

食人行為が顕著にみられるもう一つのおとぎ話は「おやゆび小僧」である。このペローの物語では、食人鬼がおやゆび小僧と六人の兄弟たちを食ってしまおうと考える。それに、もちろん「ヘンゼルとグレーテル」もある。これはおそらく人肉を食べる行為をあつかった話のなかではもっとも有名なもので、ここでは、魔女がヘンゼルをさらにおいしく食べるためにふとらせようとする。

食人行為は、なぜ、こうもひんぱんに描かれるのだろうか。なぜ、こうも微に入り細に入り、嫌になるほど描写されるのだろうか。その理由はおとぎ話の心理学的意図に照らしてみれば明らかである。人肉を食べることは言語道断な行為であり、そのような人は徹底的に忌みきらわれてしかるべき人物とみなされる。もし、魔女がほろびるべきものならば（それは必然的なのだが）、読者はたしかに魔女が死ぬに値する存在だとなっとくできなければならない。ただの殺人行為の場合、情状酌量の余地があるなら、理解もできるし、大目にみることもできる。しかし、人間を切り刻んで食うとなると常軌を逸している。白雪姫の継母は人食いの食欲を有することによって、どうしようもなく忌みきらわれるべき存在として位置づけられ、考えられるかぎりの最悪の懲罰を受けるに値する存在となるのである。

白雪姫にとって幸いだったことに、猟師は哀れに思って生命を助けてくれた。しかし、この若い王女に対する同情はどのような性質のものだったのだろうか。彼女が何も悪いことをしていないから助けたのだろうか。それとも、王妃の残酷なやり方に反感をおぼえていたから、生かしておくことにしたのだろうか。そうではあるまい。生かしておくことにしたのは白雪姫が美しかったからである。物語では「白雪姫はとてもかわいらしかったので、猟師は哀れになりました」と説明されている。王妃が白雪姫を破滅させようとするのはその美貌ゆえであり、また、猟師が彼女を助けるのもその美貌ゆえなのである。

容貌へのこだわりが主題化されるのは、おとぎ話のなかだけにかぎらない。それは自己分裂のおとなの話にも認められる。オスカー・ワイルドの『ドリアン・グレイの肖像』はその一例である。ワイルドの小説はこうである。世にもまれな美貌にめぐまれた若者ドリアン・グレイは、自分の若々しい容貌が時とともに衰え、やがてはほろびるということに心をかき乱される。彼は友人の画家バジル・ホールワードに肖像画を描いてもらいながら、こうした不安を口にする。

「まったく悲しいことだ」自分の肖像画に目を注いだまま、ドリアンはつぶやいた。「まったく悲しいことだよ。ぼくは年をとり、見るも無残な姿になってしまう。それなのに、この肖像画はずっと若いままときている。まさしく六月の今日という日から一日も年をとることはないんだ。これが逆だったらいいんだがな。いつまでも若いのはぼくで、年をとるのがこの絵のほうだったらね。それができるなら――それができるなら、どんなことでもする。そう、この世のなかでできることなら、どんなことでもね。魂を捨ててもかまわない」

若さを保って自分の容貌を維持したいという願いはわかるけれども、〈永遠に〉美しくありたいという望みは不自然である。ドリアンの願いは自然の秩序に反するものであり、これは明らかに自己のなかの健康的とは言えない要素を反映している。

さて、このドリアンの願いは実現されるが、それにともなって彼の人格に微妙ではあるが重要な変化が起こりはじめる。肖像画が完成されてからまもなく、彼は関係のあった若い女優シビル・ヴェインを無情に捨てて自殺に追いやる。その後も、つぎつぎと若い男女をスキャンダルに巻き込んでは、シビル同様、かれらの気持ちを踏みにじるといったことを繰り返す。そうしたドリアンのふるまいがひどくなるにつれて、肖像画に描かれている切り離された分身は醜くなってゆく。

年月が過ぎ去り、ドリアンのふるまいはますます退廃的になる。そして、彼は願いどおり、相変わらずの美貌を保ちつづけるが、逆に絵のなかの人物はますます歪んで醜悪になってゆく。ドリアンは肖像画が放縦な自己の視覚的表現であることに気づいているが、しかし、それと手を切ることができない。彼は魔女と格闘する子どもとはちがって、邪悪なる自己という魔女的な存在を庇護してしまうのである。

やがて、その肖像画はドリアンにとって脅威となる。ちょうど、虚栄の性癖が子どもにとって脅威となるようなものである。彼はだれかに秘密をかぎつけられるのではないかと不安になる。そして、自分の正体が暴露されることのないように、肖像画を屋敷のなかの目立たない一室に隠す。彼が選んだのはむかしの子ども部屋だった。それは上の階の隠れた一室で、詮索好きな使用人たちの目のとどかないところにあった。

ドリアンが肖像画を隠すのに子ども部屋を選んだというのは示唆的である。子ども部屋というのは自己分裂が最初に起こる時期、すなわち、おとぎ話が支配的になる時期を象徴している。おとぎ話では、罪ぶかい性癖を魔女に託すことによって、善と悪とを分離することができる。しかし、おとな向けの自己分裂の話では、人生というものはもっと複雑だという認識がある。善と悪とは撚り合わされていて、両者を解きほぐすことは容易ではないのである。

この子どもの逃げ場所をもってしても、ドリアンのジレンマを解決することはできなかった。彼は肖像画によって正体が暴露されるのではないかと思い悩んだすえ、肖像画を破棄しようと決心する。彼は階段を昇り、子ども時代の聖域に入り、最後に一目、肖像画をしげしげとみつめる。それからナイフを取り出してキャンバスを切り裂く。使用人がギャーという悲鳴を聞いて駆けつけると、ドリアンが胸にナイフを突き立てて床に倒れていた。近くの画架には肖像画が立てかけられていて、それは描かれたときとまったく変わらない、一点の汚れもない清らかな肖像画だったのである。

## いちばん恐ろしいもの

白雪姫は生命を助けられたが、問題はこれから先である。身を隠す場所もなく、大きな森にたった一人取り残され、頼れる人はだれもいない。母親に死なれて経験した感情的な遺棄は、いまや、突如として恐怖心を起こさせる現実となった。

幼い子どもの苦境は、ふつう、遺棄されるのではないかという不安を引き起こす引きがねとなる。それはすべての子どもが人生のいろいろな段階で経験することである。子どもは一人ぼっちになるのではないかという不安を払いのけるために、児童精神分析家マーガレット・マーラーの言う〈安全基地〉、すなわち子どもに安心感をあたえてくれる人を探し出そうとする。独立して自分の力でやってゆけるようになるためには、この世には頼れる人がいるということを知っておかなければならない。こうした安全基地というか、頼みの綱となる人がいないと、世界は恐ろしい何が起こるかわからない場所になる。白雪姫はすぐさまこうした事態に気がつく。

さて、白雪姫は大きな森のなかで一人ぼっちになりました。怖くて怖くて、どうしたらいいのか、わかりません。そこで、走りだしました。ごつごつした岩を越え、いばらのなかを走ります。森のけものたちに追いこされましたが、ひどい目にあうことはありませんでした。

白雪姫は足の動くかぎり走りつづけると、やがて暗くなってきました。そのとき、ちいさな小屋が目に入りました。からだを休めようとして入ってみると、小屋のなかは、なにもかもがちいさくて、口では言えないくらい、きれいできちんとしています。テーブルには白いカバーがかけられ、ちいさな皿が七つあり、それに七つのちいさなスプーンと、七つのちいさなナイフがならんでいます。それぞれに、ちいさなグラスもついていました。壁のところには、七つのちいさなベッドがならんでいて、雪のようにまっ白なシーツがかけられていました。

白雪姫はそれぞれの皿からすこしずつとって食べ、それぞれのグラスからすこしずつワインを飲んだ。一箇所から全部を取りたくなかったからだ。それから、一つのベッドに横たわり、ぐっすり眠った。翌朝、目をさますと、まわりに七人のこびとが立っている。最初はとても怖かったが、やがて、みんな好意的であることがわかる。白雪姫は名まえを聞かれて、

「わたしは白雪姫」とこたえました。

「どうやって、おれたちのところにきたんだね？」と、こびとたちがたずねました。

そこで、継母に殺されそうになったこと、猟師に生命を助けられたこと、それから一日中走って、ようやく、この家にたどり着いたことなどを話しました。

すると、こびとたちは言いました――「じゃあ、家のなかのことをやってくれるかね。料理をしたり、ベッドをととのえたり、洗いものに編みものとか、それに、そこらじゅうかたづけて、きれいにしておいてくれるかね。それなら、ここにおいてあげよう。なんでも思いどおりにしてあげるよ」

「ええ、喜んでそうするわ」と白雪姫はこたえました。それから、家のなかのことをやりながら、こびとたちといっしょに暮らしました。

こびとたちのもてなしは、白雪姫がじっさいに安全基地をみいだしたことを示しているが、フェミニスト批評家たちは、このこびとたちの提案をいくぶん異なる角度から解釈する傾向がある。こびとたちが安らぎの場所を提供するということは、より広く社会が女性に家事を担当させ、女性を従属的な立場へと追いやろうとしているという事実を象徴していると論じるのである。たしかに、こうした見解にはもっともなところがある。私はヴィヴィアンという名の患者に心理療法をほどこす過程で、そのことを痛感するようになった。夫に捨てられたヴィヴィアンは、診療のときに、献身的な妻にしてひたむきな家政婦としての自分の役割に疑問をいだきはじめた。その役割を果たした結果、自分はどうなったか。ほかの女に夫をうばわれたばかりではない。あれこれ夫の世話をすることについやした時間は、専門職を身につけるためについやすべきではなかったのかと気がついたのである。

ある日、彼女はこうしたことをいろいろ考えて、自分からこう切り出した――「あのう、私、『白雪姫』について、子どものころとはちがう見方をするようになったんです」。

それはどういう意味かとたずねたところ、彼女はこうこたえた――「こびとたちのためにずっと炊事や洗濯をすることは、身の安全のためにすべてを捨てるということですよね。でも、けっきょく、こびとたちは白雪姫をぜんぜんまもってくれなかったわけでしょう？」

ヴィヴィアンはおとなになってからは、この話について異なる連想をもつようになっていた。子どものころには、こびとたちは身の安全を、また、こびとたちの小屋は嵐の避難所を意味していた。そして、小屋のなかのすべてのもの――ちんまりした椅子、ちっぽけな食器、ちいさなベッドなど――は安心できる家庭生活を象徴していた。しかし、おとなになって辛い離婚を経験してからは、この少女時代のお気に入りの話は、それまでと異なる様相を呈するようになった。

「白雪姫」はヴィヴィアンにとっては、性的迫害と空費された好機についての寓話となった。おとなの目からみれば、白雪姫はだまされやすいおぼこ娘であり、せいぜい幻想でしかない身の安全と引き換えに、あまりにもやすやすと自分の未来と自尊心とを犠牲にしてしまった愚かな子どもにすぎない。バケツの水を母親に浴びせた二人の兄弟が、自分の人生とドロシーの人生とのあいだに類似性をみいだすことができたように、ヴィヴィアンは、おとぎ話の登場人物の目から自分の人生をみることによって、自分のおかれた状況を認識する洞察力を得ることができたのだった。

## 魔法の在りか

白雪姫とこびとたちの関係をどのようにとらえるにせよ、こびとたちが嵐からの避難所を提供したことは、ほとんど疑う余地がない。しかも、早すぎるということはまったくない。継母の心は一時的にやわらいだけれども、白雪姫が生きていると知れば、ただちに探しにくるはずだ。ともあれ、さしあたって白雪姫は、食事と住居はこびとたちにまかせておけばいいわけで、これで安心できることになった。

しかし、こびとたちは、ただ、たまたま都合のいいときに都合のいい場所にいてくれた情けぶかい宿主というだけではない。かれらが仕事に出かけるときに白雪姫にあたえた警告を考えてみればいい。かれらは「知らない人に話してはいけない」と言い、「見ず知らずの人を家のなかに入れてはいけないよ」とも言う。これらは母親が子どもを家においてゆくときに言うことばそのものである。こうしたこびとたちは母親のイコンというか、いわばよい母親の象徴である。このことは想像力をはたらかせるまでもなく明らかだ。

じっさい、こびとたちは白雪姫の一部なのだ。証拠はかれらの家のなかを構成しているものにみいだせよう。テーブルには「白い」カバーがかけられていただけでなく、ベッドにも「雪のようにまっ白」なシーツがかけられていた。まるで白雪姫はそのちいさな家のなかに、自分自身の顕現をひょっこりみつけたかのようである。さらに、こびとたちの起源が母親であることは、小屋の内部の様子に反映されている。グリム兄弟の描写によると、ベッドまでもが「この上なくきれいできちんとして」いる。七人の一人前の男たちが——いかにちいさいとはいえ——ひしめき合って生活していながら、家のなかがきちんと整頓されているなどとは考えにくい。魔法にも限界があるはずなのだ。

ディズニーは小屋の内部をしっちゃかめっちゃかの落花狼藉に変えることによって、このこびとたちの母親的性格をあいまいにしてしまった。映画では、皿は汚れたまま、衣類は散らかり放題、家具は散乱状態といった具合で、こびとたちの母親的傾向は、それがどんなものであったにせよ、騒々しい行状によって影が薄れてしまった。こびとたちは踊ったり歌ったり、そのふるまいたるや、酔っぱらった船員さながらで、おまけにスニージー、スリーピー、グランピー、ドーピーなどといった名まえがあり、母親のイコンどころか、ちっぽけな道化師たちといった様相を呈している。

それでも、外にひそむ危険から白雪姫をまもろうとするこびとたちには、母親的性格が輝き出ている。しかるに、おとぎ話に登場する子どもたちがほとんどそうであるように、白雪姫はこびとたちの忠告を無視する。小屋の外から「すてきなものはいらんかね。安いよ、安いよ」という声がきこえてくると、先ほどの忠告など、どこ吹く風、すぐさま窓をあけてしまう。自分がこの上なく悲惨な旅路の一行程に乗り出そうとしていることなど、白雪姫は知る由もない。

白雪姫は窓の外をみて、「こんにちは、おばあさん、どんなものを売っているの」と大きな声で言いました。

「いいものだよ、すてきなものだよ、色とりどりの胴着のひもとかね」おばあさんは明るい色の絹ひもを取り出しました。

「ちゃんとしたおばあさんだわ、入れてあげよう」白雪姫はドアのかんぬきをはずし、そのすてきなレースのひもを買いました。

小屋の外に立っていた人物は、だれあろう、白雪姫の陰険な継母で、巧妙に行商人の女に変装していたのだった。問題は、なぜ、その老婆を家のなかに入れてしまうのかということである。こびとたちが注意したにもかかわらず、なぜ、白雪姫は自分の身をこうした恐ろしい危険にさらしてしまうのか。ただの好奇心のなせるわざなのか。それとも、おとなの権威の限界をためそうとしているのだろうか。答えはレースのひもにある。

白雪姫が欲しがったレースのひもは、こんにちの子どもたちが髪をかざるために使うようなリボンではない。それは胴着のひもというか、山間の村の若い娘たちが、ビスチェ〔ぴったりした短いシャツ状の服〕の前面をしばるのに使う極彩色のリボンである。胸を大きくみせるために、それを十字交差状にきつくしばって、娘たちをより魅力的にみせようという工夫である。白雪姫がそれを欲しがったのは、それ自体が魅力的だったというだけでなく、自分をもっと魅力的にみせたかったからなのである。

ここでおこなわれた取り引きによくよく注意するなら、白雪姫が王妃を家のなかに入れた理由は、暗殺をたくらむ王妃の邪悪なる情熱を燃え立たせたものとまったく変わらないことがわかる。王妃のように、白雪姫も美しくエレガントになりたい、そして賛美されたいと思った。幼い子どももまた虚栄心の衝動に駆りたてられる。白雪姫はさすがに国一番の美女になりたいとまでは思わなかったかもしれないが、それでも、魅力的でありたい、官能的でありたいと思ったことは疑いない。それも、おそらくは幼い年齢から想像される以上に。

おとぎ話がその心理的なインパクトをつよめる方法は、一つには、物語であつかわれる罪を、魔女と主人公の両方に負わせることである。おとぎ話が少年少女に対して、いつまでも影響力をもちつづけるためには、主人公は魔女と同じ失敗を経験しなければならない。かれらは同じ誘惑に駆られなければならない。

そうでないと、物語であつかわれる罪は子どもにとっては無縁なもの、魔女だけがせおっているものとして受け取られる可能性がある。「白雪姫」という作品は、読者に白雪姫との同化をうながし、自分の外見・容貌への関心に注意を向けさせることによって、読者に自分の虚栄の性向を直視するよう誘いかける。同じような原動力は、ハンス・クリスティアン・アンデルセンの「王さまの新しい服」においても中心的位置を占めている。

## 外見をつくろう

アンデルセンの話の王さまもまた、白雪姫のように外見のことが頭から離れず、国政などどこ吹く風、孔雀よろしく身を飾り立てては、臣下のまえをこれみよがしに歩きまわって時間をついやす。アンデルセンには、「王さまは軍隊や芝居や国内のパレードなどには、まったく関心を示しませんでした。示すとすれば、新しい着物をみせびらかそうとするときだけでした」と書かれている。したがって、世にもまれなすばらしい衣装を織ることができると吹聴する二人の詐欺師に、まんまとだまされてしまうのも驚くにはあたらない。かれらによると、自分たちの織る衣装はその地位にふさわしくない人、あるいはきわめて愚かな人の目にはみえないというのである。

虚栄心のつよい国王は目先のことしか考えず、かれらのたくらみにまんまと引っかかって、臣下のあいだを裸で歩きまわることになる。それでも臣下はみんな、パレードで国王が衣服を着ていないと直言しようとはしない。

王さまはパレードで美しい玉座にすわっていました。通りの人も窓からみている人も、みんな、「おやまあ、こんどの王さまの新しい服は最高だ。あのすそのすばらしいことといったら。まさしく王さまにぴったりだ」と言いました。だれもが自分には何もみえないということを悟られまいとしたのです。何もみえなければ、自分がいまの職にふさわしくない、あるいは愚か者だということになってしまうからでした。

こうしたみえすいたごまかしは最初のうちこそ成功するが、ついには国王のほんとうの姿が暴露される。幼い子どもが「でも、王さまは何も着ていないよ」と叫ぶのである。

「そうだ、何も着ていないんだ」やがて、みんなが口ぐちに叫びました。王さまはたいそう気まずくなりました。たしかに、みんなの言うとおりだと思ったのです。それでもなんとか、「いまはパレード中だ。もちろん、万事、つつがなくやりとおすしかあるまい」と考えて、いっそう誇らしげに居ずまいをただしました。お付きの者たちも、ありもしないすそをうやうやしくもって、王さまのあとにつづいたのでした。

国王が虚栄心のつよい性格の餌食になったのと同じように、白雪姫も自分の性格の餌食になる。しかし、若い白雪姫は自分の過度の虚栄心に対して、国王よりも高い代価をはらうことになる。自分の罪を羞恥と屈辱とであがなうのと、自分の生命をその代価とするのとでは大ちがいである。

「まあ、おじょうちゃん、なんてかっこうなの」と、おばあさんは言いました。「一度、ちゃんとレースのひもをしめてあげるわ」

白雪姫は言われたとおりに、おばあさんのまえに立って、新しいレースのひもでしばってもらいました。ところが、おばあさんはすばやくキュッときつく胴着のひもをしめあげたので、白雪姫は息ができなくなり、死んだようにばったり倒れてしまいました。

幸いなことに、王妃が立ち去るやいなや、こびとたちが仕事から帰ってくる。小屋のなかに入ってみると、白雪姫は床に倒れて死んだようにぐったりしている。かれらはすぐに何が起こったのかを察知して、胴着のひもを切り、白雪姫を生き返らせる。

ディズニーの『白雪姫』では、このエピソードはまったく省略されている。これにつづく〈くし〉のエピソードについても同様である。映画では魔女が白雪姫のもとへやってくるのは一回だけで、そのときには毒入りリンゴで誘惑する。胴着のエピソードを省略した理由は定かではないが、物語を切りつめるつもりだったか、さもなければ、(こちらのほうが可能性が高いのだが)官能的連想をやわらげるためだったのかもしれない。理由が何だったにせよ、このエピソードの省略によって、物語の誘因となっている虚栄の意義が最小限に抑えられ、物語の心理的基盤が弱められることになった。

こびとたちは息を吹き返した白雪姫に老婆の訪問のことを知らされ、ますます警戒するようになる。かれらは行商の老婆こそ陰険な王妃にほかならないと説明し、もう一度、白雪姫に注意をうながす。そして、「だれもいないときには、だれもなかに入れないように注意するんだよ」と言う。

こびとたちが白雪姫に身のまわりの危険について、一生懸命わからせようとしているときに、陰険な王妃は魔法の鏡によって白雪姫がまだ生きていることを知らされる。この国でいちばん美しいのはだれかとたずねると、鏡はこうこたえる。

お妃さまは世にもまれな美しいお方です。
でも、七人のこびとたちといっしょに
谷あいに住んでいる白雪姫は
あなたさまの千倍も美しい。

いまや、王妃は憎い白雪姫を亡きものにしようと、いっそう決意のほぞをかためる。そして、急いで魔法の物置部屋にゆき、頭皮にふれるとたちまち生命をうしなうという毒のくしをつくる。それから新たに変装して城を出るや、横たわる山々を越えて、こびとたちの小屋へとやってくる。

おばあさんはドアをノックして、また、大きな声で言いました。「すてきなものはいらんかね。安いよ。安いよ」

「あっちへいって。だれもなかに入れてはいけないの」と、白雪姫はこたえます。

「でも、みるだけならいいんでしょう」おばあさんは毒のくしを取り出してみせました。

白雪姫はすっかり気に入り、くしにまどわされて、ドアをあけてしまったのでした。

二人のあいだで話がまとまると、おばあさんは「さあ、髪をきちんととかしてあげましょう」と言いました。

かわいそうに、白雪姫はつゆほども疑わないで、おばあさんの好きにさせました。ところが、くしが髪にふれるかふれないうちに、たちまち毒の効きめがあらわれて、白雪姫は気をうしなって倒れてしまいました。

「美人のかがみといったって、これで一巻の終わりというわけさ」女はこう言い残して立ち去りました。

この物語では、くしは虚栄をあらわす二つ目の象徴となっている。ここでもまた、白雪姫が心を惹かれるのは、おもちゃや小間物ではなくて、自分の容貌をより美しくすると思われる品である。白雪姫をおびやかす悪は小屋の外だけでなく、虚栄心によって正しい判断をくもらせてしまう内的性格としても存在している。幸いなことに、ふたたび、こびとたちが戻ってきて、生命を救ってくれる。かれらは毒のくしを髪から抜いて、あらためて身辺を徘徊する悪について教え諭す。

さて、もう白雪姫も懲りたろうと思われるのだが、運命は最後にもう一度、三回目の誘惑を用意している。王妃はこんどは農婦の着物を着て、リンゴの入ったかごをもってやってくる。そのなかの一つは毒入りである。王妃は毒入りのリンゴを差し出すが、白雪姫はそれを拒む。老婆はすこしでも疑われないようにと、リンゴを二つに割って、緑色をした半分を食べてみせる。白雪姫はそれにすっかりだまされてしまう。そのリンゴには巧みな細工がしてあった。赤い色をした半分だけに毒が入っているということなど、白雪姫は知る由もない。

### 水面下に隠れているものは……

魔女の再訪は、虚栄が提示する存在論的ジレンマを浮き彫りにする。表面にあるものと内部にあるもの、どちらがより重要なのか。美しい赤い皮と毒との相違は、明らかに両者のちがいを際立たせている。したがって、ほとんどの親は子どもたちに外見にとらわれないようにと忠告する。われわれは「美貌はほんの皮一重」〔有名な格言〕だと言う。本の中身は装丁からはわからない。たいせつなのは中身なのだ。

しかし、テレビが美の追求を高度な芸術の地位に押し上げているというご時世にあって、子どもたちはこれをどう考えたらいいのだろうか。テレビ・ラジオのチャンネルは、どこを回しても、肉体的魅力を賛美するメッセージにあふれている。毎年発売される洗顔ローション・整髪料・化粧品の数々をみると、虚栄産業の普及たるや、度肝を抜かれるばかり。幼稚園を出るか出ないかの幼い子どもたちでさえ、全国美人コンテストで互いに張り合うありさまである。じっさい、マテル〔米国の玩具メーカー〕はエーボン〔米国の化粧品メーカー〕と提携して、三歳以上の少女向けの化粧品セットを売り出した。それは〈すてきなバービーちゃん化粧品セット〉という商品で、なかにはクリーム色のアイシャドーとイチゴのリップグロスが入っている。

「白雪姫」や「王さまの新しい服」のような物語は、外見に過度にこだわると有害な反動が生じるということを教えてくれる。容貌にたよって世わたりしたり、イメージを性格の代用として利用したりしても、心痛の種になるだけのことである。とはいえ、毎日、幼い子どもたちを攻めたてる外見偏重の強力なメッセージなどは、おとぎ話が無効にしてくれるはずだと期待するだけでいいのだろうか。おそらく、いけないだろう。それでも一方では、子どもたちがおとぎ話にふれるのは比較的早い段階であり、鮮明な感情的体験がいつまでも影響力をもちつづける時期である。おとぎ話は子どもたちに同じような年頃の主人公との同化をうながし、登場人物たちが虚栄の性向にいかに立ち向かうかを示すことによって、子どもたちに自分のなかの衝動とたたかうチャンスをあたえてくれる。そうした衝動にほかの手段をもって対抗するのは困難なのである。

ヒロインの虚栄心のつよい性格が——読者のそうした性格だけでなく——消滅したことが確認されるためには、魔女は死ななければならない。しかし、その出来事のまえに、白雪姫はもう一つの挑戦に直面しなければならない。もっと早い段階で猟師の手にかかって殺されそうになったときのように、こんどは魔女との最後の対決において、死というものに真正面から向き合わなければならないのである。

白雪姫はリンゴを一口かじると、そのまますぐに死んだように地面に倒れてしまいました。お妃さまはそれをゾッとするような恐ろしい目でみて、大声で笑いながら言いました。「雪のように白くて、血のように赤く、そして黒檀の窓わくのように黒い娘とはね。こんどばかりは、こびとたちだって、おまえを生き返らせることはできないだろうよ」

魔女の継母が口にすることばは、何年かまえに、白雪姫の母親が窓べにすわって、子どもが欲しいと言ったときのことばとまったく同じである。魔女がまったくの同一表現を使ったことは——「雪のように白くて、血のように赤く、そして黒檀の窓わくのように黒い」——ただの偶然ではない。それは魔女もよい母親と同じように、白雪姫の一部であることを物語っている。そのようなものとして、どちらもお互いに心の奥底で考えていることがわかるのだ。白雪姫の母親が子どもをこの世に誕生させようとして使ったことばが、こんどは魔女によって、その子をこの世から追い払うために利用されるわけである。

帰宅したこびとたちは、白雪姫が地面に倒れピクリとも動かないのをみると、服をゆるめて、なんとか生き返らせようと、必死に水やワインで身体を洗う。しかし、こんどばかりは遅すぎた。これまで家にかくまって忠告をあたえてきたのに、その幼い娘はもうこの世にいない。

こびとたちはうしなったものの大きさに涙する。埋葬のことを考えなければならなかったが、なんとしても土のなかに埋めるのは忍びない。白雪姫はこの世から消し去るにはあまりにもいとおしく、あまりにも美しすぎた。おまけに、まだ生きているようにもみえた。

「黒い土のなかに埋めるなんて、できないよ」と、こびとたちは言って、どこからでもみえるように、すきとおったガラスの柩《ひつぎ》をつくりました。そして、白雪姫をなかに入れ、そこに金の文字で〈王さまの娘〉と記しました。それから、柩を山の上におき、いつでも、だれか一人がそこに残って見張りました。

ガラスの柩《ひつぎ》は最後にもう一度、虚栄のモチーフを繰り返す。白雪姫はもう死んでしまったが、その美貌によって、これからも高く評価され、たいせつにされるということが確約される。だれでも白雪姫を観賞できるよう、クリスタルの箱のなかに入れて展示するということは、虚栄への関心が勝利をおさめたということを示しているようにみえる。しかし、希望はある。なんらかの方法で白雪姫をよみがえらせることができるなら、白雪姫も読者もまだ自分の罪ぶかい性向を克服するチャンスがある。

たまたま、ある日、王子さまが馬で森にやってきて、近くにあったこびとたちの小屋に立ち寄りました。王子さまは山の上で柩をみつけ、なかに横たわる美しい白雪姫の姿を目にしました。そして、金の文字で記されたことばを読んで、こびとたちに言いました。

「この柩をいただきたい。欲しいものはなんでも差し上げよう」

ところが、こびとたちは世界中の金をもらっても、手ばなすわけにはいかないとこたえました。それでも、王子さまは、

「お願いですから、どうかゆずってください。白雪姫なしには生きてゆけないのです」と言いました。

白雪姫の美しさに魅惑された王子は、死という事実には喜んで目をつぶり、白雪姫と結婚したいと願う。両親は王子の結婚相手が死んでいるとあっては喜ぶどころではないだろうが、そうした心配も王子を思い

とどまらせることはできない。王子の望みはただ一つ、白雪姫を手に入れることというか、より正確には白雪姫の美を所有することである。王子はこびとたちを説得し、白雪姫を手に入れると、父親の城に向かって出発する。城のなかに白雪姫を展示するつもりなのである。

さて、ここがだれもがホッと安心するところなのだが、城へ向かう途中、従者の一人がつまずいて柩《ひつぎ》を取り落とす。その衝撃で、毒リンゴがのどから飛び出し、白雪姫は目をさます。物語としては、ここで終わってもいいところだ。白雪姫はよみがえり、喜ばしいことに王子は生きた花嫁をむかえることができた。しかし、ちいさなことだが、解決しなければならないことが一つある。まだ陰険な王妃が生きているということだ。王妃が生きつづけるかぎり、白雪姫の生命がいつも危険にさらされるだけでなく、白雪姫はその後もずっと虚栄の誘惑に苦しめられることになりかねない。邪悪な女がすっかり排除されなければ、白雪姫は決して自由の身にはなれないのである。

## 最後の踊りはわたしのために残しておいて

このころには白雪姫と王子は父親の城に戻り、まぢかに迫った結婚式の計画をめぐらせている。国中に案内状が発送され、このめでたい行事と結婚式につづく華やかな披露宴のうわさでもちきりとなる。すべての人が招待され、白雪姫がまだ生きているとは夢にも思わない王妃もまた招かれる。

白雪姫の悪い継母も結婚式に招かれました。継母は美しく着かざり、鏡のまえにいって言いました。

壁の鏡よ、

いちばん美しいのは、だーれ
鏡はこたえました。
ああ、お妃さま、あなたさまは世にもまれな美しい方、
でも、若い花嫁はあなたさまの千倍も美しい

悪い女はばち当たりなことばを吐きましたが、とてもみじめな気分になって、どうしたらいいのか、わからなくなりました。はじめは、結婚式にゆくのはやめようと思いましたが、それでも気分はやすまりません。どうしても若いお妃をみずにはいられなかったのです。

継母が城にゆくと、そこには白雪姫がおりました。この悪女は怒りと不安でいっぱいになり、一歩も動けなくなりました。鉄のスリッパはもう火の上で焼かれています。それは火ばさみで運ばれ、継母のまえにおかれました。継母はまっ赤に焼けた靴をはくように命じられ、踊り狂って、とうとう倒れて死んでしまいました。

ディズニーの『白雪姫』では、魔女はこれとはちがう死に方をする。こびとたちが仕事から戻ると、魔女はまだ小屋のなかにいて、死んだ白雪姫の上にかがみ込んでいる。こびとたちは逃げようとする魔女を追って、危険な山道を追跡し、そそりたつ崖の上へと追い詰める。魔女はこびとたちのほうに大きな岩をころがそうとするが、足もとの地面がくずれ落ち、まっさかさまに転落して生命をうしなう。映画では、このように魔女の死を事故に変えてしまったために、この物語の心理的インパクトが弱められる結果になった。

ほとんどの場合、おとぎ話では魔女は主人公のとった行動の結果として死ぬ。ディズニーの『リトル・マーメイド』では、海の魔女は奇妙な事故で溺れ死ぬのではなく、王子によって船の舳先に貫かれて死ぬ。

『オズの魔法使い』のオリジナル版では、ドロシーが〈意図的〉に西のいじわる魔女に水を浴びせて溶かしてしまう。このように魔女の死に主人公が積極的に関与するということは、逸脱した性向を克服するには、自分が積極的役割を果たさなければならないというメッセージを伝えるものである。

これが「白雪姫」の隠されたメッセージである。子どもたちは生産的な人生を送りたいと思うなら、自分の虚栄の性向とたたかわなければならない。こうした傾向はひとりでに消えてゆくのではない。白雪姫は物語中の邪悪な存在を倒し、それによって自分のなかの悪い要素を克服することによって、読者のみならず、自分の虚栄の傾向を乗り越えることができるというわけなのである。

# 第4章　大　食

## ——パンくずに導かれて

カリカリとネズミのように
わたしの家をかじっているのは、だれだ？

じっさい、だれなのだろう。
おとぎ話のどこをみても、だれかが食事にありつこうとしたり、なんとか食材にされまいとあがいたりしている。食料探しと、それにまつわることのすべて——空腹・飢餓・みんなに行きわたるように食料を確保することなど——が、おとぎ話のなかでももっとも魅惑的な物語の基盤となっている。たとえば、「ジャックと豆の木」のジャックの旅は、ジャックがまったく単純に、食料を買うために、家の雌牛を金銭に替えようとするところからはじまる。ところが、ジャックは乳牛を一握りの豆と交換してしまう。そこから「空の向こうの国」への苦難に満ちた旅がはじまるわけだが、そもそも乳牛を売るきっかけとなるのは食料不足である。それが引きがねとなって、ジャックは人食いの巨人と運命的な遭遇をするのである。

食料探しは、そして、じっさいに食べること自体が、伝統的なおとぎ話だけでなく、現代のおとぎ話においても重大な関心事になっている。モーリス・センダックの『怪獣たちのいるところ』では、マックスは夕食ぬきで自室に追いやられる。何も食べたくないと言って母親に叱られ、じゃあ、あんたを食ってやると母親を脅したせいである。一人、部屋に取り残されたマックスは、怪獣たちの王国へと足を踏み入れる。そこには幻想的な一群の狂暴な怪獣たちがいて、マックスが母親を脅したのとまったく同じように、マックスを食ってやると脅迫する。こうしたマックスの冒険によって、子どもの生活における食料や食事の重要性だけでなく、食物連鎖のなかで人間が占めている位置というものは、それほど安定しているわけではないという事実も浮き彫りにされる。

何を食べるのか、だれを食べるのか、また、どんなふうに食べるのかという点は、物語によって千差万別である。おとぎ話のなかには、軽食をとるといったちいさな例から、食人行為にいたるまで、ありとあらゆることがふくまれている。一方の極には、白雪姫がこびとたちの一つ一つの皿から無邪気にちょびちょび食べるという例があり、もう一方の極には、陰険な王妃が主人公の生命を維持する臓器を食べたいと願う例がある。さらには、ピノッキオがクジラの腹のなかに吸い込まれるのは言うにおよばず、オオカミが赤ずきんや祖母を丸のまま食べるということも起こる。赤ずきんもピノッキオも、それぞれ、胃腸のなかの冒険を一気に切りぬけられたのは幸いだった。

食べられてしまうという不安がもっとも生き生きと表現されているのは、「ヘンゼルとグレーテル」である。この有名な話では、不幸な兄と妹が森のなかで偶然にショウガパンの家をみつけ、それをガツガツとむさぼり食らう。この話には大食にひそむ危険が、明白かつ明瞭に描かれているが、はじめは食料不足で苦しむ家族が紹介される。

大きな森の片隅に、貧しい木こりがおかみさんと二人の子どもといっしょに住んでいました。男の子はヘンゼル、女の子はグレーテル。かれらは食べるものにもこと欠くありさまで、国に飢饉《ききん》があったときには、その日のパンすら手に入れることができませんでした。ある晩、木こりはいろいろ考えながら、ベッドで何度も寝がえりをうち、フーと深いため息をついて、おかみさんに言いました。

「おれたち、いったいどうなるんだろう。もう、おれたちだけでも食べものがないというのに、どうして子どもたちを養えるんだ、かわいそうに」

「いいかい、あんた、おききよ」と、おかみさんが言いました。「朝早く、子どもたちを森のなかへ連れてゆこう。うっそうと木の茂っているところにね。そこで火をおこして、一切れずつパンをあげて、それから二人をおいて仕事にゆくんだ。二人はぜったい帰り道がわからないよ。それで、せいせいするってもんさ」

「だめだよ、おまえ」と、木こりは言いました。「そんなことはできるわけがない。わが子を森へ連れていっておき去りにするなんて、おれにはできない。すぐに森のけだものたちがやってきて、食われてしまうじゃないか」

「あんたって、ほんとにバカだね。それじゃあ、あたしたち、みんな飢え死にしてしまうよ。板をけずって、みんなの棺おけをつくったほうがまだましさ」こうして、おかみさんはガミガミ言いつづけて、とうとう木こりを言いくるめてしまったのでした。

両親がベッドのなかで、わが子を殺す計画をめぐらせるなど、考えるだけでも恐ろしい。親が子どもを虐待したり、遺棄したりするというのは、耳にタコができるほどよくきく話だが、親がわが子を殺害する計画を練るという話はめったにきかない。たしかに、この恐ろしい行為の家族的意味合いは、「ヘンゼルとグレーテル」の妻がほんとうの母親ではなく継母だということによって、いくぶん弱められてはいる。それでも、遺棄されて餓死するのではないかという不安が、子どもたちにとって、この上ない悪夢であることに変わりはない。

もちろん、この悪夢の計画者は魔女というか、すくなくとも魔女にきわめて近い存在である。魔女以外のいったいだれが、自分の利己的欲求を子どもの欲求より優先させるだろうか。魔女以外のだれが、生きてゆくのに必要なわずかばかりの食料を子どもからうばい取るだろうか。また、魔女以外のだれが、子どもの殺害計画をくわだてるだろうか。もちろん、しばらくあとには、もう一人の魔女が姿をあらわすわけだが、これまでのところは物語中の悪は継母のなかにやどっていると言ってよい。

## 食べものが行き渡らないとき

親がただ都合が悪いというだけで——あるいはこの話の表現を借りると「国に飢饉があった」という理由で——わが子を捨てようとするのは考えるだけでも恐ろしいことだが、おとぎ話が農民たちのあいだに広まった時代には、幼い子どもを捨てるのはめずらしいことではなかった。歴史家ロバート・ダーントンの指摘するところによると、一七世紀と一八世紀には、ヨーロッパ大陸は広範囲にわたって飢饉に襲われ、口に麦わらを詰め込まれた死体が道ばたにごろごろ転がっている光景も、めずらしくなかったそうである。

こうした時代にあっては、一家が生きてゆくために思い切った手段をとらざるをえないことも多かった。親は子どもたちを通りに追いやり、物乞いさせたり、盗みをはたらかせたりしたばかりか、幼い子どもたちを森に捨て、野ざらしにして殺したり餓死させたりもした。

食料不足や食料探しは、多くのおとぎ話の中心的原動力になっている。シャルル・ペローの「おやゆび小僧」には、いまにも餓死しそうな一家が登場する。かれらの食料不足は「ヘンゼルとグレーテル」の場合よりも、いっそう深刻である。ペローの物語では、夫婦には七人の男の子がいるのだが、かれらは国中を襲った壊滅的な飢饉に対処しなければならなくなる。いちばん年下の子どもはずばぬけて小柄で、「この世に生まれたときには、それはもう、とびきりちいさくて、親指ほどの大きさもないくらい」だったので、おやゆび小僧と名づけられる。彼はいちばんかしこかったけれども、身体がちいさかったために、家族のみんなから軽んじられる。それでも、この不幸な状況から家族を救出する責任が、彼の両肩にずっしり重くのしかかってくる。

「おやゆび小僧」の夫婦は「ヘンゼルとグレーテル」の夫婦のように、もはや子どもたちを養えないということを悟り、七人の子どもたちを森のなかに捨てようと決心する。もちろん、どんな運命をたどるかは十分承知の上である。しかし、おやゆび小僧の両親はヘンゼルとグレーテルの両親とちがって、良心の呵責にさいなまれる。かれらが子どもたちを捨てるのは、子どもたちが餓死するのをみるに忍びないからにほかならない。

「なあ、もう子どもたちに食べさせるものは何もないな」木こりは胸がはりさけそうな思いで言いました。「子どもたちが目のまえで飢え死にするなんて、とても耐えられそうもない。いっそのこと、すぐにけりをつけたほうがいい」木こりはこう言って、おかみさんに子どもたちを森に捨てたらどうかと相談しました。

「まあ、あなたったら、自分の子どもを捨てるなんて、どうして、そんなことを考えるの?」おかみさんは叫びました。

木こりは一家が、にっちもさっちもいかない状況にあると繰り返しましたが、おかみさんはそんな計画には賛成できません。どんなに貧しくても自分は母親だと言うのです。

それでも、ほんとうに子どもたちが死ぬよりほかにないことがはっきりすると、手をこまねいて飢え死にするのをみているのは、あまりに辛いことでした。そこで、とうとう木こりの考えたとおり、森に捨てることになりました。おかみさんは泣く泣くベッドにもぐって眠りました。

おやゆび小僧とその兄たちが森に捨てられるまでの経緯を語るペローの書き方は、グリム兄弟の「ヘンゼルとグレーテル」の書き方とは大ちがいである。ペローは物語中に崇高な感情や高邁な理想を吹き込んで、上流階級の読者の繊細な感受性にとって、受け入れやすいように工夫する傾向がつよかった。ペローの話には、残酷な行為がまったくないわけではないが、それらは魔女や人食い鬼などの邪悪な人物たちにかぎられていて、両親や子どもたちが残酷であることはめったにない。それに対して、グリム兄弟の「ヘンゼルとグレーテル」は、農民の世界観に合わせて書かれている。親といえども飢饉や疫病のときには、冷酷な決定をくださざるをえない。下層階級の人たちはそれを身にしみて感じていたのである。

## 家庭とはあたたかい心のあるところ

ヘンゼルは自分と妹を待ち受けている運命を知って、家への帰り道をみつけだす方法を考え出す。小石を拾い集めて、それを目印として使おうというのである。ヘンゼルは両親に連れられて森にゆくときに、道すがら、注意ぶかく小石をおいてゆく。そして、その夜遅く、月明かりで小石が照らし出されて、ヘンゼルとグレーテルは難なくそれをたどって家路につくことができた。

翌朝、継母は二人が家の入り口に立っているのをみて仰天するが、ずっと心配していたふりをして、やっかいばらいしようとしたことをごまかそうとする。「まったく、こまった子どもたちだよ。どうして、森のなかで長いあいだ眠り込んでいたのさ。もう家に帰ってこないのかと心配したんだよ」継母はこう言いながらも、なんとか、子どもたちを森へ送り返そうと考えをめぐらせる。

「おやゆび小僧」では、これとは異なるシナリオが用意されている。おやゆび小僧もまた、みんなが家に帰れるように、小石を集めて道ばたに落としてゆくが、ヘンゼルとグレーテルの場合とはちがって、兄弟たちは帰宅すると、心の底から大歓迎を受ける。子どもたちがいないときに、村の地主が夫婦から借りていた借金一〇ソブリン〔一ソブリンはむかしの英国の一ポンド金貨〕を返してくれたおかげで、いまや、一家には食料を買う金がたっぷりあったのである。しかし、不幸なことに、その金もやがて底をつき、夫婦はまた同じジレンマに悩まされる。そして、ふたたび子どもたちを捨てることになる。

「ヘンゼルとグレーテル」と「おやゆび小僧」のプロットは、食べもの――より正確には食料不足――をめぐって展開するが、ほかの多くのおとぎ話と同じように、両方の物語には遺棄のテーマが共通して認められる。どんな場合でも、おき去りにされるのではないかという不安は、子どもたちにとって恐ろしいことがらであり、いつも潜在的な脅威として重くのしかかっている。おとぎ話はその脅威を否定しようとするのではなく、それを目のまえにさらし、そうすることによって、子どもたちが否応なく遺棄の不安に立ち向かえるように仕向ける。さて、ヘンゼルとグレーテルの両親は、ふたたび、その恐怖を現実のものにする。

それからまもなくして、ふたたび、国中が大飢饉に襲われました。そして、ある夜、継母がベッドのなかでささやく声が、子どもたちの耳にきこえてきました。

「もう、何もかも終わりよ。パンは半分しか残っていないし、それでおしまい。子どもたちは、ここにおいておけないわ。こんどは森の奥のほうへ連れていきましょうよ。帰り道がわからなくなるようにね。助かる道はそれしかないのよ」

木こりは悲しい気持ちになりました。

「最後のひとかけらのパンなら、子どもたちと分け合ったほうが、まだましだよ」

けれども、継母は木こりの言うことなどきこうともせずに、ガミガミどなって責めたてました。一つのことを認めれば、かならず、つぎの一つも認めることになるものです。だれでも一度、相手の言うなりになったら、二度目も決まって言うなりになるのです。

この夫婦の会話は、いったん疑わしい妥協をしてしまうと、自分の立場をまもりぬくことが、いかに難しいかを示している。たとえば、幼い子どもたちは学校でいじめっ子と手を組んで、悪いこととは知りながら、ついつい弱い者いじめをしてしまうことがよくある。一度、そのようなことがあると、つぎのときにいじめっ子に逆らうのが難しくなる。ここには、自分のほうが正しいと思ったら一歩もゆずるなという、少年少女に対するメッセージが暗示されている。いったん、自分の主義主張にそむいてしまうと、あと戻りするのがますます難しくなるのである。

ヘンゼルはふたたび道ぞいにおく小石を集めようとするが、継母に家のなかに閉じ込められてしまって、小石を拾いに出ることができない。翌朝、継母はヘンゼルにパンを一切れもたせると、妹といっしょに森のなかへ連れてゆく。ヘンゼルはポケットのなかのパンをくだいて、途中、両親のすきをねらって道に落とす。

両親はまたもや子どもたちを、森の切り開かれた場所におき去りにする。たきぎを拾ったら戻ってくるという約束だったが、もちろん、戻ってくるつもりはないわけで、子どもたちはまったく二人だけに取り残される。しかも、こんどは、ヘンゼルが道にまいてきたパンくずは、すっかり小鳥たちに食いつくされ、帰り道がみつからない。ヘンゼルとグレーテルは、まったくもって進退に窮することになる。

二人の子どもたちは、三日間、森のなかをさまよって、とうとうちいさな小屋をみつける。その家に近づくと、なんと、うれしいことに、それは菓子やパンでできている。屋根はケーキで葺かれ、窓ガラスは透明な砂糖なのだ。二人は家に飛びついて、がつがつと食べはじめる。ヘンゼルはグレーテルに「ぼくは屋根を食べるから、おまえは窓ガラスを食べなよ」と言う。

子どもたちは何も食べないで、何日ものあいだ、森のなかをさまよったのだから、食べものに夢中になったからといって、二人を責めるのは酷だろう。しかし、二人は食欲に我を忘れ、満腹してからも小屋を食べるのをやめようとしない。ヘンゼルは屋根をほんのすこし食べるだけでは満足せずに、「屋根をごっそり」引きはがし、グレーテルも兄の例にならって、「窓ガラスをそっくり」取りはずす。二人は自分たちのしていることが悪いことで、罪ぶかいことだとわかっている。わかっていながら、自分をおさえることができない。はじめは「かじる」程度だったものが、狂ったようにむさぼり食う結果になる。通常の空腹が大食の罪に屈したのである。

宴はそこで終わらない。小屋の持ち主に家のなかに入るように招かれてからも、二人は腹いっぱい食べつづける。小屋のなかに入ると、「ミルクやパンケーキ、おさとうやリンゴや木の実など、ごちそうがずらりとならべられて」いる。二人はそれらを腹に詰め込んでから寝床につく。物語では、「ヘンゼルとグレーテルはベッドの上に横になり、まるで天国にいるような気分になりました」と書かれている。

小屋の持ち主は、言うまでもなく魔女である。魔女は幼い子どもたちを食いものにするだけでなく、誘惑の記念碑とでも言うべき家に住んでいる。魔女は、すべてではないにしても、大部分の子どもたちが食いしん坊であることを知っていて、そのことを利用して子どもたちを罠にはめる。

では、魔女はそのことをどうして知っているのか。なぜなら、魔女とは子どもたちのことであり、ヘンゼルとグレーテルの悪いというか罪ぶかい部分、大食に駆りたてられる分身だからである。このことは子どもたちも知らないわけではない。深い直感のレベルで、魔女は自分たちの一部であり、家のなかから呼びかける声は自分たちの声であることはわかっている。それでも二人は抵抗できない。だからといって、だれが二人を責められるだろう。われわれおとなも、理性の声に耳をかさず、誘惑に負けてしまうことが何と多いことか。

朝早く、魔女は子どもたちが目をさますまえに起きだしました。そして、ふっくらしたバラ色のほっぺの二

人が、すやすや寝ているのをのぞき込んで、

「これはすてきなごちそうにあずかれそうだわい」と、つぶやきました。

それから、しわくちゃな手でヘンゼルをぐいとつかんで、ちいさな馬小屋に連れてゆき、格子戸のなかに閉じ込めてしまいました。それから、また戻ってくると、こんどはグレーテルをゆすっておこしました。

「おきるんだよ、ぐうたら者め。水を汲んできて、兄ちゃんに何か、うまいものをつくってやりな。あいつは外の馬小屋のなかさ。ふとらせなけりゃならんでな。でっぷりふとったところで食ってやるというわけだ」

グレーテルはしくしく泣き出しましたが、どうにもなりません。悪い魔女の命令どおりにするしかありません。グレーテルは、かわいそうなヘンゼルのために、とびきりおいしいごちそうをつくり、自分はカニのからだけ食べました。おばあさんのほうは、毎日、馬小屋にいっては、

「さあ、ヘンゼル、指をおだし。もうすぐ食べごろになるかどうか、みてやるよ」と、大声で言いました。けれども、ヘンゼルは、ちいさな骨を差し出しました。おばあさんは目がよくみえないので、それが何なのか、わかりません。てっきりヘンゼルの指と思い込み、なぜ、ふとらないのか、不思議でしかたありません。四週間たっても、いっこうにふとらないので、おばあさんはがまんできなくなり、これ以上、待てなくなったのでした。

「さて、グレーテルや」と、おばあさんは大声で言いました。「さっさと水を汲んでくるんだ。ふとっていようが、やせていようが、明日はヘンゼルを殺して料理しなけりゃならんでな」

魔女はこうしてヘンゼルを料理する準備にとりかかるのだが、おやゆび小僧とその兄弟たちの運命についても、これと五十歩百歩というところである。かれらは食料も避難所もみつけることができなかったが、

とつぜん目のまえに一軒の小屋があらわれる。窓にはろうそくがともっている。ドアをノックすると、女が出てきて、子どもたちをなかに入れてくれる。
その女が漏らしたところによると、かれらがたどり着いたところは人食い鬼の家で、自分はその女房だという。彼女は、亭主を選ぶ目こそなかったけれど親切な女で、兄弟たちに同情し、亭主が戻ったときにみつからないようにと、ベッドの下にかくまってくれる。しかし、その努力も水泡に帰す。

人食い鬼は家に戻り、くんくん、あたりのにおいをかいだかと思うと、あっというまに兄弟たちが隠れているところをみつけました。そして、よくもだまそうとしたなと奥さんを責めたてて、すぐさま、やつらを夕食用に料理しろと命じました。おやゆび小僧は人食い鬼が石で大きなナイフをとぐのをみては、もう生きた心地がいたしません。もうだめだと覚悟したそのとき、人食い鬼は奥さんに言いくるめられ、つぎの日まで待つことになりました。
「では、そうするか」と鬼は言いました。「ふとるように夕食をやって寝かせておけ」奥さんは大喜び。たっぷり食べものをもってきましたが、兄弟たちは恐ろしくて、とても食べるどころではありません。そこで、子どもたちにちいさな帽子をかぶらせて、部屋に引きとらせましたが、みんなは暗闇のなかで、翌朝、自分たちを待ち受けている運命にふるえていたのでした。

過食は人食い鬼の習性によって象徴的にとらえられ、さらに鬼の大食によって誇張されている。鬼はただ兄弟たちを食べるだけでは満足せず、ふとらせてから食べるのでないと気がすまない。同じことは「ヘンゼルとグレーテル」の魔女についても言える。魔女はヘンゼルを食べるのを、まるまる四週間も遅らせる。貪婪な食欲を満たすまえに、ヘンゼルの体重がふえるのをじっとがまんして待つのである。人食い鬼も魔女も、ともに異常な食欲をおさえることができない。それはまるで、モンティー・パイソン〔一九六九―七四年にかけてBBCで放映されたコメディーの制作者グループ〕の映画『人生狂騒曲』〔一九八三年、テリー・ジョーンズ監督のイギリス映画〕のなかで、レストランで腹いっぱいに食べものを詰め込んで、文字どおりに爆発してしまうクレオソート氏のようである。

## 食べることと自己の起源

こんなにも多くのおとぎ話が食料や食事をめぐって展開するのは、いったい、なぜなのだろうか。なぜ、主人公にとっての危険が、つまるところ、食べものがもらえないとか、食べられてしまうとかというかたちをとるのだろうか。なぜなら、幼いころの養育――あるいは放擲《ほうてき》――のかたちは、食料や食事というパイプをとおして伝えられるからである。もっとも激しい感情の幼児体験のいくつかは、母親の乳房にまつわるもので、それらには触感と満腹感とが複雑に混ざり合っている。子どもたちをあやしたり、なだめたり、また安心させたりするのは、食べものをあたえる行為をとおしてなのである。

この逆もまた真である。子どもたちを空腹にさせると、重度の精神病理とは言わないまでも、おさえきれないほど激しい不安感をあたえる結果になる。私は小児科の精神病院に勤務していたときに、一人の少年を治療した。少年が入院したのは、異食症、すなわち、チョークやクレヨンなど、食べられないものを食べようとする病気をわずらっていたからだった。その病気は、両親に遺棄され、給湯設備のないアパートで、文字どおり餓死する状態でおき去りにされるということがあった直後に発病した。近所の人が子どもの泣き声をきいて、警察を呼ぶという迅速な対応があったおかげで、少年はなんとか救出され、重大な身体的障害あるいは死だけは免れた。しかしながら、その経験は痕跡を残し、自分は悪い子で、何の取り柄もないという思い込みと空虚感というかたちであらわれたのだった。

したがって、おとぎ話において、食料や食事のことがひときわ目につくからといって、驚くにはあたらない。おとぎ話は本質的に分裂の話であるから、必然的に自己分裂の先触れとなるような経験をめぐって展開する。食事をあたえられること、満腹して眠れることは、不足を感じないでいられるということに等しい。そして、食事をあたえられないこと、食事をうばわれることは、まったくの正反対を意味する。食べることは、生物学を超越する象徴的で派生的な問題である。子どもたちは個性の原初的形態を経験しはじめるより先に、食事をあたえられるという行為によって、自己の基盤が築かれるのである。

しかし、食料の摂取量がふえるということは、かならずしも、それだけよくなるということではない。十分な食事は肉体的に満足させ、精神的に落ちつかせるけれども、過食には否定的意味合いがともなう。また、大食はいいかげんさ、利己主義、肥満などを連想させる。食料と善悪との関連は、健康的な食習慣の持ち主と不健康な食習慣の持ち主が、どのように受け取られるかという問題にまで広がってゆく。アリゾナ大学の一研究によれば、〈健康的な食事の人〉とみなされる人びとは、〈悪い食習慣の人〉よりも魅力的で好ましいと評価されるという。その研究では、悪い食習慣の人とは、もっぱらフライドポテトやアイスクリームなど、ふとる原因となる食べものを食べる人のことだと規定されている。そこでは、悪い食習慣の人は、かれらが口にする食べもの同様、悪いと評価されているのである。

## 食欲異常亢進症・多食症・ダイエット法

食料と善悪の力との密接な関連が、もっとも顕著にみられる領域は、食欲異常亢進症、すなわち多食症においてである。これは無茶食いのあとに、自己誘導による嘔吐や下剤の乱用がつづくといった、秘密の激しい行動のかたちをとる。患者の一人にイザベルという三二歳の女性がいた。彼女は食欲異常亢進症にかかっていた。その無茶食いは典型的に一枚のクッキー、あるいはケーキ一つを食べたいという欲求からはじまったという。その後、その〈軽食〉は進行し、腹にいっぱい詰め込みすぎて、文字どおり、もうなんとしても、一口ものどをとおらないというところまで進んだ。無茶食いの周期では典型的なことだが、その時点で、彼女は指を口に入れて、無理やり食べものを吐き出した。

イザベルにとって典型的な流れはこうである。まず、それはふつう自分が悪妻であり、母親失格であるという意識によって引き起こされる。こうした意識が激しい不安となり、それをやわらげようとして、大好きなスナック菓子ヴィエンナ・フィンガーズ〔ウィーンふう指型ビスケット〕を食べるのに夢中になった。すると、最初の二・三本のクッキーで気持ちが落ちつき、彼女のことばによれば、何かしら、心のなかに「あたたかい柔らかな気分」が生まれてきた。しかし、それはさらに食べつづける刺激としても作用した。そして、さらに数本食べるや、まるまる一箱を空にするまでやめられなくなり、ついにはセロファンの包装紙の底に残ったクズまで、拾って食べてしまった。そしてそれから、また一箱がはじまるという調子だった。

やがて、イザベルは恥ずかしいという感情に押しつぶされそうになり、胃がしくしくと痛みはじめた。そして、さらに罪悪感がつよくなり、そもそも、無茶食いのきっかけとなった感情が、また新たに形成されるようになる。自分はこんなにも意志がよわい、衝動に負ける、自分を変えられないなどと、彼女は自分を責めた。解決策はただ一つ、自己嫌悪のタネとなったものを、体外に除去することだ。そうするために、食べたものを無理やり吐き出すことになる。嘔吐はイザベルにとっては心理的浄化の儀式として、また、自己の悪い部分を放逐する象徴的方法としてはたらいたのである。

『ニューヨーク・タイムズ』紙のフード・コラムニストのジェイン・ブロディは、それまで長いあいだ、体重の問題に取り組んできたのだが、いかに〈悪い〉食べものが罪悪感に関連しているか、また、いかに両者が悪循環を形成するかということについて、つぎのように書いている——「[過食は]私が〈崖からの転落〉シンドロームと呼んでいる状況を、ひんぱんに引き起こす。悪い食べものを一つ口にして、自分はどうしようもなくダメな人間だと決めつけ、それから、目のまえにある悪いものをすべて、一つ残らずたいらげるのである」。多食症の力学は、何百万もの人びとによって支持されているダイエット法と大差ない。かれらが体重を減らそうと努力するのは、それが自己のよい面と悪い面とのあいだの緊張関係に、身体的に取り組む方法となっているからにほかならない。

いろいろな食べもの——またいろいろな食習慣——のことを言うのに、〈よい〉とか〈悪い〉とかいう語を使うのは、食べものにまつわる感情的連想を反映しているだけでなく、食事についての考え方が自己のなかにどれほど深く植えつけられているかということもまた示している。自分の性格の好ましくない部分を変えようと努力してうまくゆかない人は、「自分にうんざりだ〔直訳—自分に過食だ〕」といったようなことを口にする。また、「嫉妬で胸がいっぱい」とか、「恥ずかしくて消え入りたい〔直訳—恥でやせ細る〕」などとも言う。反対に肯定的な意味合いでは、やりはじめたことがうまくいったときに、「称賛にあずかる〔直訳—称賛をごちそうになる〕」とか、「自信満々だ〔直訳—自分のことで満腹だ〕」などと言う。

人びとの生活において、食べものが何よりも重要な意味をもっているということを考えれば、なぜ、おとぎ話において、食料や食事がこんなにも重要な役割を果たしているのか、なぜ、こうした話ではがつがつした貪欲な魔女が、こんなにも中心的位置にあるのかを説明することができる。魔女とは飢えた自己であり、充足を求める人間の食い意地のはった一面をあらわしている。したがって、もし、食べものに関した罪ぶかい性癖に取り組もうとするなら、魔女にまっこうから向き合わないわけにはいかない。問題となるのは、こと、料理に関しては、魔女は恐ろしく手ごわい敵となることである。

それゆえ、グレーテルはヘンゼルを食べないようにと魔女を説得しようとはしない。陰険な魔女に、あれこれ菜食主義の利点を売り込もうとしても、受け入れられる可能性はほとんどない。かといって、森にはもっとおいしいごちそうがある、つかまえて食べるのにいいぽっちゃりした子どもがいるからと説得することもできない。もし、兄を助けたいと思うなら、グレーテルは、何か、魔女をやっつける方法を考え出さなければならない。

つぎの朝早く、グレーテルは魔女におこされ、火をたいて、鍋に水を汲んでくるように命じられました。「まず、パンを焼こうかね」おばあさんは言いました。「もう、かまどの火はついてるし、パン粉もねってあるんだ」

かわいそうに、グレーテルはかまどのほうに押しやられました。もう、かまどからは炎がめらめらと燃え上がっています。

「よつんばいになって、パンが焼けるくらい、熱くなったかどうか、みておいで」

魔女はグレーテルがなかに入ったら戸をしめて、こんがり焼けたところで食べてしまうつもりでした。けれども、グレーテルは魔女の考えていることをみぬきました。

「でも、どうしたらいいのか、わからないわ。どんなふうに入ったらいいの?」

「ばかな子だよ。入り口は広いじゃないか。わしだって入れるくらいだ」おばあさんはかがんで、自分の頭をかまどのなかにつっこんでみせました。そのとき、グレーテルはおばあさんをドンと突き飛ばしました。そして、おばあさんがかまどの奥へのめり込んだところで、鉄の戸をバタンとしめ、かんぬきをかけてしまったのでした。


魔女は死ななければならない。グレーテルは魔女を殺す手先である。この邪悪な女を燃えるパン焼き釜のなかに突き飛ばすことによって――子どもたちを料理しようとしたのとまったく同じ方法で魔女をやっつけることによって――、ヘンゼルとグレーテルは死を免れただけでなく、自分たちの食い意地のはった性癖からも自由になった。「お兄ちゃん、自由になったわよ」と、グレーテルはヘンゼルに呼びかける。「魔法使いのおばあさん、死んじゃったよ」

魔女はかたづいたとはいえ、ヘンゼルとグレーテルは完全に森の外へ出られたわけではない。二人の旅は家にたどり着くまでは終わらない。子どもたちは森のなかを歩いてゆくが、森から出られてホッとしたのもつかのま、こんどは川の水に行く手をさえぎられる。二人は川を横切ろうとして、橋や踏み石のようなものを探すが、どこにも見当たらない。そのとき、とつぜん、グレーテルの目に遠くのほうで泳いでいるアヒルの姿が飛び込んできた。


グレーテルはアヒルを呼んで、川の向こうに渡してちょうだいと頼みました。アヒルが土手に寄ってきたので、ヘンゼルは背中にぴょんと飛び乗り、グレーテルにうしろに乗れよと言いました。でも、グレーテルはことわりました。二人がいっしょに渡ろうとすれば、きっと二人とも溺れてしまうにちがいありません。グレーテルは「だめよ。アヒルさんには重すぎるわ。べつべつに代わりばんこに渡りましょう」と言いました。

ヘンゼルは妹の言うとおりにして、二人は無事に川を渡ることができました。

子どもたちは成長の過程において、世間には落とし穴がいっぱいあって、大きな被害を避けたいと思うなら、ぬかりなく気をくばらなければならないということを学んでゆく。おとぎ話はいろいろな意味を伝えるが、それらに加えて、しばしば子どもたちに問題解決の糸口をあたえるはたらきをする。子どもたちは主人公が直面するジレンマによって、自分の内に秘められている能力を活用すれば、世のなかで成功できるということを教えられる。

このことは『オズの魔法使い』の主要メッセージであるだけでなく、「ヘンゼルとグレーテル」の重要なメッセージでもある。ドロシーと三人の仲間たちが学んだことは、探し求めているものを発見したいと思うなら、自分たちの心の奥底をさぐらなければならないということだった。かれらの問題の解決は、けっきょくのところ、自分たちの内部にあったのである。同じメッセージは「おやゆび小僧」にもみいだせる。

おやゆび小僧と兄たちについては、人食い鬼が夜明けにやってくることを知って、暗闇でふるえているところまで記しておいた。さて、おやゆび小僧は暗闇に目がなれてくると、部屋のなかにベッドがもう一つあるのがわかった。そこには七人の幼い少女たちが横たわっていた。みんな、人食い鬼の娘たちで、頭には黄金の冠をかぶっている。娘たちは幼いとはいえ、大きな口には長くて鋭い牙があり、すでにもう、無防備な赤ん坊の肉を食べる習慣をもっていた。

おやゆび小僧は、人食い鬼が夜中に目をさまし、夜明けまえに自分たちを殺しにくるのではないかとびくびくしていたが、ここは先手をとるに如《し》くはない。そっとよつんばいになって部屋を横切ると、幼い小鬼たちの頭から冠を取りはずして、それを兄弟たちの帽子と取り替えた。


真夜中をつげる鐘がなると、人食い鬼は目をさましました。昼のあいだにやるべきだった仕事を、翌朝にのばしたことをくやんで、ベッドから飛びおきると、大きなナイフを手にして、娘や少年たちが眠っている寝室にこっそり忍び込みました。そして、少年たちがぐっすり眠っている――おやゆび小僧は除いて――ベッドに近づいて、顔を手でさぐりました。おやゆび小僧は怖くてしかたがなかったのですが、じっと動きませんでした。人食い鬼はおやゆび小僧の黄金の冠に触ると、もう一つのベッドにゆき、こんどは娘たちの帽子をまさぐりました。

「ここにいたのか、小羊たちは。さあ、仕事にとりかかるとしよう」人食い鬼は大きな声でこう言うと、七人の娘たちののどを切り裂き、それから、その晩の仕事に一人悦に入って、ベッドに戻ってゆきました。

おやゆび小僧は人食い鬼のいびきが聞こえてくると、すぐに兄たちをおこし、服を着てあとからついてくるようにと命じました。


軽率にも自分の娘たちを殺してしまった人食い鬼は、怒り狂って兄弟たちのあとを追ってくるが、おやゆび小僧はなんとか追跡をのがれ、無事に兄たちを家に連れ帰る。しかも、彼はそのまえに人食い鬼の家に舞い戻り、まんまと鬼の財宝を盗み出していた。木こり夫婦は子どもたちの姿をみて大喜び。おまけに、おやゆび小僧が差し出した財宝を手にして幸せいっぱいである。

ペローのおとぎ話は、すべて教訓で締めくくられるのだが、この話の場合も同様である。

たとえ子どもが多くても、みんな、ハンサムでつよくてかしこいなら、苦労のタネとはなりません。でも、ひ弱でちいさな子どもがいると、ばかにされ、笑われて、いじめられてしまうもの。ところが、いちばんひ弱なちびっ子が、最後に、家族に幸運をもたらすこともよくある話なのですよ。

幼い読者はここでもまた、臨機応変の才能は有益な力であり、たとえ兄弟とくらべて見劣りがする子どもであっても、たいせつな家族の一員なのだということを再確認する。こうしたメッセージは、子どもに自信をあたえてくれる。なぜなら、子どもたちはみんな、どこかの段階で、自分は愛されていないとか、なおざりにされているとかいう気持ちをいだくものである。いちばんちいさな子どもが強敵を打ち破り、さらには両親や兄弟たちの愛と称賛を手に入れるという話は、子どもたちに希望だけでなく、安心感もあたえることができるのである。

けっきょく、おやゆび小僧と兄たちはみんないっしょに帰宅できた。その点、ヘンゼルとグレーテルも同様だが、二人にはありがたくない未来が待ちうけている。かれらは自分たちを殺そうとたくらんだ女と対決しなければならない。おやゆび小僧の両親は、基本的に善意の人だったのに対して、ヘンゼルとグレーテルの継母はそうではない。彼女は多くの点で、つい先ほど殺したばかりの魔女に劣らず、邪悪な人物なのだ。

しかし、幸いなことに、継母はどういうわけか、二人が帰宅するときまでに姿を消してしまう。何が起こったのかは謎だが、ただ、継母はもういないということになっている。グリムでは、「子どもたちを森におき去りにしてからというもの、木こりはひとときも心のやすまるときはありませんでしたが、継母は亡くなってしまったのでした」と記されている。

このほうがいいのだ。もし、継母がまだ生きていたら、子どもたちは、ほんの数週間まえに自分たちを殺そうとした人物と、ふたたび知恵くらべをしなければならなくなる。心理学的観点からすれば、継母が死ぬのはまったくよく理解できる。継母と森のなかの魔女は、同一の悪い貨幣の裏おもてなのである。一八九三年のエンゲルベルト・フンパーディンク〔一八五四―一九二一年。ドイツの作曲家〕の児童向けオペラ『ヘンゼルとグレーテル』では、例によって同じ女優が継母と魔女の二役を演じた。グレーテルは邪悪な老婆をパン焼き釜に押し込んだときに、自分では気づかなかったけれども、都合よく一度に二人の魔女を退治してしまったのである。

## オオカミと連れ立って

おとぎ話や民話などに登場するあらゆる動物のなかで、オオカミはいちばん食い意地のはった貪欲な動物として描かれる。オオカミが餌食に飛びかかるところを想像すれば、ほとんど機械的に、制御できない欲望のことが思い浮かぶ。オオカミらしさといえば、大食に等しい。われわれはよく幼いころ、親に「オオカミみたいに、ものをガツガツ食べてはいけません」と注意されたものだが、これはそうしたオオカミの特性を反映している。

「赤ずきん」もまた、魔女の代わりにオオカミが登場するというだけで、「ヘンゼルとグレーテル」のように大食にまつわる物語であることに変わりはない。この物語では、無邪気な少女が祖母を訪ねる途中、それとは知らずに自分から災難をまねいてしまうのだが、食い意地のはったオオカミは、一人ではなく二人の人間を食べてしまう。しかし、こう言いきってはいけないのかもしれない。じっさいは、どのテクストを読むかによってちがってくるからである。

「赤ずきん」のもっとも初期のかたちでは、ある少女が母親のつかいで、パンやフルーツの詰まったかごを祖母のもとに届けにゆく。一八世紀フランスにおいて、農民層のあいだで広く知られていた物語によると、途中、オオカミは森のなかで赤ずきんを待ち伏せし、まんまと行き先をきき出すと、急いで先まわりをして祖母の家にやってくる。しかし、そこからは、よく知られたペローの話とはまったくちがってくる。

オオカミはそこに着くと、おばあさんを殺して、その血をビンのなかに注ぎ、その肉を切り刻んで、大皿にもりつけました。それから、寝まきに着がえて、ベッドで待っていると、まもなくドアをノックする音がきこえてきました。

「どうぞ、おはいり」と、オオカミは言いました。

「こんにちは、おばあさん。パンとミルクをもってきたわ」

「おまえもそれを食べるといいよ。さあ、食料庫にはお肉とワインもあるからね」

少女は差し出されたものが何なのかも知らずに、それを食べてしまいました。

それから、オオカミは言いました——「さあ、服を脱いでベッドへゆこう」。

「エプロンはどこにおいたらいいの？」

「暖炉のなかに放り投げておしまい。どうせ、もう、いらないんだから」と、オオカミがこたえました。

少女は着ているものについて一つ一つ——胴着、スカート、レースの下着、ストッキングなど——どうしたらいいか、たずねました。すると、そのたびごとに、オオカミは「暖炉のなかに放り投げておしまい。どうせ、もう、いらないんだから」と繰り返しました。

少女はベッドに入ると「あら、おばあさんったら、なんて毛ぶかい足をしているの」と、言いました。

「それだけ、あたたかいってもんさ」と、オオカミがこたえました。

「あら、おばあさん、なんて大きな肩をしているの」

「それだけ、たきぎをよく運べるってわけさ」

「あら、おばあさん、なんて長い爪をしているの」

「それだけ、かゆいところがよくかけるってことさ」

「あら、おばあさん、なんて大きな歯をしているの」

「それだけ、おまえをしっかり食えるのさ」と、オオカミは言って、ベッドから飛びおきると、少女をごっくり飲み込んでしまいました。


いくつかのテクストによると、赤ずきんは外に出て用を足してくると言って、オオカミの手をのがれる。オオカミは赤ずきんの要求を認めるが、逃げ出さないように足にロープを巻きつける。しかし、赤ずきんは賢明にもロープの端を木に結びつけ、森のなかへと走って逃げる。

「赤ずきん」もののなかでも、シャルル・ペローのものは、もっともよく知られているかたちだろうが、そこでは、あからさまに攻撃的で性的な要素については、都合よく物語から取り除かれている。ペローの版では、祖母の肉を食べたり、血を飲んだりするところは描かれないが、それだけでなく、赤ずきんが服を脱いで、オオカミと同衾するということもない。

その代わりに強調されているのは、赤ずきんの無責任な行動――母親の忠告にしたがわずに、祖母の家にゆく途中、道草をくって見知らぬ人に話しかけること――である。結果的に、これは食べることや倒錯的食欲ではなく、親の指示にしたがわないことに関連する物語になってしまった。ペローの話の終わりにおかれている教訓は、幼い読者に対して、こう警告している。

> ちいさいみなさん、とくにかわいらしくて育ちのいいおじょうさんは、ぜったいに知らない人に話しかけてはいけません。そんなばかなことをするようなら、赤ずきんのように、食い意地のはったオオカミに食べられても、まったくしかたありません。

親に従順であれというテーマは、現在、出まわっているペローの改作版でも、同じように繰り返されている。そこでは最後に赤ずきんがこうつぶやく――「もう、これから、ぜったいに森でわき道にそれたりしないわ。お母さんとの約束をやぶるなんて、わたし、ばかだったわ」。

## もう一つの道

それとは対照的に、グリム版の「赤ずきん」は罪ぶかい〈大食〉の特質を際立たせて描いている。グリムの「赤ずきん」の話では、オオカミが不適切な行動ゆえに罰を受けるだけでなく、もう一匹のオオカミが登場し、大食ゆえに罰を受ける。両者とも、物語の焦点となるのは、無責任な行動ではなく〈過食〉のほうである。

ペローの話や、その出所となった初期の農民層のあいだに流布した話のように、「赤ずきん」は、無邪気な少女が祖母を訪ねる途中で、オオカミに出会うところからはじまる。オオカミは森に咲く美しい花々に少女の注意を惹きつけ、少女に道草をくわせておいて、自分は祖母の家に向かう。老婆の家に着くとすぐさま、老婆をぐいと飲み込み、赤ずきんがやってくるのを待つ。そして、赤ずきんが到着すると、これもまた、ぐいと丸のまま飲み込んでしまう。

しかし、グリムでは、話はそこで終わらない。二人が飲み込まれた直後、小屋の近くを通りがかった猟師が、高いびきをききつけ、どうしたのかと調べてみる。すると、祖母のベッドの上で、ぐっすり眠っているオオカミの姿が目に入る。猟師はオオカミと対決する。

「ようやくみつけたぞ、ばち当たり野郎め」と、猟師は言いました。「ずっとおまえを探していたんだ」ここで猟師は考えました。オオカミはきっとおばあさんを丸のまま飲み込んだにちがいない。だけど、まだ、おばあさんを助けることができるかもしれない。そこで、猟師は鉄砲でうつのはやめて、大ばさみを取り出し、オオカミのおなかを、じょきじょきと切りはじめました。すると、二・三回切ったところで、赤ずきんの姿がみえました。

赤ずきんはおなかのなかから飛び出して、「あーあ、ほんとに怖かったわ。オオカミのおなかって、まっくらなんだもの」と、叫びました。おばあさんもまだ生きていて、ハアハア言いながら出てきたのでした。

それから、赤ずきんは外から大きな石をもってきて、それをオオカミのおなかにぎっしり詰め込みました。石はとても重かったので、目をさましたオオカミは逃げ出そうとして、その場に倒れて死んでしまったのでした。

しかし、物語はまだ終わったわけではない。数日後、赤ずきんはもう一度、祖母のところに出かけるが、また、べつのオオカミに行く手をはばまれ、最初のオオカミのときと同様、寄り道するよう誘惑される。しかし、こんどは赤ずきんはオオカミを無視して、まっすぐ祖母の家にゆき、祖母に危険を知らせる。赤ずきんも祖母も、まえに死にそうな目にあっただけに、もう容易にはだまされない。二人はドアにかんぬきをかけ、何としてもオオカミを入れようとしない。そこで、オオカミは屋根に登って、どちらかが外に出てくるのを待つことにする。

けれども、おばあさんはオオカミの考えに気がついて、ある計画を立てました。家のそばに大きな石桶がありました。おばあさんは赤ずきんに言いました。「いいかい、おまえ、きのう、わたしはソーセージをゆでておいたから、バケツをもってきて、そのときの水を石桶に注いでおくれ。音をたてないように気をつけるんだよ。オオカミに気づかれるといけないからね」

赤ずきんはおばあさんに言われたとおり、石桶があふれそうになるまで水をいっぱい入れました。オオカミはソーセージの匂いをかぎつけ、くんくん鼻をならして、あたりを見まわしました。そして、ぐいと首をのばしたひょうしにバランスをくずし、つるりと足をすべらせました。それから、どうにもふんばれなくなり、屋根をずるずるすべって、石桶のなかにドボンと落ちて、溺れ死んでしまいました。赤ずきんはるんるん気分で家に帰りました。もう、まったく危険はありません。

グリムの「赤ずきん」は、ペローやそれ以前の農民層の赤ずきんものにくらべると、はるかに豊かで複雑な話になっている。一つには、グリムの解釈によって、罪ぶかい衝動（この場合は〈大食〉）は、あまねく存在するものであり、容易には排除できないということが知らされる。『オズの魔法使い』には、二人の邪悪な魔女——東のいじわる魔女と西のいじわる魔女——がいたように、グリムの「赤ずきん」にも二匹のオオカミがいる。一方を殺せば、もう一方が代わりにあらわれてくるのである。

そのうえ、グリムではオオカミの大食の性癖が重要視されていて、その点、これを両親への従順が強調される話とすり替えるようなごまかしはしていない。一匹目のオオカミが飢えくるう貪婪さゆえに死ぬばかりでなく、二匹目もその罪の深さにみあうような死に方をする。おかした罪が大食であるなら、ガツガツとソーセージを探し求めて死ぬことよりも、ふさわしい死に方があるだろうか。二匹のオオカミ——本質的にはオオカミの衣《ころも》をまとった魔女——が死んで、ほんとうに幸福な結末が保証されるわけである。

しかし、それでも日本の場合ほど幸福な結末とは言えない。日本の「赤ずきん」においては、オオカミは死なない。それどころか、赤ずきんはオオカミの腹のなかに石を詰めるが、せいぜい腹痛を起こさせる程度で、殺すまでにはいたらない。オオカミはそれからまた腹を縫い合わされて、「こりゃ、あんまり食べすぎた。おなかが重くてしかたがないや」とつぶやきながら、よろよろ歩いて去ってゆく。オオカミはおそらく教訓を学んだことで、生きることを許されるのである。また、この変形として、オオカミが赤ずきんに謝罪して、これから悪いことはしないと約束するものもある。

おとぎ話の基本的テーマに文化的多様性がみられるということは、おとぎ話と社会の慣習・関心とのあいだに相互作用があるということを意味している。日本の教育者たちは、きわめて早い段階で、社会の一員として寛容であれと子どもたちに教えることがたいせつだと信じている。現代の日本では、社会の和ということが基本的価値として重要視されており、おとぎ話はそうした価値観を伝達することが望ましい。それゆえ、赤ずきんがオオカミに復讐を迫ったり、仕返ししたりすることはよろしくないとされる。日本における幸福な結末では、加害者は——魔女であれ、オオカミであれ——被害者に罪の許しを求めることが必要なのである。

しかし、西洋のおとぎ話、とりわけ、グリム兄弟のおとぎ話は、目には目を、歯には歯をという聖書的原理に与《くみ》するところが多い。けっきょくのところ、だれでも自分の罪の代価は支払わなければならない。物語のなかの悪をほろぼすことによってのみ、正義をおこない、読者のなかの望ましからぬ性癖を克服することが可能となる。〈大食〉を正面から攻撃し、オオカミを確実に殺すことによって、赤ずきんはヘンゼルやグレーテル、さらに、おやゆび小僧たちと手をくんで、子どもたちに幼年時代をむしばむ七つの大罪の一つとたたかうチャンスを提供することができるのである。

# 第5章　羨望

## ――もしも、靴がぴったり合えば

むかし昔、ある貴族が二度目の奥さまをむかえました。その奥さまは世にもめずらしいほど、おうへいで気ぐらいの高い人でした。男には最初の奥さまとのあいだに、それはそれはかわいらしい、やさしい娘がありました。二度目の奥さまにも二人の娘がありましたが、こちらは母親ゆずりの性格で、どこからみても母親そっくり。継母は結婚式が終わると、たちまち、いじわるな性格をあらわしはじめたのでした。

――シャルル・ペロー

むかし、あるところに金持ちの男がおりました。奥さまは病気で寝ていましたが、死が近いことを悟ると、一人娘を枕もとに呼んで、「いとしいおまえ、神さまをうやまって、いい子でいるのよ。きっと神さまがなんとかしてくれる。わたし、天国からみまもっているわ。いつもいっしょよ」と言いました。それから、奥さまは目を閉じて、息をひきとりました。春がめぐり、雪がとけると、男は新しい奥さまをむかえました。新しい奥さまは二人の娘を連れてきました。二人とも見た目は色白で美しかったのですが、腹ぐろく、醜い心をもっていました。それからというもの、かわいそうに、まま子には暗くて辛い日々がはじまりました。

——グリム兄弟

むかし昔、妻を亡くした男がおりました。男には娘が一人ありました。娘は住みこみの先生が大好きで、先生のほうも同じように娘に愛情を注いでいました。やがて、娘の父は再婚し、性格の悪い女を妻としてむかえました。新しい継母はこの美しい娘をさげすみ、ひどい仕打ちを繰り返しましたので、娘は先生に訴えました——「ああ、神さま、あなたがお母さまだったらいいのに。わたしのことを愛してくれて、いつも慰めてくれるから」。

——ジャンバッティスタ・バジーレ

三つの異なる「シンデレラ」物語は、このようにはじまる。これらのすべてに無邪気な子ども、悪意ある継母、いじわるな娘たちが登場し、また、これらのすべてに大がかりな祝宴か華やかな舞踏会、それに脱ぎ落とされた靴が出てくる。ただし、似ている点はここまでである。ある物語では名づけ親の妖精がカボチャを馬車に変え、ある物語では継母が自分の娘たちに足をちいさく切るように命令し、また、ある物語では主人公の娘が住みこみの先生とぐるになって、継母を殺すといった行動にはしる。

この三つの物語は、現存する多くの「シンデレラ」もののうち、ごくわずかな例にすぎない。文献には七〇〇以上もの話が記録され、いまなお、新しい話が生まれつづけている。シンデレラ物語のハリウッド版とも言うべき『星に願いを』〔一九八七年、エイミー・ジョーンズ監督のアメリカ映画〕では、資産家の家の甘やかされた少女が、カリフォルニアの裕福な夫婦の家で家政婦として働くはめになる。映画では、伝統的な筋に一ひねり加えられ、世故《せこ》にたけたシンデレラの名づけ親の妖精が、誠実な日々の仕事の重要性を主人公に悟らせるようにしくむ。

シンデレラ物語は千年以上もむかしの話と信じられているけれども、書かれたものとしては、「灰かぶりネコ」というタイトルの話がいちばん古い。これは一六三四年に出版されたジャンバッティスタ・バジーレの『五日物語《ペンタメローネ》』のなかに収められている。バジーレはこの話の冒頭で「羨望は限りなき悪意の海」であると明言し、さらにつづけて、あまりに羨望でふくれあがると心臓が破裂しかねないと言っている。それゆえ、作者が羨望のテーマを軽視しているのでないことは確かであり、また、この物語には、羨望という感情が反映されていることも明らかである。

バジーレの話は、ほとんどのシンデレラものと同様に、男やもめが新しい妻をむかえるところからはじまる。新妻は前夫とのあいだにできた二人の娘を連れてやってきて、家をのっとり、主人公のゼゾッラをさげすんで顎で使うようになる。若いゼゾッラは敬愛している裁縫の先生のもとにゆき、「ああ、神さま、あなたがお母さまだったらいいのに。わたしのことを愛してくれて、いつも慰めてくれるから」と、泣きごとを言う。

いつもいつも、こんなふうに泣きごとを聞かされていた先生は、ある日、ゼゾッラに「わたしの言うとおりにする気なら、いいわ、お母さんになってあげる」と、言いました。そして、ゼゾッラに父親が狩りに出かけるときまで待って、その日がきたら、継母に屋根裏部屋の衣装箱のなかから、古着をもってくるように頼みなさいと命じました。

「きっと、あの人はふたをもってててと言うから、そうしたら、なかを探しているときに、こっそりうしろにまわって、バタンとふたをおしめなさい。きっと首の骨が折れて死んでしまうわ」

先生に言われたとおり、継母のうしろにこっそり忍び寄ったゼゾッラが、パタンとふたをしめると、継母は首の骨が折れて、あっと言うまに死んでしまいました。

父親は継母の死を事故だと思い込み、ゼゾッラをかわいがって悲しみをまぎらせたのですが、継母の喪があけると、ゼゾッラはいろいろ先生のすばらしいところを誉めちぎり、先生と結婚してとせがみました。父親ははじめのうちこそ、渋っておりましたが、最後には娘の願いをかなえてやることになりました。

新しく継母となった女は、最初のうちこそゼゾッラに惜しみなく愛情を注いだが、しばらくすると、これまで隠しつづけてきた六人の自分の娘をつぎつぎに家に連れてくる。それからというもの、ゼゾッラのことなど、まったくおかまいなし。娘たちを夫にうまく取り入らせたので、ゼゾッラに対する父親の愛情もまったく冷えきってしまう。ここから、家におけるゼゾッラの位置はみるみる急降下する――「ゼゾッラは居間から台所へ、食堂の上座から炉ばたへ、金糸銀糸の衣装から粗雑な衣類へ、いわば、王勺《おうしゃく》から鉄串へと追いやられたのでした」。そして、ひとりぼっちのゼゾッラは、夜になるとネコのように、かまどのそばで丸くなって眠ったので、継母や娘たちから〈灰かぶりネコ〉と呼ばれるようになる。

ブルーノ・ベッテルハイムは例によって、このめぐまれた立場からの転落を、抑圧されたエディプス的願望によるものとみなし、父親に対するゼゾッラの近親相姦的欲望が、彼女の転落の原因であると解釈している。ベッテルハイムによると、隠された性的願望こそ、ゼゾッラが先生と結託して殺人をおこなうにいたった原因だというのである。

しかし、この説明はまったく意味をなさない。もし、ゼゾッラが父親を自分のものにしたかったなら、あれほど激しく先生と結婚して欲しいと父親をせっついたりはしなかったろう。ゼゾッラが先生のためにあれほど熱心に頼まなかったら、父親は先生と結婚しなかったはずである。ゼゾッラがほんとうに欲しかったものは、死んだ母親の愛である。それゆえにこそ、ゼゾッラは先生につきまとったのであり、また、継母を殺す片棒をかついだのである。父親を手に入れようとしたのは先生のほうだ。彼女は妻という新しい地位から生じる権力が欲しかったのであり、それは羨望によって駆りたてられたのである。

## 〈よい母親〉の帰還

ある日、父親は商用でサルディニアに出かけると言い出し、娘たちにみやげには何が欲しいかとたずねる。娘たちはそれぞれ、すてきなドレスが欲しい、宝石の髪飾りを買ってきて、暇つぶしに遊ぶための玩具がいいなどとこたえるが、最後に彼は思いついたように、自分の娘のゼゾッラに何が欲しいかとたずねる。すると、ゼゾッラは「何も欲しくはありません。ただ、わたしのことを妖精の女王さまによろしく伝えて、わたしに何か送ってくださるようにお願いしてください」とこたえる。

サルディニアでの取り引きをすませた父親は、船で帰途につくまえに、ゼゾッラの願いごとを妖精の女王に伝える。すると女王は容器に入ったナツメヤシの木と黄金のバケツ、それに絹のナフキンを彼に手わたす。父親がそれをもって帰ってくると、ゼゾッラはさっそく木を植えかえ、さもいとおしげに黄金のバケツで水をやり、ナフキンで余分な水をぬぐいとる。ナツメヤシの木はすくすくと成長し、やがて、枝から妖精があらわれて、ゼゾッラの願いをかなえてあげると約束する。

この木は生命をあたえるという特質をもち、大地との結びつきがあるところから、シンデレラ物語に共通してみられる一要素となっている。これは、いわば、〈よい母親〉の精神の象徴である。よい母親は墓のかなたからやってきて、困窮している子どもに保護と慰めをあたえ、一人ぼっちではないという思いをいだかせる。木の登場は幻想の実現であり、自己の肯定的な一面の投影である。それは本質的な生命力の象徴として、ヒロインのなかの善なるものすべてをあらわしている。

感情的に激励するという母親のもつ特質は、いろいろなおとぎ話のなかで、それぞれの属する文化の諸相を反映しながら、それぞれ、ユニークなかたちで描かれる。スコットランドのシンデレラものの一つ「ラシン・コーティ」では、母親は死ぬまえに、ヒロインに向かって「わたしが死んだら、赤い子牛がやってきて、おまえの望みをなんでもかなえてくれるからね」と言う。スコットランドでは、毛のながい赤い牛（北部高地の〈クー〉）は重要な生活源であり、農夫たちにとっての生計の手段である。この話では、そうした子牛が姿をあらわして、貧困にあえぐ主人公ラシン・コーティに必要なものを提供するのである。

陰険な継母は、子牛が娘の暮らしを助けていることを知って激怒し、子牛を殺せと命令する。ラシン・コーティは——貧しくてイグサ《ラッシュ》の衣《コート》をまとっているところからこの名がある——子牛の骨を石の下に埋めて、死んだ子牛に助けを求める。そして、子牛の骨から提供された美しい衣装によって、若い王子の注意を引きつけ、ついには王子を恋のとりこにする。ちなみに、インド版のシンデレラでは、子牛を殺すことは畜牛の殺生《せっしょう》を禁じるヒンズー教の〈アグーニャ〉信仰に反するために、これはほかの動物に代えられている。

九世紀に記録された中国版シンデレラの「葉限《イエーフシエン》」〔唐代の『西陽雑俎』のなかの話〕では、ヒロインは金色の魚——中国の民話でたいへん崇められている生きもの——と親しくなる。しかし、「ラシン・コーティ」と同じように、継母はそれを殺し（ここでは食べてしまうのだ）、その骨を堆肥の下に埋める。葉限《イエーフシエン》はある賢人に骨の隠し場所を教えられる。賢人の忠告によれば、それを部屋のなかに隠しておくとよい、そうすれば、何か必要になるものが出てきたときに、きっとどんな願いでも骨がかなえてくれるはずだという。しばらくして、将軍——彼は最後に葉限《イエーフシエン》を花嫁としてむかえることになるのだが——と会うための晴れ着が必要になったときに、骨のおかげで金の靴とカワセミの羽でできたコートを手に入れることができる。

これら「灰かぶりネコ」「ラシン・コーティ」それに「葉限《イエーフシエン》」の三つの話では、いつどこの世界でも子どもが必要としているものが充足される。その必要とは、自分たちは愛されていてたいせつにされている、そして、一日が終われば、家には自分たちを待っていてくれる人がいると感じることである。数多く存在するシンデレラ物語のいずれかを読んだり聞いたりすることは、こうした要求を満たし、母親不在の不安をやわらげる一助となるのである。

さて、ある日、ゼゾッラは王子が花嫁を選ぶために舞踏会をもよおそうと計画していることを知る。

> ゼゾッラはなんとしても舞踏会に出たかったのですが、ちゃんとしたドレスがありません。そこで、姉妹たちが出かけるのを待って、ナツメヤシのところに走ってゆくと、木の妖精に教えられた魔法の呪文をとなえました。すると、木の上から金のガウンと真珠や宝石でできたネックレスが落ちてきました。それに、ゼゾッラが舞踏会にゆけるように、りっぱな馬と一二人のお供の人たちもあらわれました。

ゼゾッラが王子さまのお城に到着すると、姉妹たちがおりましたが、ただ、ねたましそうにゼゾッラのことをみるだけで、いったいだれなのか、まったくわからないようでした。ゼゾッラが大広間に入ってゆくと、王子さまはすぐにその姿に目をうばわれました。その美しさと気品あるものごしに心をうたれた王子さまは、ゼゾッラに言い寄りましたが、ゼゾッラは自分のいやしい素性が知れたら王子さまにきらわれると思い、いちもくさんにお城を逃げ出しました。

ほとんどのシンデレラ物語のように、ここから話は王子のほうにうつる。王子は、逃げるときに片方の靴を落とした謎の姫君をみつけだそうと、四方八方、手をつくす。靴をみつけた王子は、その優美な靴を手にもって、つぎのように語りかける。

「ああ、美しい燭台《しよくだい》よ、おまえはわが身を焼きつくすろうそくをかかげていたのだ。ああ、三脚台よ、おまえはわが血を煮えたぎらせる美しい鍋を支えていたのだ。ああ、美しい織物よ、おまえはわが魂をとらえた愛のあみに結びつけられていたのだ。わたしはおまえを抱いて、この胸から放すまい」

この王子は明らかにことばの使い方を知っている。彼は大規模な祝宴をもよおすように命令し、国中の女という女はみんな出席するようにと布令をだす。靴にぴったり合う足の持ち主を探すためなら、金《かね》に糸目はつけないというわけである。

何かを競わせるために、祝宴などの大がかりなイベントをもよおすことは、われわれの想像力をかきたてる。それは、何か、選ばれることについてのもっとも原始的な感情が、それによって呼びさまされるからである。賞を獲得できる乙女はたった一人。そのたった一人のラッキーな人物が、ナンバーワンの栄誉にふさわしい恩典に浴することができる。こうした競技は基本的にいんちきな美人コンテストにすぎないが、子どもたちが親のひいきに対してひそかにいだいている複雑な感情にひたひたと忍び入ってくる。子どもたちは輝かしい子ども、すなわち、家族のなかで、ほかのだれよりも高く評価される娘や息子であるということの意味について複雑な意識をもっているものなのである。

もちろん、競争は羨望という感情をかきたてるが、ゼゾッラは読者が自分と同一視する登場人物なので、彼女が勝つということは読者が勝つことに等しい。ヒロインをいじめる継母の娘たちは、自己の忌むべき部分をあらわしているが、ゼゾッラは彼女たちとはちがって、悪気のない誉めるべき娘である。そして、自己のいい部分が勝てるかどうかは、ひとえにこの競争の結果にかかっている。

> ああ、それはなんとすばらしい祝宴だったことでしょう。なんとゆかいで、なんと楽しかったことでしょう。それに、そのごちそうといったら。パイやタルト、焼き肉、ミンスミートのミートボール、マカロニにラビオーリ〔イタリアふうの麺の一種〕など、兵隊さんが、みんなで食べても食べきれないほどでした。

たしかに、これはイタリアのおとぎ話だ。飢えるものはだれもいない。さて、国中の女たちが――富めるものも貧しいものも、老いも若きも、身分のあるものもないものも、みんな――祝宴に招待されたが、だれ一人、足が靴にぴったり合うものはいない。王子がだれかを見落としたのではないかと考えていると、ゼゾッラの父親が出てきて、自分には台所のかまどで暮らしている娘がいるが、これは考慮するにはあたらないと断言する。そこで、王子はもう一日、祝宴を引き伸ばし、こんどこそ、女たるもの一人残らず出席するべしと命令する。

つぎの日、みんなが満腹すると、ふたたび、王子は大広間にいるすべての女たちに靴をためすようにと命じました。そして、一人ずつ、靴をためし、やがてゼゾッラの番になると、彼女の足は炎に引きつけられる蛾のように、愛の力で靴に引き寄せられ、ぴったりとはまりました。王子はゼゾッラのうでをとり、ならんで玉座にすわらせ、頭に王冠をかぶせました。それから、臣下一同に向かって、ゼゾッラに王妃として敬意を表するようにと命令しました。

この物語は王子とゼゾッラが、それからずっと幸せに暮らすというところで終わる。姉妹たちは嫉妬ぶかい性格ゆえに、から手で――より正確には、から足でと言うべきか――継母のもとへ帰されるという罰を受けてくやしがり、腹立たしい思いで羨望の代価の厳しさを知る。そして、自己のなかの肯定的な要素――利己的でない性向――が意気揚揚と姿をあらわし、ゼゾッラが勝利をおさめる。とはいえ、彼女が目的を達成するためにたどってきた道が、決して誉められたものでないことは言うまでもない。

ところで、この力づよく痛ましいイメージをもった「灰かぶりネコ」が、道ばたにおき去りにされ、グリムやペローの話に取って代わられたのは、なぜなのだろうか。一つには、子どもが人を殺すところが描かれているからである。たしかに「ヘンゼルとグレーテル」でも、グレーテルが殺人をおかすが、それはただ兄の（そして自分の）生命を救うためにほかならない。自己防衛の殺人と利己的な目的のための殺人とでは大ちがいである。

また、継母を殺すことも、道徳的にあいまいな結果をもたらす。ゼゾッラは罰を受けないだけでなく、王子と結婚する。じっさいは、ゼゾッラが裁縫の先生に裏切られたことが、彼女の受けた罰なのだと考えられなくもないが、おとぎ話で重要なのは結末であり、彼女は最後でまったく罪を免除されている。おとぎ話というものは、子どもたちに白黒をはっきりさせて、善悪をまぎらわしくないかたちで描いてみせるものと相場が決まっている。しかるに、「灰かぶりネコ」にはこうした配慮が欠けていて、読者は答えられない疑問と、頭から離れない懐疑とをつきつけられるのである。

## 本物のシンデレラは、どうぞ、立ち上がっていただきたい

しかしながら、バジーレの「灰かぶりネコ」は、それにつづく何十ものシンデレラものの基盤となっている。もっとも有名なのは、グリム兄弟のものとシャルル・ペローのものであるが、こんにちの子どもたちはペローのほうに親しみを感じる傾向があるようだ。それはペローが無数の童話の本のなかで再現されてきただけでなく、ウォルト・ディズニーの長編映画を生み出す刺激になっているという理由によるものである。ペローの産物であるカボチャの馬車やガラスの靴は、主として映画の人気のおかげで文化的イコンになっているほどである。しかし、「灰かぶり」というタイトルのグリム版のほうが、計り知れないほどずっと豊穣であり、ペローがほとんどふれていない問題を深く掘り下げてあつかってもいる。

グリムの「シンデレラ」は、死の床にある母親が娘をみまもっていると約束するところからはじまる。母親は力つきる直前に、娘にいい子でいるようにと言って、きっと天国からみまもっていると約束する。そして、母親が死ぬと、まもなく父親は再婚する。

新しい妻が家に入ってきたことは、「かわいそうに、まま子には暗くて辛い日々」のはじまりとなる。

この継母はほとんどのシンデレラものと同じように、自分の娘たちをえこひいきするだけでなく、シンデレラを台所に追いやり、四六時中、こき使う。姉妹たちもそれに輪をかけて、シンデレラに無意味な仕事をおしつける。エンドウ豆やレンズ豆を床にまきちらしては、シンデレラに拾わせておもしろがり、また、バケツで井戸から何杯も水を汲んでこさせては、一日中、熱いかまどのそばで奴隷のように働かせる。ペローの姉妹たちは利己的であるのに対し、グリムの場合は残酷なのである。

ある日、シンデレラの父親は市場にゆこうとしてドアを出るときに、みやげものとして何を買ってきて欲しいかと娘たちにたずねる。「灰かぶりネコ」と同じように、ここで連れ子たちが欲しがるものにくらべると、シンデレラの望みは桁はずれにつつましい。

「きれいなドレスをお願い」と、一人が言いました。
「真珠や宝石がいいわ」と、もう一人がこたえます。
「じゃあ、シンデレラ、おまえは何がいいのかな」と、父親がたずねました。
「帰り道で最初にお父さんの帽子にあたった小枝がいいわ。それをわたしにもってきて欲しいの」

精神分析に関心のある人は、このシンデレラの要求を性的に意味づけようとする傾向がある。精神分析家のベン・ルーベンシュタインは『シンデレラ――民話の事例』のなかで、「小枝は少女が男根に対していだく羨望や願望と、いくぶん関連しているのではないだろうか」という修辞的疑問を呈している。そうかもしれない。しかし、この少女のエディプス的闘争がすべてなら、なぜ、小枝に限定されるのだろうか。なぜ、一般的な枝ではいけないのだろうか。あるいは、なぜ、丸ごと一本の木ではいけないのだろうか。

シンデレラのその後の行動をみれば、彼女の要求の動機は性というよりは、ほかに関心があったからであることがよくわかる。

そこで、父親は二人の娘のために、美しいドレスや真珠や宝石を買いました。そして、帰り道、馬に乗って緑の小道をとおったときに、ハシバミの小枝が帽子にあたったので、それを折って家に持ち帰りました。こうして、家に帰った父親は、二人の娘に二人が望んだものを、シンデレラにはハシバミの小枝をあたえました。シンデレラはお礼を言って、お母さまのお墓にゆくと、小枝を植えて、しくしく泣きました。あまりにはげしく泣いたので、涙がこぼれて水となり、そのため小枝はすくすくそだって、りっぱな木になりました。シンデレラは一日に三回、その木のところに出かけては、泣きながらお祈りしました。すると、そのたびごとに、木から白い小鳥が飛び立ちました。このとき、シンデレラが願いごとを口にすると、その鳥が欲しいものをなんでももってきてくれるのでした。

この墓の場面でもまた、母と子のあいだには変わらない深い絆があることが繰り返されている。シンデレラはハシバミの木の下にすわって、むかし知っていた愛を、つまり、自分をいつくしみ、まもってくれた母親を恋い求めている。木から飛び立つハトは母親を象徴的に体現しており、シンデレラのことは忘れていない、いつもみまもっているということを保証しているのである。

物語のこの時点までは、生きているにせよ、死んでいるにせよ、だれか、とくにシンデレラの幸福を気にかけているものがあるということは示されていない。父親は娘に害がおよばないようにかばうべき人物だが、娘のおかれている境遇に気がつかないか、さもなければ自分のことで精一杯である。狩りに出かけたり、仕事のことを考えていたり、ほかのことに夢中になっていたりするだけだ。

「白雪姫」「ヘンゼルとグレーテル」、そしてこの「シンデレラ」もそうだが、おとぎ話に登場する男たちは、弱々しいか、不在かのどちらかとして描かれることが多い。これは父親とは無情なものだという意味ではない。そもそも、おとぎ話とは母親の記録なのであり、それゆえ、母と子の関係のほうに力点がおかれるというだけのことにすぎない。とくに自己の成長に関する場合はなおさらで、その結果、父親の役割は低く評価され、軽くあしらわれることになる。

ハシバミの木はハトを介して、シンデレラに自分を愛してくれる人がいるということを伝えている。すなわち、宇宙には彼女の幸福のことを考えている母親的なるものがある、かつて彼女の存在の一部であり、また、いまなお、その一部となっているものが存在するということを伝えている。死んだ人が依然として慰撫と慈愛のみなもとでありつづけるということは、そもそも、幼い子どもにはなかなか信じられない考え方である。「シンデレラ」のようなおとぎ話において、ハシバミの木のような具体的イメージが利用されるのは、われわれにとってたいせつな人びとの場合は、たとえ身辺から消えてしまっても、その人との心理的連続性が存在するという考え方を提示するためにほかならない。

しかし、ペローのシンデレラやディズニーの映画では、母親の死の床での約束や墓の場面が省略されていて、はじめからすでに母親のいないシンデレラが登場する。たしかに、こうすることによって、母親の死による別離の悲しみをあつかわなくてすむ点は都合がいい。しかし同時に、そうすることによって、重要な心理的な次元、つまり、母をうしなうという経験と亡き母を呼び戻したいという子どもの願望が、この物語から消去されることになる。こうして、それほど不穏当ではない出発点が意図的に選ばれたことにより、「シンデレラ」の心理学的重要性は薄められてしまったのである。

おまけに、ペローの話では、シンデレラは姉たちにいろいろないじめを受けながらも、明かるく気立てのよい少女として描かれていて、そのため、さらに心理的意味合いが薄められている。ペローでは、シンデレラは姉たちに「灰だらけのおしり」とか「灰だらけ女中」などとののしられても、いっこうに気にしない。それどころか、絶えず嘲笑されながらも、率先して姉たちの髪のかたちをととのえてやる――「ほかの娘だったら、お姉さまたちの髪をぐしゃぐしゃにしてしまったことでしょう。でも、シンデレラはいい子だったので、申し分のないほど髪をきれいにととのえてあげたのでした」。このように、シンデレラがとても考えられないほど愛すべき少女として感傷的に描かれてしまっては、羨望のテーマは物語から消されてしまったも同然である。ここで代わりに描かれているのは、どんな恥辱でも甘んじて受けようとする、まったくのお利口さんのヒロインである。これでは物語本来の趣旨が歪められてしまうのである。

有名な児童書作家ジェイン・ヨーレン〔一九三九年生まれ。幼年向けの民話やファンタジーで知られる米国の作家〕の指摘によれば、シンデレラは血肉を備えた立体感のある人物で、自分の処遇について激しく感じるところがあり、人生をよりよい方向にもってゆきたいと願う勇気あるヒロインであるという。ヨーレンはこう書いている――「したがって、シンデレラを実物よりも低くみてしまうことは、最悪の異論というほかはない。それはわれわれのいちばんたいせつな夢をおとしめることであり、みんなの心のなかにあるほんとうの魔法、すなわち、自分の人生を変える能力、自分の運命をコントロールする能力を水泡に帰さしめるものである」。

こういうわけで、グリムにおいては、シンデレラは腹もたてるし、嫉妬も感じる少女として描かれている。じっさい、シンデレラがどれほど不幸であるかがつぎからつぎへと語られて、彼女がこぼす悲痛な涙が、いまは亡き母親の心を表象するハシバミの木の養分となる。さて、舞踏会のことが告知されてからは、シンデレラの境遇はますます悪くなるばかり。継母はシンデレラに舞踏会にいってもいいかとたずねられると、冷酷かつ陰険にも、つぎつぎと彼女に実行不可能な仕事をおしつける。「わたしは一皿のレンズ豆を灰のなかにまいておいたからね」と、継母は言う。「もし、二時間で、それをぜんぶ拾い出すことができさえしたら、いっしょにいってもいいわ」

こんな仕事は制限時間内にできるはずもないのだから、明らかに、この陰険な女はシンデレラを舞踏会に出席させるつもりはない。しかし、シンデレラは魔法の木に住むハトを訪れ、救いの手を求める。すると、ハトたちは一時間もしないうちに、灰のなかからレンズ豆を拾い出し、〈実行不可能な〉仕事をやりとげてしまう。

継母はこれくらいではひるまない。そして、シンデレラがきれいなドレスをもっていないことを理由に、舞踏会にいってはいけないとこたえる。おまけに、シンデレラは踊り方も知らないではないか。「おまえはただ笑われるだけだよ」と、継母はあざけるように言うが、それでも、二皿分のレンズ豆を灰のなかから一時間で拾い出すことができたら、いってもいいと約束する。どうせ、そんなことはできるはずがないと高をくくっているのである。

シンデレラはふたたび協力者を呼び出し、灰のなかから豆をより分けてもらい、半分の時間で仕事をやりとげてしまう。しかし、その二皿分の豆をみせると、継母は卑劣にも約束を反故《ほご》にして、二人の娘とともにさっさと舞踏会に出かけてゆく。シンデレラはひどく失望落胆するが、いまはみんなを見送るしかない。

　シンデレラは家にだれもいなくなったので、お母さんのお墓にゆきました。そして、ハシバミの木の下で、小鳥の言ったことを思い出し、大きな声で叫びました。

わたしのハシバミの木よ、ゆさゆさとからだをゆすって、
わたしの上に金や銀をふりまいてちょうだい。

すると、木に住んでいる小鳥が、金糸銀糸のドレスと絹で刺繍された金の靴を投げ落としてくれたので、シンデレラは大急ぎでドレスを着て、舞踏会にかけつけました。

ペローでは小鳥は登場せずに、代わりに名づけ親の妖精があらわれ、主人公のために杖を一振りして、どこからともなく美しいガウンを取り出す。さらに、シンデレラが堂々と華やかに舞踏会にゆけるように、カボチャを馬車に変え、六匹のハツカネズミから馬車を引く馬をつくる。さらに、この絵画的情景の仕上げとして、ネズミを御者に、六匹のトカゲを従僕に変える。

ペローの叙述はそれ自体としては魅力的だが、力点がおかれているのは、シンデレラの心のなかで荒れくるう激しい感情ではなくして、舞踏会に出かける手段や衣装のほうである。シンデレラが経験する激情や亡き母を恋い慕う気持ちは、バジーレでもグリムでも、たいへん生き生きと描写されているのに対して、ペローの話では、それはどこをみても出てこない。

ディズニーは——彼の立派なところなのだが——ペローが描いていないところを補うために、ちょっとしたことではあるが、重要な部分を台本に加えている。映画では、シンデレラが屋根裏部屋のタンスのなかから、母親の古いドレスを取り出す。そして、協力してくれるネズミを使って、姉たちが捨てたリボンでそのドレスを飾り、いわば、眠っていた母親のドレスをよみがえらせる。これはいまは亡き母親とシンデレラとの結びつきをつきつめて考える絶好のチャンスとなる。しかし、どういうわけか、つぎの場面で、ディズニーはこのドレスのことをまったく放棄してしまう。いったんは捨てられた布切れなのに、それを

姉たちに取り返されて、それから二度とドレスのことはふれられないのである。

## 海なす悪意

グリムでは、羨望はひときわ目立つ原動力として立ちあらわれる。それは継母が家庭内における最初のシンデレラの位置をねたんだり、シンデレラが姉たちにうばい取られた特権をうらやんだりというかたちで表面化する。もし、主人公の窮状がうまく解決されるとすれば――もし、この物語が幸福な結末をむかえるとすれば――、羨望に挑んで、これを消滅させるか、すくなくとも糾弾しなければならない。羨望を野放しにしておけば、重大な結果をまねくことになりかねない。

このことは、ある母親の実例にあざやかに描かれている。彼女は娘の競争相手をやっかんで、娘を確実に成功させるために相手を殺そうとした。テキサス州の女子中学生の母親ワンダ・ウェッブ・ホロウェイは、チアガールの競争相手がいるおかげで、自分の娘の影が薄くなることを苦にするあまり、その競争相手の母親を殺そうと計画した。ホロウェイは――マスコミに〈チアガールのママ〉と呼ばれたのだが――相手の母親を殺せば、相手の気力がうしなわれると考え、その仕事を請け負う殺し屋を雇ったのだった。これで、自分の娘がめでたくチアガール・チームに加われる可能性が高くなるはずだった。ところが、幸いなことに、殺人を依頼された人物が、一部始終を警察に訴え出たために、ただちにホロウェイは御用となって、この常軌を逸した計画は、あえなくピリオドが打たれることになった。

羨望の広範囲におよぶ影響を示すのに、このような変わった話のシナリオを列挙する必要はないだろう。私はかつて異食症の一〇歳の少年を治療していた。少年はジョーウィという名で、食事障害のほかにも放火や家屋破壊の前歴があった。少年は私と出会うまえに、多くの養家に里子として入ったり出たりを繰り返していて、もうどうにも手におえないと思われていた。いつも狂ったように暴れまわって、どうにも手がつけられなかったのだ。

驚くにはあたらないことだが、ジョーウィの破壊的行動は入院後の病棟でもつづいた。放火だけでなく、しょっちゅう、ほかの子どもたちの玩具を盗んだり壊したりもした。とくに、訪問日になると、悪意の暴発はいっそうひどくなった。ほとんどの子どもたちには両親や親戚の人たちの訪問があるのに、ジョーウィを訪ねてくる者は一人もいなかったからである。

ジョーウィの行動の背後にある原動力は、概して言えば、羨望によるものだった。彼が嫉妬したものは、ほかの子どもたちの玩具や持ちものというよりは——玩具なら病院が子どもたちにたっぷりあたえていた——ほかの子どもたちには愛してくれる両親がいるということだった。彼は挫折と憤懣のはけ口として、ほかの子どもたちの持ちものを荒らしまわったのだが、それはつまり、その子たちがもっていて自分がもっていないもの、つまり、愛する両親を象徴的に破壊していたのである。

グリム版「シンデレラ」の継母は、放火したり、他人の持ちものを壊したりということはしないが、ジョーウィに劣らず破壊的である。そのことは痛ましいことに、王子が謎の娘を求めて国中を探しまわるという、物語の終わり近くになって明らかになる。物語のこの時点までに、シンデレラは三晩つづけて舞踏会に出ており、そのたびごとに、なんとか、王子に自分の素性を知られないように逃げ出すことができた。三日目の晩には、王子は彼女をつかまえようとして、城の階段に松やにをぬっておくが、つかまえたのは片方の靴だけだった。

グリムの物語はここからペロー＝ディズニー版とは根本的にちがってくる。シンデレラの住む家にやってきた王子の家臣たちは、戸口で継母と二人の姉にむかえられる。姉たちはその靴が自分の足にぴったり合うものと思い込み、喜んで靴をためそうとする。まず、上の姉は靴をはくのに、母親をドアの外に待たせて、自分の部屋に入る。そして、数秒が過ぎ去る。何か問題があるのは明らかだった。

上の娘は靴がちいさすぎて、自分の大きなつま先を入れることができません。すると、継母はナイフを手わたして、言いました。

「さあ、つま先を切っておしまい。お妃になってしまえば、歩かなくていいんだからね」

そこで、娘はつま先を切り落とし、痛いのをがまんして、靴にぎゅっと足を押し込み、王子さまのところにおりてきました。

王子はにせの花嫁を馬に乗せて帰る途中、母親の墓のそばをとおりかかる。すると、ハシバミの木に止まっていた二羽のハトが、こう叫ぶ。

振り返ってみてごらん、振り返ってみてごらん、
靴のなかは血でいっぱい、
靴はその娘にはちいさすぎ、
さあ、ほんとの花嫁が待ってるよ。

王子が靴をみると、ほんとうに靴から血がにじみ出ている。そこで、王子は馬の向きを変え、いま来た道

をとって返し、もう一人の姉に靴をためすようにと命令する。

下の娘は家のなかに入って、靴をはいてみました。すると、つま先はらくに入るのですが、かかとが大きすぎて入りません。

そこで、継母はナイフを手わたして、言いました。「さあ、かかとをちょっとばかり切っておしまい。お妃になってしまえば、歩かなくていいんだからね」

それで、下の娘はかかとを少し切り落とし、血だらけの足を靴のなかに押し込んで、王子さまのところにおりてきました。王子さまはこの花嫁を馬に乗せて、家を出ました。

継母の嫉妬ぶかい性格は、この一節に遺憾なくあらわれている。ここには、なんとしても皇太后になろうとしている女がいる。彼女は、どちらかの娘を確実に王子と結婚させるためなら、どんなことをも辞さない。彼女の野心はあまりに大きく、また、シンデレラへの羨望の念はあまりにつよい。そのため、娘の一人を是が非でも王座につけようとして、みずから進んで娘の足を不自由にしてしまう。彼女はじつの娘のことなど、露ほども考えていない点、おとぎ話のなかでも、もっとも邪悪な女、典型的な悪い母親として位置づけることができるだろう。

さて、王子が下の姉を連れて、ハシバミの木の近くにやってくると、ふたたび、小鳥たちが靴からしたたり落ちる血に王子の注意を向けさせる。欺瞞に気づいた王子は、また馬の踵《きびす》を返して、いつわりの花嫁を連れ帰り、父親と継母に対し不快の念をあらわにする。

「この娘はちがう」と王子さまは言いました。「ほかに娘はおらぬのか」

「はい」と、お父さんがこたえました。「先立たれた妻の娘がおりますが、まだ、ほんの小娘で灰まみれ。とてもおめがねにかなうものではありません」王子さまは、その娘を連れてくるようにと命じましたが、継母は言いました。

「いえいえ、いけません。それはもうきたなくて、とてもおみせできるような娘ではありません」

それでも、王子さまは連れてくるようにとがんばるので、しかたなくシンデレラが呼ばれました。シンデレラはまず先に顔と手をきれいに洗ってから、王子さまのまえにやってきました。王子さまが金の靴を差し出すと、シンデレラは丸椅子にすわり、重い木靴を脱いで、金の靴にスイと足を入れました。足はぴったり合いました。

シンデレラが立ち上がると、王子さまは顔をみて、目のまえにいる乙女こそ、いっしょに踊った美しい娘だと気がついて、「これがほんとうの花嫁だ」と、叫びました。

継母と二人の姉はカミナリに打たれたようにびっくり仰天、怒りで顔がまっさおになりましたが、王子さまはシンデレラを馬に乗せて連れ去りました。そして、ハシバミの木をとおりすぎるときに、二羽の白ハトがうしろから飛んできて、一羽はシンデレラの右肩に、もう一羽が左肩に止まって、じっと動きませんでした。

これもまた、幸福な結末である。ただし、これでこの物語が完全に終わったわけではない。まだ、正義がおこなわれていないのだ。

結婚式の日がくると、二人の姉は王子と新しい花嫁に取り入ろうとして、披露宴にやってくる。そして、花嫁の行列に加わり、それぞれ、シンデレラの左右に一人ずつならぶ。しかし、シンデレラを庇護する小鳥たちは、まだ彼女たちを放免していなかった。

花嫁の列が教会にゆくときに、上の姉は右側を、下の姉は左側を歩きました。すると、行列がとおるときに、ハトたちが飛んできて、それぞれ、姉たちの片方の目をつつきました。また、帰りには、上の姉が左側を、下の姉が右側を歩きました。こんどは、ハトたちは二人の残った片方の目をつつきました。こうして、二人の姉は陰険で不実だったため、それから一生、目がみえなくなったのでした。

グリム兄弟の話では、最後に罰を受けるのは姉たちのほうで、継母は罰を免れる。問題は、なぜなのか、ということである。たしかに継母は嫌らしい人物だ。ほとんど、ためらわずに、娘たちに足をちいさく切れと命令したりする。とすれば、娘たちの目がみえなくなるのは、じつは、この継母に対する罰なのかもしれない。なんといっても、二人は継母の血肉を分けた娘なのだから。

しかし、継母が放免されるのには、ほかにも理由があるのかもしれない。一つには、たしかに彼女がおこなったひどい仕打ちは、あやうくシンデレラの心をめちゃくちゃにするところだったが、それでも継母はじっさいに主人公を殺そうとしたわけではない。それに、彼女も現実に人の親である。暗い森の片隅に暮らす、子どものいない魔女とはちがって、「シンデレラ」の継母には腹を痛めた子どもたちがある。バジーレの「灰かぶりネコ」の先生にも自分の子どもがあり、最後で死なずにすんだ。じっさいに母親である人物の非業の死というものは——たとえ魔女的性格をもっている人物であっても——あまりにも急所を深くえぐりすぎる。また、このように考えれば、継母の娘が死なずにすんだこととの説明にも役立つかもしれない。姉たちは自己中心的で卑しい心の持ち主だが、それでもほんとうの母親から生まれたほんとうの子どもたちである。おとぎ話では、魔女や人食い鬼は死ぬが、子どもは「おやゆび小僧」の人食い鬼の娘たちのような、牙をもった人食いの小鬼でもないかぎり、死なないものなのである。

しかしながら、物語のなかのだれかが報いを受けなければならない。それが姉たちなのだ。彼女たちは生命は助かるが、視力をうしなう。彼女たちがはらう代価は過酷ではあるけれども、それでも物語中の罪とは釣り合いがとれている。羨望はしばしば〈緑の目をした怪物〉〔W・シェイクスピア作『オセロー』三幕三場一六六行のことば〕と呼ばれるが、羨望《エンヴィ》ということば自体は、〈みる〉という意味のラテン語ヴィデーレ（videre）に由来する。姉たちは視覚をうしなうことによって、永遠に羨望の能力をうばわれたことになる。

## わたしは空に矢を放った

グリム版「シンデレラ」では報復のテーマもまた繰り返されているが、これはおとぎ話においては、ごくあたりまえのことである。それでも、なかには羨望がそれほどきびしく糾弾されない話もある。そうしたものの一つにロシアの話があり、そこでは羨望が優位を占めると、どんなことになるかがユーモラスに語られている。これは「カエルのお姫さま」というタイトルで、はじめに、孫が欲しくてたまらない国王が登場する。国王は三人の王子を呼び出し、はやく結婚して欲しいと告げる。

「わかりました」と、三人がこたえました。「それで、だれと結婚して欲しいのですか」

「それぞれが矢をとって、空に向かって放つがよい」と王さまが言いました。「矢が落ちたところに、それぞれの運命が待っているにちがいない」

そこで、王子たちは草原にゆき、弓を引きしぼって矢を放ちました。いちばん上の王子の放った矢は、ある貴族の庭に落ち、貴族の娘に拾われました。二番目の王子の矢は商人の庭に落ち、商人の娘に拾われました。三番目のイワン王子の矢は沼地に飛んでゆきました。イワンが探しにゆくと、矢を口にくわえたカエルが、葉っぱの上にすわっています。

「わたしの矢を返しておくれ」と王子は言いました。

すると、カエルは「わたしと結婚して」とこたえます。

「どうして、カエルと結婚できるんだ」ときくと、カエルは「結婚してください。それがあなたの運命なのです」と、こたえました。

イワンは失望するが、名誉にかけて父親の要望どおりにしなければならないと感じ、カエルを家に連れ帰る。それからまもなく、国王によって三つの結婚式がとりおこなわれ、いちばん上の息子は貴族の娘と、二番目の息子は商人の娘と、そして、哀れなイワン王子はカエルと結婚する。

しばらくして、国王は三人の息子を呼び出す。そして、それぞれの妻のうち、だれがいちばん針仕事が得意か、みてみたい、ついては、それぞれの妻に翌朝までに、自分用の新しいシャツを縫って欲しいのだと告げる。

イワン王子はカエルに縫いものなどできないことは百も承知、どうしたらいいのかと思い悩む。カエルは王子が部屋の片隅にすわり、すっかり打ちひしがれているのをみて、ピョンと飛び跳ね、王子を慰めようとする。

「まあ、なんて、悲しそうなお顔だこと。王子さま、なにか、困ったことでもおありなの？」

「父がおまえにシャツを縫って欲しいと言っているのさ、あすの朝までにね」

「さあ、元気をお出しになって」と、カエルが言いました。「ベッドでおやすみになったらいかが。夜にはいい考えが生まれるものですわ」

王子が眠ってしまうと、カエルは外へピョンピョン跳ねてゆきました。そして、カエルの皮を脱ぎすてると、たとえようもなく美しい娘になったのでした。

娘がポンと手を打つと、とつぜん、どこからともなく侍女たちが姿をあらわしました。娘は言いました。

「さあ、おまえたち、仕事のしたくをなさい。あしたの朝までに、むかし、お父さまがよく着ていらしたようなシャツを縫ってちょうだい」


翌朝、兄弟たちはそれぞれの妻が縫ったシャツをもって、国王のまえにやってくる。いちばん上の兄がシャツを差し出すと、国王はさげすむような目でみて、「こんなシャツを着るのは召使いぐらいだ」と決めつける。また、二番目の兄が差し出したシャツに対しては、「こんなものは浴場で身につけるのがせいぜいだ」と叫ぶ。最後に、イワンがみごとな刺繍のシャツをみせると、国王はそれを一目みて、「これこそ、シャツと呼べるものだ。これはいちばん重要な儀式で着ることにしよう」と言う。

この出来事が兄嫁たちに伝えられると、たちまち、羨望が醜悪な顔をもたげる。シャツのことを耳にした二人の兄嫁たちは、激しい嫉妬の念にかられ、あいつは女の魔法使いにちがいないと思い込む。そこで、また国王の命令で、だれの妻がいちばん上手にパンを焼けるかを競うことになると、彼女たちはスパイを送り込んで、カエルの秘密をあばこうする。しかし、カエルも一筋縄ではいかない。姉たちが悪事をたくらんでいることを察知したカエルは、かまどの上に穴をあけ、そのなかに練り粉を流し込む。スパイが大急ぎで戻り、みたことをそのまま報告すると、姉たちはすっかり同じようにしてパンを焼く。

カエルはスパイがいなくなったのを確認してから、ふたたび美しい娘の姿になり、侍女たちに申し分のないパンを焼くようにと命令する。そして翌朝、イワン王子はかまどの穴をふさぎ、平鍋に練り粉を載せて、ごくふつうに、それをかまどに入れる。侍女たちはかまどの穴をふさぎ、平鍋に練り粉を載せて、ごくふつうに、それをかまどに入れる。そして翌朝、イワン王子は非の打ちどころのないパンをもってきたが、兄たちが差し出したのは真っ黒に焦げた練り粉だった。国王は黒焦げのパンを放り捨て、イワンのパンを高々とかかげて、「みるがいい、これこそパンというものだ。祭日に食べるのにぴったりだ」と宣言する。

もちろん、兄嫁たちの嫉妬はつのるばかり。これで二回も卑しいカエルにやぶれたのだ。翌日、国王は三組の息子夫婦を華麗な舞踏会に招待する。兄嫁たちはカエルごときに負けてなるものかと決意して、いちばん美しいドレスとダンス用の靴を侍女たちに用意させる。

一方、イワン王子は招待状を受けとって、すっかり取り乱してしまう。いったい、どうしてカエルを舞踏会に連れてゆけるだろう。しかも、妻としてなのだ。そんな王子にカエルは一人で出かけてちょうだいと頼む。自分はあとからゆくという。「ドアをどんどんたたく音がしても、驚かないでね。みなさんにはカエルの妻が馬車でやってきたのですとおっしゃればいいわ」

宴の席では、兄嫁たちが花嫁のことで、イワン王子をねちねちといじめる。「どうして、奥さまをハンカチにくるんで連れてこなかったのかしら。あんなに美しい人、あちこちの沼地を探しまわっても、なかなかみつからないわよね」

そのとき、とつぜん、ドアをどんどんたたく大きな音がする。一同はびっくりして飛びあがるが、イワンは「カエルの妻が馬車でやってきたのです」と言って、客たちをしずめる。

ちょうどそのとき、六頭の白い馬に引かれた金色の馬車が、お城のドアに乗りつけました。なかから出てきたのは、星をちりばめた空色の絹のドレスをまとい、頭にきらきらかがやく月を載せた美しいお姫さまでした。まるで、夜明けの空のようにきれいです。お姫さまはイワン王子の手をとって、人びとが食事をしているテーブルへと向かいました。

「カエルのお姫さま」は決してシンデレラものではないが、シンデレラ物語との共通点もふくまれている。一つは、もっとも卑しい身分の人物――ここではカエル――が登場することで、その人物はけっきょく美しい王女に変身する。そして、美しいドレスをまとい、金色の馬車で舞踏会にやってきて、たちまち、宮廷の人びとの目をくぎづけにする。また、もう一つの共通点は言うまでもなく羨望である。それはおそらく、はじめにシャツとパンのエピソードにおいて姿をあらわし、それから兄嫁たちが王女を出し抜こうと張り合うところで疑いないものになる。

人びとは飲んだり食べたりして、陽気にさわぎはじめました。お姫さまはワインを飲んでは、グラスの底の残りかすを左のそでに入れ、白鳥の肉を食べては、その骨を右のそでに入れました。兄嫁たちはそれをみて、お姫さまのまねをしました。

食事が終わると、いよいよ、ダンスのはじまりです。お姫さまはイワン王子のうでをとり、いっしょに軽やかに踊りました。招かれた人たちは、お姫さまがくるりとまわって踊る姿に、うっとり目をうばわれました。それから、お姫さまは左のそでを振りました。すると、どうでしょう、湖があらわれたではありませんか。お姫さまはつぎに右のそでを振りました。すると、こんどは白鳥が湖でおよぎはじめました。王さまもお客もびっくりして、目を白黒させました。

それから、兄嫁たちも踊りはじめました。二人は一方のそでを振りましたが、ただ、ワインをお客にはねかけただけでした。また、もう一方のそでも振りましたが、バラバラと骨が床にちらばっただけでした。その骨の一本が、ちょうど王さまのひたいのまんなかに当たりました。王さまはかんかんに怒って、二人を目のまえから追いはらってしまいました。

こうして、兄嫁たちは、死んだり足が不自由になったりこそしないものの、恥や屈辱を味わわされるといったかたちで罰を受ける。二人は羨望に身をゆだねることによって、宮廷の笑いものとなり、城から追い払われるのである。

「ラシン・コーティ」「灰かぶり」「カエルのお姫さま」など、それに実質的には「シンデレラ」もふくめて、これらの物語では、嫉妬ぶかい性向や、それから生じる難しい人間関係に焦点が合わされている。「シンデレラ」やそれから派生する物語が、世界中の子どもたちの心につよく訴える理由の一つはここにある。子どもたちの生活には羨望が蔓延している。それゆえ、羨望を主な原動力としている物語は、子どもたちが自分の嫉妬の衝動を処理する方法について考える助けとなる。グリム版の「シンデレラ」〔「灰かぶり」のこと〕は羨望についてのメッセージを、「カエルのお姫さま」よりも力づよく真面目に訴えかけているが、嫉妬のもたらす結果はさまざまであることを子どもたちに示すには、この両者を前後して読ませると、おもしろいかもしれない。それぞれの物語は、嫉妬の衝動に打ち勝つことが称賛に値する目標であり、より満足できる人間関係を結ぶ希望となるということを、それぞれのやり方で伝えている。だれでも隣人と仲よくやっていくほうが、生活ぶりを張り合うよりも、はるかに望ましいと思うだろう。われわれは自分のもっているものだけでなく、ほんとうの自分のあり方に満足するときに、こうした目標を達成できるのである。

# 第*6*章　愛してくれるもの

　ある国に商人が住んでいました。商人には娘が一人あって、名まえをワシリーサと言いました。ワシリーサが八歳になったときに、お母さまは重い病気に倒れ、娘を近くに呼びました。そして、ベッドのおおいの下から人形を取り出すと、それを娘にわたして、言いました。「よく聞いてね、ワシリーサ、わたしの最期のことばよ。お母さんは死ぬけど、おまえの幸せを祈って、このお人形を残してゆくわ。いつもそばにおいてちょうだい。でも、ぜったい、ほかの人にはみせてはだめよ。もし、困ったことがあったら、お人形に食べものをあげて、どうしたらいいか、おききなさい。食べものをもらったら、きっと、どうしたらいいか、教えてくれるからね」こうして、お母さまは娘にお別れのキスをして、息をひきとりました。

魔法の力をもったものが重要な役割を果たす物語はたくさんあるが、ロシアのおとぎ話「うるわしのワシリーサ」はそうした物語の一つである。これは「シンデレラ」同様、幼い娘が、威圧的な継母とわがままな二人の連れ子による、ひどい仕打ちをじっと耐え忍ぶところからはじまるが、「シンデレラ」とはちがって、王子もいなければ名づけ親の妖精もいない。さらに、靴をなくしたりすることもない。その代わりにヒロインに助けの手を差しのべるのは、生きた人間のような魔法の人形である。その人形はワシリーサが執念ぶかい継母と向き合うのを助けるばかりでなく、恐ろしい魔女との一連の痛ましい対決を無事に切りぬけることができるように配慮する。

妻をうしなった商人は、しばらくのあいだは喪に服していましたが、やがて再婚を考えはじめました。商人は見目がよく、花嫁をみつけるのに苦労はしませんでしたが、とりわけ、気に入っている未亡人があったのです。その女性はかなりの年で、ワシリーサと同じ年ごろの娘が二人いるので、きっと主婦としても母としても経験豊かにちがいない。商人はそう思って、けっきょく未亡人と結婚しました。ところが、それは大まちがい。未亡人は思ったほど、ワシリーサにとってよい母親ではありませんでした。

ワシリーサは村一番の美しい娘でしたが、継母も二人の連れ子もそれをねたんで、いろいろ仕事を言いつけては、ワシリーサをいじめました。仕事をしすぎてやせ細り、太陽や風にさらされて色が黒くなればいいと思ったのでした。それでも、ワシリーサは不平一つ言わずにじっと耐え、日に日にますます美しく、また女らしくなってゆきました。いっぽう、継母とその娘たちは、いじわるのおかげでますますやせて、醜くなっていったのでした。

　ワシリーサが継母のひどいいじわるに耐えられたのは、じつは、人形に助けられたからでした。それがなければ、言いつけられたことを果たせなかったにちがいありません。その代わり、ときどき、ワシリーサはいちばんおいしいものを食べずに、人形のためにとっておき、夜、みんなが寝しずまってから、カギをかけた自分の部屋で、人形にごちそうをふるまいました。「さあ、お人形さん、これを食べて、わたしの悩みを聞いて。わたし、お父さんのおうちにいても、ぜんぜん楽しくない。いじわるな継母がわたしをここから追い出そうとしているの。わたし、どうしたらいいの、どうやって生きていったらいいの、ねえ、教えてちょうだい」

　人形は食べものを食べてから、ワシリーサを慰め、どうしたらいいかを教えてくれました。そして、朝になると、いつも人形はいろいろな仕事をぜんぶやってくれました。ワシリーサが木かげで休んだり花を摘んだりしているあいだに、人形が花壇の雑草を取ったり、キャベツに水をまいたり、かまどの火をつけたりしてくれたのです。おまけに、日やけ止めの薬草までも教えてくれました。おかげで、ワシリーサは気らくに過ごせたのでした。


　母親がワシリーサに残していった人形は、魔法のお守りのようなものである。それはワシリーサが部屋で一人になったときに、辛いことや苦しいことを取り除き、また、ほんのすこしの食べものと引き換えに、家の雑事をすべて一手に引き受ける。それればかりか、日焼け止めの薬草までも教えてくれる。この人形は「シンデレラ」のハトのように母親の延長であり、ワシリーサをみまもり、彼女がいろいろな試練や苦難を乗り切れるように、はからってくれるのである。

　何年かして、ワシリーサは年ごろになる。彼女は何人もの村の男たちから求婚されるが、姉たちはだれにもまったく相手にされない。当然のことながら、これに腹をたてた継母は、ワシリーサにひどい仕打ちを繰り返すことによって憂さをはらす。そして、時がたつにつれて、しだいに自分の娘たちはワシリーサが生きているかぎり、結婚できないと思い込むようになる。

そこで、継母は夫が遠くの国に旅に出るのを待って、家族そろって深い森の近くにうつる。その森は恐ろしい残酷な魔女バーバ・ヤーガの棲みかなのである。継母はワシリーサが魔女に食われてしまえばいいと願って、毎日、用事を言いつけては森にゆかせる。しかし、そのたびに、人形はワシリーサが魔女の住む小屋に近づかないように気をくばり、いつも無事に帰宅させる。そこで、継母はこれを最後とばかり、ワシリーサをやっかい払いする方策を練る。

いつも夜になると、継母は三人の娘たちに仕事をさせました。いちばん上の娘はレースをつくり、二番目の娘は靴下を編み、ワシリーサは糸をつむいだのでした。ある晩、継母は娘たちが仕事をしている部屋のロウソクだけを残して、家中の明かりをぜんぶ消し、先に寝てしまいました。しばらくすると、ロウソクがくすぶりはじめました。すると、姉の一人がその手入れをする代わりに、偶然のようにみせかけて、フッと息を吹きかけてロウソクを消してしまいました。それが母親の言いつけだったのです。

「あら、どうしましょう」と、娘たちは言いました。「家には明かりがないし、仕事はまだ終わっていないわ。だれか、バーバ・ヤーガのところに走っていって、明かりをもらってこなくちゃね」

「わたしはレースのピンが明かりになるから、いかないわ」と、レースをつくっていた娘が言いました。

「わたしもいかない。編みものの針が明かりになるもの」と、靴下を編んでいた娘も言いました。

「じゃあ、あんたがいかなくちゃね」と、二人の姉がワシリーサを指さして言いました。

ワシリーサは寝室にいき、とっておいた夕食を人形のまえに差し出して、それまでの出来事を話しました。人形は夕食をとると、目が二つのロウソクのように、キラキラ輝きはじめました。

「心配しないで、ワシリーサ」と、人形は言いました。「バーバ・ヤーガのもとへいきなさい。でも、わたしを放さないようにね。わたしをポケットのなかに入れておけば、安全だから」

おとぎ話では、人形などの魔力をもったもの——魔術的特質をもった衣類や動物たち——が主人公を危害からまもり、また、主人公がほとんど不可能にみえる仕事をやりとげるのを助ける。こうした魔術的なものは、物語のなかに超自然的要素を持ち込むだけでなく、なんでもできる強力な敵と子どもとのあいだに、力関係のバランスを取り戻す一助となる。また同時に、それらは愛の力と結びついていたいという、子ども本来の欲望をあらわすことにもなる。

魔力をもつものが登場するのは、決まって、主人公がせっぱ詰まったときである。「シンデレラ」のハトは、継母に命じられた仕事をやらざるをえなくなったときに、主人公を助けにくる。また、〈西のいじわる魔女〉が妹を殺したドロシーに攻撃をしかけようとしたときに、ルビーのようにまっ赤な靴がドロシーの足もとに落ちてくる。そして、ワシリーサのちいさな人形も、日常のわずらわしい雑事をするのを助けてくれるし、おまけに、森に使いに出されるときにも彼女をみまもってくれるのである。

## 孤独の心理

こうした魔術的なものの意味は、幼児の遺棄の初期体験に関係している。母親はかぞえきれないほどの用事をかかえていて、いつも子どものそばにいるというわけにはいかない。外で働くこともあれば、ほかの子どもの世話に追われることもある。家の掃除もするし、食事もつくる。また、それほど遠くにいったわけでなくても、ちいさな子どもには、母親がべつの宇宙へいってしまったように感じられるかもしれない。幼児は感覚的な世界にしばられていて、母親が目のまえから〈消える〉ことは、母親が存在しなくなることに等しい。「目のまえにいないと心から消える」〔「去るものは日々にうとし」の意の格言〕は、文字どおり、発達の初期における子どもの経験をあらわしているのである。

まだ自立的な自己意識が十分に発達していない二歳未満の子どもは、とりわけ、こうした事態に困惑しがちである。子どもたちは自分を別個の存在として経験しはじめるまえは、自分と母親とは一心同体であるかのようにふるまう。これはマーガレット・マーラー〔一八九七—一九八五年。ハンガリー生まれの米国の精神医学者〕が〈共生〉と呼んだ依存の状態である。こうした状態においては、ほんの短いあいだでも母親がいないということは、たいへんな悲嘆をもたらす原因となりうる。だからこそ、ちいさな子どもは母親がすぐ近くにいるときでも、絶えず母親との関係を維持しようと努力するのである。たとえば、幼児は遊んでいるときに、母親が近くにいることを確認しようとして、母親のほうに這っていったり、目で母親との接触を維持しようとしたりする。そして、ほんの短い時間でも母親がいなくなると、パニックの徴候があらわれたりする。子どもの存在論的命題は「お母さんはぼくと同じ」ということであるらしい。だから、ほんのちょっとのあいだ、母親の姿がみえないというだけでも、不安の発作が起こることがある。もし、「お母さんはぼくと同じ」であるのなら、「お母さんがいないのはぼくがいないのと同じ」なのである。

子どもは発達の過程において、生身《なまみ》の母親の代替物として作用する心的イメージを発達させる。この成熟分裂の指標は、〈いないいないいない、ばあ〉のような隠れんぼうゲームによって、より早く発現するようになる。はじめのうちは、母親が両手で自分の顔を隠し、それから急に魔法のように両手を離して顔をみせると、子どもはそれをみて、キャーキャー、はしゃいで喜ぶ。さらに先の段階になると、子どもは自分の顔を隠すことによって、このシナリオを再現する。そこでは、母親は完全に消えてしまったのではないという保証として、心のなかの母親の表象が用いられている。幼い子どもたちは、母親がいなくなることをゲームに変えることによって、人間関係の世界がつかのまのものにすぎないということを学ぶのである。

問題は、母親のイメージをもちつづける能力が、一夜にして発達するものではないということである。発達心理学者の説によれば、〈母親のイメージ化〉の能力は一・二ヶ月の子どもにもみられるというが、心のなかに最初の母親の表象が比較的定着するようになるには、さらに四・五ヶ月かかるものと思われる。それから、母親が十分に内面化され、存続しうる内的存在に変わるまでには、さらに一・二年が必要となるはずである。

一・二年といえば、子どものときには長い期間に感じられる。そのあいだは、そうした〈小規模な遺棄〉が、多くの不安な瞬間をもたらすこともある。幼い子どもたちは、母親との別離にかかわる不安に対処するために、お気に入りのおもちゃ——ふつう〈移行対象〉と呼ばれる——に頼って、短いあいだでも母親のいない寂しさをまぎらせようとする。それらのおもちゃは母親の代替物として作用し、母親のイメージ化が自動的かつ本能的になるまでは母親の代わりとなる。

こうした移行対象の母親的意味合いは、おとぎ話のなかにたくさんみいだせる。「がちょう番の娘」では、娘が王子と結婚するために遠い国へと旅立つまえに、王妃である母親が、三滴の血の染みついたハンカチを娘に贈る。この血は、母と娘を結びつける血の絆を具体的に想起させるものであり、娘がハンカチを所持品としてもっているあいだは、娘をまもるはずのものである。「ラシン・コーティ」の赤い子牛は、母親が死ぬまぎわに主人公にあたえたものだし、「葉限《イエーフシエン》」でも、主人公は金色の魚を贈られる。どちらの物語でも、それらの生きものは魔女によって殺されるが、骨は残る。そして、その骨は母親の魂を具現するものとして、移行対象と同じような機能をもち、娘たちに国王の注意を惹くのに必要な美しい衣装を贈ることになる。

イギリスの小児科医で心理学者でもあるD・W・ウィニコットによれば、移行対象についてとくに特徴的なことは、交換不可能性ということだという。子どもはいったん、あるおもちゃを移行対象として選択すると、それに強固な愛着をおぼえるようになり、それから子どもを引き離すことは、不可能とは言わないまでも、きわめて困難となる。それに似たようなケースが、私の隣家のジェフリーにも起こった。

ジェフリーは早熟で利発な三歳の男の子で、もっとちいさかったころ、両親に買ってもらったキリンのぬいぐるみが大好きだった。ジェフリーはどこへゆくにもキリンを手放さなかった。自分のベッドで寝かせ、トイレにもいっしょに入り、三度の食事にも連れてきた。ときには、ワシリーサが人形に自分の食事をあたえたように、キリンにすこし食べものを〈分けあたえ〉ようともしたという。

しかし、やがて、キリンのぬいぐるみに消耗の兆しがみえてきた。片方の目がはずれそうになり、耳が一つなくなって、毛皮が縫い目のところでほころんできた。そのうえ、何度も夕食の席にもってきたおかげで、キリンの外側のおおいには、ピーナッツバターがこびりつき、ケチャップのしみも広がっていた。ジェフリーの母親は、ぬいぐるみの寿命はとうにつきた、もう、買い替えどきだと判断して、いままでのものとほとんど変わらないキリンのぬいぐるみを探し出した。そして、それをきれいな箱に入れてもらい、翌日、ジェフリーにプレゼントしたのだった。

さて、ジェフリーはこの新しいプレゼントに大喜びしただろうか。いや、しなかったのである。ジェフリーは新しいキリンにはまったく関心を示さず、いっそう激しく古いキリンに執着した。その夜、ジェフリーが寝てから、母親が古いキリンを新しいキリンと取り替えたが、翌朝、ジェフリーは目をさまして、たいせつな友達がいなくなったのを知ると、ひどい癇癪《かんしゃく》を起こしてしまった。母親は、おそらく古いキリンがまったくボロボロになるか、それとも、洗濯機のなかでバラバラになってしまうまで、それと縁を切ることはできないだろうと覚悟したという。

## つらい人生に耐えられるように

もっとも愛された移行対象の一つに、ぬいぐるみのクマ、テディ・ベアがある。これは二〇世紀はじめ、セオドア・ルーズヴェルトが狩猟に出かけたときに、薄汚れた黒い子グマの命を助けてやったというところから有名になった。この出来事をジャーナリズムが取り上げ、命を助けられた子グマを〈テディ・ベア〉と呼んだ〔テディはルーズヴェルトのニックネーム〕。そして、その後、『ワシントン・イヴニング・スター』紙が漫画のなかで、ルーズヴェルトが無力なクマの子どもを見のがしたとして、彼のスポーツマン精神を称賛するにおよんで、この出来事が人びとの心に深く刻まれるようになったのである。

それからまもなくして、ブルックリンの企業的野心に富んだ玩具メーカーが、クリスマス向けの新商品として、そのクマのぬいぐるみを製造・販売する方針をかためた。また一方では、ドイツでクマのぬいぐるみを製造し、それを〈フリッツのお友達〉と呼んでいたマルガレーテ・シュタイフが、そうした時流に飛びつき、自社製品の名まえを〈テディ・ベア〉に変えた。それから先は知ってのとおりである。テディ・ベアとその多くの〈親戚たち〉――ルパート・ベア〔イギリスの『デイリー・エクスプレス』紙の連載漫画の主人公〕・パディントン〔マイケル・ボンドの「くまのパディントン」シリーズの主人公〕・クマのプーさん〔A・A・ミルンの児童書の主人公〕——は人びとの想像力をかきたて、こんにち、テディ・ベア大会やテディ・ベア専門誌をはじめとする巨大産業を産み出すことになった。数年まえ、千人以上もの子どもたちについて調べたところ、六〇パーセントの子どもたちが、いちばん慰めとなるものとして（両親のつぎに）ぬいぐるみの動物をあげ、しかも、好きな動物はテディ・ベアだとこたえた。

事実上、どんなおもちゃでも移行対象の役割を果たすことができるが、子どもたちは人形・ぬいぐるみ・毛布・衣類などに自然に引き寄せられる傾向がある。なぜなら、これらのものは、ミルクをあたえられたり抱擁されたりという、生まれてから数ヶ月のあいだのスキンシップ体験を再現するからである。しかし、子どもたちがおもちゃに移行的な意義を付与するのは、その特質ではなくて、むしろ、その感情的な意味合いによることが多い。おもちゃは子どもたちの人生のなかで、とくにストレスの大きな時期——両親が離婚したり愛する人が死んだりという時期——にプレゼントされると、よく移行対象になったりする。ときには、病気が長引いたときに、慰めと安心感をあたえてくれたという理由で、たとえば、毛布や枕のようなものに対して愛着を深めることもある。

マージャリー・ウィリアムズの古典的児童書『ビロードうさぎの涙』では、ちいさな少年が、遊び道具にしているウサギのぬいぐるみにつよい愛着をおぼえる。少年は猩紅熱《しょうこうねつ》にかかって、長いあいだ一歩も部屋の外へ出られなかったときに、ビロードうさぎを友達とすることによって慰められたが、衛生上の理由から、そのぬいぐるみを捨てざるをえなくなる。医者がビロードうさぎには猩紅熱の菌が付着しているのではないかと心配し、それを破棄するように命令したのである。そのため、ぬいぐるみはゴミの山に捨てられるが、いつまでも少年の心のなかでたいせつに思われつづけ、けっきょく、病気がなおってからも、ずっと心の宝物としてたいせつにされることになる。

『ビロードうさぎの涙』の称賛すべき特徴の一つは、それがビロードうさぎの視点から語られている点である。そうすることによって、移行対象が所有者に対して有する感情的意義について、深い洞察を加えることが可能になったのである。物語のはじめのほうで、ビロードうさぎは、実在とはどういうことかという問題について、子ども部屋のぬいぐるみの一つ、〈皮のうま〉を議論に巻き込む。

「〈実在〉ってなんだろう」ある日、うさぎは言いました。ナナが子ども部屋をかたづけにくるまえに、格子囲いの近くで、うまとならんで横になっていたときのことでした。「それって、からだのなかでぶんぶん音のするものとか、目につくような取っ手があるってことなのかなあ」

「実在って、自分がどんなふうにつくられているかってことじゃないんだ」と、皮のうまが言いました。「自分の身に起こることを言うのさ。子どもがずっと長いあいだ愛してくれれば、それも、ただの遊び相手としてではなくて、〈ほんと〉に愛してくれるなら、そしたら、きみは実在するようになるんだよ」

ウィリアムズの物語を読めば、〈実在〉には二つの意味があることは明らかである。一方では、それは生きていること、生きて呼吸しているものの世界に属することを意味している。もう一つの意味――皮のうまが念頭においていると思われる意味――は、何かたいせつにされ尊重されることと関係している。皮のうまは自分には、かつて少年の叔父に愛された経験があるのだから、自分は〈実在〉しているのだと打ち明ける。いまは牧場ではなく子ども部屋にいるけれど、そんなことは問題ではないというのだ。これこそ、うさぎが重要だと気づく〈実在〉の意味である。

何週間も過ぎ去って、ちいさなうさぎは古びて、みすぼらしくなりましたが、それでも少年はうさぎのことが大好きでした。とてもとても気に入っていたので、ヒゲがぜんぶ抜けてしまったのも、耳のピンク色の裏地が灰色に変わってしまったのも、茶色のはん点が色あせてしまったのも好きでした。かたちもくずれはじめて、もう、ほとんどうさぎのようにみえなくなっていたのですが、少年だけはべつでした。少年の目には、いつも美しくみえたのです。そして、ちいさなうさぎにとっては、それだけがたいせつなことでした。ほかの人に自分がどのようにみえようともかまわない。子ども部屋の魔法が自分を実在させてくれる。そして、実在しているなら、みすぼらしいことなど、ぜんぜん問題ではないのです。

このうさぎの気持ちは少年の気持ちの反映だが、これはすべての子どもたちが共有しているものである。すなわち、それは、どんなことがあろうとも、愛されたい、かわいがられたいという願望にほかならない。そして、子どもが求めるように、自分を愛して自分の相手になってくれる人がいないときには、つまり、いつも孤独が友であるようなときには、移行対象が欠けているものを補ってくれるのである。

『ビロードうさぎの涙』を子どもたちの心に共鳴させる原動力は、『トイ・ストーリー』のプロットを動かす力と同じものである。このディズニー映画は『ビロードうさぎの涙』と同じように、少年と移行対象との関係をあつかっており、しかも、それを移行対象の視点をとおして描いている。ただし、映画の場合は、移行対象は二つある。カウボーイの人形とスペース・レンジャー隊員の人形で、それぞれ、子どもの精神世界のなかで特別な地位を占めようと競い合うことになる。

映画では、カウボーイのウッディが主人公のお気に入りのおもちゃである。少年がたいせつにしているウッディは、おもちゃのコレクションのなかでも抜群の優位を享受している。リトル・ボー・ピープ、ポテト・ヘッド氏、おもちゃの恐竜など、ほかのおもちゃは部屋で散らかり放題か、さもなければ、おもちゃ箱のなかにかたづけられているかのどちらかである。しかるに、ウッディだけは所有者のベッドで寝ている。ほかのおもちゃは、そうしたウッディが所有者の愛情という点で特別な地位にあることを承知していて、彼をリーダーとして崇拝している。

こうした感情的な上下関係におけるウッディの地位は、所有者の少年が誕生日のプレゼントとして、新品のおもちゃをもらったときから、おびやかされるようになる。それは宇宙飛行士の人形で、名まえはバズ・ライトイヤー。驚いたことに、ウッディはすぐにこのバズと入れ替えられてしまう。カウボーイの人形はおもちゃ王国のどん底（床のこと）に落とされ、バズが所有者の世界の高台（ベッドのこと）へと昇るのである。こうして、この映画では、この二つの人形が少年のいちばんのお気に入りという地位を得ようとして争うさまが描かれることになる。

『トイ・ストーリー』をたんなるおもちゃ物語以上にしているのは、それが新しい地域への家族の転居を背景にしているからである。このような転居はいつも、とくに子どもたちの場合、不安をまねくものである。二つの人形は、新しい環境のことを考えるときに、われわれがいだく矛盾する感情を反映している。ウッディは過去というか、変わらないことの安心感、慣れ親しんだ場所の安全と気楽さをあらわしており、一方、バズは未知なるもの、予測できないものを体現している。ウッディは保守的なのに対し、宇宙飛行士のバズは冒険好きで、空を飛べると信じて、窓の外へ飛び出そうとする。この二つの人形の対立は、所有者である少年の心の葛藤を反映していると考えられる。

両親の仕事の必要に迫られてであれ、離婚によるものであれ、転居の悩みを感じている幼い子どもたちにとっては、『トイ・ストーリー』をみて両親と話し合うことは大いに役立つ。それは、心の痛手を感じているときには、おもちゃが慰めになりうること、また、何か新しいものが大きく立ちあらわれても、古いものにしがみついていていいのだということを教えてくれる。この物語は、ウッディとバズ・ライトイヤーが力を合わせて、転居を気分の高揚する楽しい経験にしようとするところで終わる。

おとぎ話を読んだり聞いたりする子どもたちは、そこに登場する魔力をもった存在が、自分の生活のなかの移行対象と関連していることを、直感的に察知することができる。布でできたもの――ハンカチ、ドレス、刺繡された靴など――は、子どもたちがつよい愛着をおぼえる安心できる古毛布やその類似品と大差はない。私の娘は何年ものあいだ、トナカイのぬいぐるみ、ルドルフィーヌといっしょでないと寝ようとしなかった。ウッディもバズ・ライトイヤーも、また、ビロードうさぎも、子どもたちが大事にして崇拝する一連の移行対象の一部にすぎないのである。

おそらく、もっともわかりやすい二〇世紀の移行対象は、『オズの魔法使い』に登場するルビーのようにまっ赤な靴だろう。フランク・ボームの原作では、その靴は銀でできていて、ドロシーを〈西のいじわる魔女〉からまもるだけでなく、カンザスへの帰りの切符をあたえてくれる。

「銀の靴にはすばらしい力があるんだよ」と、やさしい白魔女は言いました。「この靴のいちばん不思議なところはね、世界中のどんな場所でも、たった三歩で連れていってくれるということなのさ。しかも、まばたき一つするあいだに、一歩進めるよ。おまえはただトントントンと三回、かかとを打ち合わせて、どこでもゆきたいところを言えばいい。そこへ連れていってと命令すればいいんだよ」

これは強力な魔法である。かかとを三回ならせば、ドロシーはカンザスに戻り、またエムおばさんやヘンリーおじさんといっしょになれるというのである。しかし、その靴の第一の役割は、〈西のいじわる魔女〉の果てしない攻撃からドロシーをまもることにある。靴は移行対象として、世のなかの害悪がドロシーにおよばないようにするのが務めなのである。

さて、「うるわしのワシリーサ」の人形も同じように強力である。この人形はワシリーサが作物を取り入れるのを手助けするのはもちろん、継母に言いつけられたやっかいな仕事をかたづけるのを助けたりもする。また、物語のはじめのほうでは、バーバ・ヤーガの手にかからないように、ワシリーサをまもったりもした。しかし、いまは人形の力がためされるときだ。ワシリーサが命じられた明かりをもってくるためには、魔女との対決は避けられない。そして、ワシリーサが無事に冒険を切りぬけることができるように、人形は自分のもてる限りの能力を駆使しなければならない。

魔女の棲みかを探して森のなかをさまよっていたワシリーサは、物音をきいてぎょっとする。白衣の騎士がりっぱな白馬にまたがって、すぐそばを駆けぬけていったのだ。そのとき、しらじらと夜が明ける。さらにしばらく進むと、赤い馬に乗った二番目の騎士があらわれる。全身が赤ずくめで、その騎士が通りすぎると、とつぜん、太陽が地平線に顔を出す。ワシリーサは先を急いで、ようやく、林間の空き地にやってくる。その中央にはバーバ・ヤーガの家が立っていた。ワシリーサは空き地の光景をみて、背筋がゾーッと凍りつく。

小屋をぐるりと取り囲む柵は、人骨でできていて、とがった先には、じっとみつめるしゃれこうべがありました。ドアの柱には人間の足が、また、かんぬきには人間の手が使われています。カギはするどい牙をもった口のかっこうをしていました。ワシリーサは恐怖のあまり凍りつき、根が生えたように一歩も動けなくなりました。

こうして立ちすくむワシリーサのまえを、三番目の騎士が通りすぎる。この騎士は黒衣をまとい、馬もまっ黒、馬飾りもまっ黒で、バーバ・ヤーガの家のドアに向かって走ってくると、大地に飲み込まれたかのように、ふいに姿を消してしまう。そして、騎士が消えた瞬間、夜になる。

しかし、暗闇がつづいたのはほんの一瞬だった。しゃれこうべの目がきらきら輝きはじめ、とつぜん、林間の空き地が昼間のように明るくなって、どこからともなく、バーバ・ヤーガが姿をあらわす。そして、大きなすり鉢に乗って空を飛んできた魔女は、くんくん、あたりの空気の臭いをかいで、「そこにいるのはだれじゃ」と大声で叫ぶ。

ワシリーサは老婆に近づき、怖くてぶるぶるふるえながら、ふかぶかと頭をさげて言いました。「わたし、ワシリーサ。継母に言われて明かりをもらいにきたの」

「よし、わかった」と、バーバ・ヤーガは言いました。「あのものたちはよく知っておる。だが、明かりをやるまえに、わしと暮らして、働かねばならん。それがいやなら、食っちまうぞ」

それから、魔女は門のほうを向いて、「さあ、がんじょうなかんぬきよ、はずれておくれ。おおきな門よ、開いておくれ」と、叫びました。門が開くと、バーバ・ヤーガは口笛を吹きながら、なかに入りました。ワシリーサがあとからなかに入ると、すべてがもとのように閉ざされました。

バーバ・ヤーガはロシア民話では有名な魔女で、巨大なすり鉢に乗って空を飛び、特大のすりこぎで舵をとって森のなかを進む。そして、何十ものロシアのおとぎ話に登場しては、ゆく先々で恐怖と畏怖の念を呼びおこす。彼女の残虐性を示す小屋は、犠牲となった人びとのしゃれこうべや骨からつくられた恐怖の建築物である。バーバ・ヤーガはグリム兄弟の話に出てくる魔女に劣らず、恐ろしい魔女なのである。

バーバ・ヤーガは家のなかに入ると、びくびくしているワシリーサに、夕食のしたくを命じました。「かまどのなかにあるものを出しとくれ。はらぺこじゃわい」食事が終わると、魔女はあしたも出かけると言いました。だから、留守のあいだに、庭をはき、家をかたづけ、夕食をつくり、そして、シーツなどを洗濯しておけというのです。おまけに、もっと困ったことに、たくさんの小麦から、もみがらをえり分ける仕事までも命じられてしまいました。

ワシリーサはすっかり打ちひしがれて、しくしく泣きながら人形に助けを求めました。すると、人形は何も心配することはないと慰めて、「美しいワシリーサ、心配しなくてもいいのよ。食事をしたら、お祈りをして、ゆっくりお休み。朝は夕方よりもいい考えがうかぶものだわ」と、こたえました。

つぎの朝、ワシリーサが目をさますと、仕事はすっかりかたづいていて、ちょうど、人形が小麦から最後のもみがらをえり分けているところでした。

ワシリーサは人形に感謝して、「あなたのおかげで、わたし、死ななくてすんだわ」と、言いました。

人形はワシリーサのポケットにもぐり込み、「さあ、あとは夕食をつくるだけね。それがすんだら、からだをゆっくり休めなさい」と、こたえました。

人形はまたワシリーサを救ってくれた。バーバ・ヤーガは、夜おそく帰ってきて、仕事がぜんぶ終わっているのをみて、びっくりする。魔女は魔法の部下たちを呼び出し、「忠実なしもべたちよ、親しい友人たちよ、さあ、小麦を挽いておくれ」と言う。すると、三対の両手がどこからともなく魔法のようにあらわれて、小麦粉を運び去ってゆく。

翌日もまた、同じようなことが繰り返される。こんどは、バーバ・ヤーガは、すべての家事に加えて、たくさんのケシの種をホコリからえり分ける仕事を言いつける。魔女が帰ると、もちろん、仕事はぜんぶ終わっているわけで、魔女はふたたびバラバラになった両手を呼び出し、こんどはケシの種から油を絞り取るように指示をする。それから、魔女はすわって、ワシリーサがつくった夕食をとる。そばにはワシリーサがだまって立っている。

「どうしてしゃべらんのじゃ」と、バーバ・ヤーガが言いました。「だまって、つっ立っておるなんて、口がきけんのかね」

「そんな勇気、なかったんですもの。でも、許してもらえるなら、一つ、きいてもいいかしら」

「いいとも。だが、きいたことに、いつも、いい答えがかえってくるとはかぎらんぞ。知りすぎると、早く老けるものだからの」

「わたしがみたことで、ちょっとききたかったことがあるの。ここに来る途中、全身まっ白で、白いよろいの騎士が、白い馬に乗って通りすぎていったの。あの人はいったいだれかしら?」

「それは明るい昼じゃよ」と、バーバ・ヤーガがこたえました。

「それから、もう一人、わたしを追いぬいていった騎士は、だれなの。全身まっ赤で、赤いよろいに赤い馬だったわ」

「それはまっ赤な太陽さ」
「じゃあ、あなたの門のところで会った黒い騎士は？」
「あれは黒い夜じゃ。みんな、わしの忠実なしもべでな」

バーバ・ヤーガの説明をみると、彼女がただ無力な犠牲者を餌食にするだけの、邪悪な魔女ではないことが明らかになる。彼女は宇宙を支配する偉大な母なる大地なのである。小麦やケシの種の広大な貯蔵所をもっていることから明らかなように、彼女は田畑のめぐみを支配しているが、それだけでなく、昼と夜の時間のバランスをとって調整している。さらに、すべての質問に答えるわけではない、子どもがあまりに知りすぎるのはよろしくないと忠告して、ワシリーサに蓄積された知恵のおすそ分けをしたりもする。

役に立つ忠告をあたえる魔女は、ただ悪いだけの存在であるはずがない。とくに、おとぎ話のなかの魔女は、人助けをすることになっていないのだから、なおさらだ。「白雪姫」の王妃は、王女に生き方を示したりしないし、宮廷作法について忠告することもない。「ヘンゼルとグレーテル」の魔女も、子どもたちにテーブル・マナーを教えたりしない。ひたすら、かまどの準備をしたり、ヘンゼルをふとらせたりするのに追われている。おとぎ話の魔女は、子どもたちを教育しようなどという気をおこさない。バーバ・ヤーガは例外なのである。彼女は悪だけれども、それを補うよいところももちあわせている。

そもそも、善と悪とをはっきり区別できると思うのは、ふつうは幻想にすぎない。それが世のなかというものである。善はしばしば悪と分かちがたく絡み合っている。子どもは大きくなって、人生の必然である道徳的葛藤に直面せざるをえなくなったときに、そのことを身にしみて感じるようになる。「うるわしのワシリーサ」は、善でもあり悪でもある魔女を登場させることにより、人生の道徳的問題は、みた目ほど単純でもなければ、わかりやすくもないということを子どもたちに伝えているのである。

ここで問題は複雑になる。バーバ・ヤーガを殺すことは、悪とともに善をほろぼすことになる。おまけに、ワシリーサはこの老婆を殺すべき立場にはないように思われる。物語が幸福な結末をむかえるとすれば、何か、ほかの解決策が必要である。その解決策が何かをみるまえに、われわれはもう一度、バーバ・ヤーガのところに戻らなければならない。老婆はまだワシリーサと縁が切れたわけではない。まだ、あたえるべき忠告が残っているのだ。


「どうして、もっときいてこないのじゃ」と、バーバ・ヤーガが言いました。

「もう、それだけでいいの。さっき、知りすぎると早く老けるって言ったじゃない」と、ワシリーサがこたえました。

「家の外でみたことだけで、なかのことをきかないのは感心だ。人まえでわしの汚れた下着を洗ってもらうのは、嫌なものだからの。いつも、せんさくしすぎるやつは食っちまうんだ。さて、一つ、ききたいのじゃが、おまえに命令した仕事を、どうして終わらせることができたのかね」

ワシリーサは、なにくわぬ顔でこたえました。「お母さんの祝福のおかげよ」

「そういうことだったか!」と、バーバ・ヤーガは叫びました。「いまいましい娘め、ここから出てゆけ。この家では、祝福されたやつなんか、まっぴらごめんだ」


バーバ・ヤーガはもう一つ、ちょっと役に立つ情報をワシリーサにあたえる。自分のことは自分の心におさめておくのが、いちばんいい。魔女の忠告によれば、人まえで汚れた下着を洗うのは賢明ではないというのである。しかし、魔女はワシリーサが祝福ということばを口にしたとたんに怒りだし、即刻、家から出てゆけと命令する。それでも、彼女を追い出すまえに、ワシリーサがもらいにきたもの、つまり、明かりだけはもたせてくれる。

バーバ・ヤーガはワシリーサを家から引きずり出し、門の外に追いやりました。それから燃える目をしたしゃれこうべを柵から取り上げ、それを棒に突き刺して、ワシリーサにわたしました。「さあ、受けとるがよい。この明かりを姉さんたちにもってゆくのだ。おまえはこれを取ってこいと言われたのじゃからな」

ワシリーサはしゃれこうべの明かりで家路を急ぎ、つぎの日が暮れるまでには家に着くことができました。そして、門に近づいたときに、もう明かりはいらないと思い、しゃれこうべを捨てようとしました。すると、とつぜん、しゃれこうべから低いくぐもった声が聞こえてきました――「わたしを捨てないで、継母にわたせ」。そこで、ワシリーサはしゃれこうべをもったまま、家のなかに入りました。

すると、どうしたわけか、ワシリーサははじめてあたたかくむかえられました。継母と姉たちによると、ワシリーサがいなくなってからというもの、家からすっかり火が消えてしまったというのです。どうしても火をつけることができなかったばかりか、近所の人がもってきた火も、家のなかにもってくると消えてしまったというのです。「きっとおまえの火なら消えないだろうよ」と、継母が言いました。

けれども、しゃれこうべを家のなかにもってくると、それは継母と姉たちをぎらぎらした目でにらみつづけ、じりじり焼きはじめました。継母と姉たちは隠れようとしましたが、どこへ逃げても、その目が追ってきます。そして、朝がくるまでには、みんな、すっかり焼かれて灰になってしまいました。ただ、ワシリーサだけは火に焼かれることもなく、無事でした。つぎの朝、ワシリーサはしゃれこうべを土のなかに埋めたのでした。

「シンデレラ」の継母は死なないのに、「うるわしのワシリーサ」の継母が死んでしまうのは、なぜなのだろうか。なんといっても、娘をもつ母親であるという点では、どちらも同じはずである。その差は、「シンデレラ」の継母の場合、自分の娘をより高い地位につけたいと望んだだけだというところにある。彼女はヒロインを殺そうとはしなかった。それに対して、「うるわしのワシリーサ」の継母は、意図的にヒロインを殺そうとして策略をめぐらせる殺人者である。彼女は単純明快に悪であり、したがって死なければならないというわけである。

「うるわしのワシリーサ」のなかの善は、逆説的ではあるが、バーバ・ヤーガのなかにやどっている。この魔女はワシリーサにとまどい、家の外に追い出すが、崩壊した家庭に向き合う手段をあたえてくれる。ワシリーサはバーバ・ヤーガの助けがなければ、継母たちの思うがままにあしらわれ、おそらく、何度も生命をねらわれたにちがいない。それゆえ、この魔女は物語のなかで救いの力になっている。

人形についてはどうだろうか。継母が排除されたいまとなっても、まだ、人形が必要なのだろうか。一見したところでは、ワシリーサは自分の力でやってゆける、世のなかをわたってゆくのに魔法の力にたよる必要はないようにみえる。しかし、われわれの多くが、子どものころ、たいせつにしていたものに執着するように、おとぎ話の主人公たちもかれらのものに執着する。いつなんどき、また、テディ・ベアが――あるいは人形が――役立つようになるかもしれない。そのうえ、ワシリーサの旅が終わるまでには、まだ進まなければいけない道がある。

ワシリーサはしゃれこうべを埋めてから、町に出て、父親の帰りを待つことにする。町に出たワシリーサは不思議な老婆に出会って、宿を提供してもらう。しかし、時は流れても、父親はいっこうに姿をみせない。そこで、ワシリーサは老婆に亜麻と糸車を調達して欲しいと頼む。ぼんやり何もしないでいるよりは、何か役に立つことをしたいと思ったのである。老婆はその願いをかなえてくれた。

ワシリーサは驚くほど多量の糸をつむいだが、布を織りたくても、それを織る機械がない。そこで、こんどは人形をポケットから取り出して、人形に織り機をつくって欲しいと頼む。すると、人形は「古いクシと古い糸入れ、それに馬のたてがみをもってきてちょうだい。そうすれば、織り機をつくってあげるわ」と言う。

朝、ワシリーサが目をさますと、人形は夜のあいだに、りっぱな織り機をつくっておいてくれた。少女はそれを使って、国中でいちばんすばらしいリンネルを織る。そして、布ができあがると、それを売ってきて欲しいと老婆に頼む。もちろん、お金は老婆にあげるつもりなのだ。

この恩人の老婆は、リンネルの出来ばえにいたく感心して、それをロシア皇帝にみせることにする。皇帝もまた、そのすばらしい布に心をうばわれ、その布で一二枚のシャツをつくるようにと命令する。しかしながら、そのリンネルを仕立てるのに恥じないすぐれた技術の持ち主は、国中探しても、だれ一人、みつけることができない。老婆はその仕事にふさわしい人物を知っていると皇帝に申し出て、布を持ち帰り、ワシリーサに皇帝の願いを伝える。


老婆の話をきいて、ワシリーサは言いました。「わたし、その仕事をしなければいけないって、はじめからわかっていました」

ワシリーサは自分の部屋にカギをかけて、仕事にとりかかると、ひとときも休まずに縫いつづけ、一二枚のシャツを仕立てました。そして、老婆が皇帝に届けにいっているあいだに、からだを洗って、髪をとかし、いちばん美しいドレスを身につけました。

まもなく、皇帝のしもべが中庭にあらわれました。彼はワシリーサの部屋にやってきて言いました。「陛下はシャツを仕立てたお針子にあって、じきじきに、ごほうびを差し上げたいとおっしゃっておられます」

ワシリーサは皇帝のまえに進み出ました。皇帝はその美しい娘をみて、一目で激しい恋に落ちてしまいました。そして、ワシリーサが帰ろうとしたとき、皇帝はきっぱりと言いました。「いかないでおくれ、美しい人よ。あなたから離れたくないのです。どうか、わたしの妻になってください」

皇帝がワシリーサの手をとり、自分の横にすわらせると、すぐに結婚のお祝いがもよおされました。やがて、帰ってきた父親は、娘の幸運に大喜び。ワシリーサに招かれて、宮殿でいっしょに暮らすことになりました。もちろん、老婆もまた宮殿に招かれました。人形はといえば、ワシリーサは死ぬまでポケットに入れて持ち歩き、決して手放すことはなかったのでした。

「うるわしのワシリーサ」のユニークなところは、一人ではなく三人の母親的存在が登場するという点である。すなわち、人形とバーバ・ヤーガ、それに村の老婆である。これらの幻想的人物は、それぞれ、母親と子どもの関係について、ある重要な一面をあらわしている。人形は母親の〈救う〉という性格、つまり、子どもがとてもできそうもない仕事をやらざるをえなくなったとき、子どもを助けにやってくるという一面をあらわす。バーバ・ヤーガは〈知恵〉をあたえるという母親的側面、つまり、蓄積された経験にもとづいて、子どもが歩む世間のでこぼこ道を平らにならしてやるという〈よい母親〉的性格をあらわす。そして最後に、老婆は子どもに〈技術〉を教え、それを活用するチャンスをあたえる、つまり、子どもを成功に導くような素材と道具をあたえるわけである。

ワシリーサは「わたし、その仕事をしなければいけないって、はじめからわかっていました」と言うが、このことばには、いつか、自分が自立したおとなであることを証明しなければならないという、ワシリーサの自覚が反映されている。自分が自立できることを証明するためには、自分自身の才能——リンネルを織り、それでシャツを仕立てること——にたよらなければならない。彼女はそれを知っていて、たしかに、それを実現する。そのことは、彼女が〈よい母親〉を十分に内面化して、それを自分のなかに取り込んだことを意味している。それゆえ、ワシリーサを支える魔術的なものなど、もはや必要ない。しかし、それでも人形を捨てずに、「死ぬまで」ポケットに入れて、宝物のように持ち歩くという。これは安全策というもので、そうしていけない理由は何もない。

精神科医のチャールズ・ホートンは、移行対象に関して『慰撫』というタイトルの本を著しているが、そこで彼は、移行対象という概念をもっと広げて、大切な場所（遊戯室、裏のベランダ、秘密の押し入れなど）、詩の断片、ききなれた調子のいい句、さらには芸術作品などといった、手にふれることのできないものまでふくめるべきだと論じている。ホートンによれば、「不変で、主として母親的である存在との象徴的関連」を誘発しうるものはすべて、彼の言うところの「移行的関連性」を高めるはたらきをするという。テディ・ベアによって癒される人もいれば、子どものころの伝承童謡、子守歌の一節、あるいは心に残っているイメージなどによって、同じように癒される人もいる。チャールズ・ディケンズの小説『デイヴィッド・コパフィールド』では、いまは亡き母親がデイヴィッドに贈った本のイメージが、彼の移行的要求を満たしたのだったし、また、マルセル・プルーストの場合は、なんと、マドレーヌを食べればよかったのである。

移行対象の地位につけるものは、かならずしも無生物である必要はない。生物、とくにペットもよく移行的要求を満たすことがある。動物の毛皮というものは、羽毛のようにふわふわの毛布や、母親のやわらかな肌の記憶を目ざめさせるのであるから、なおさらその傾向がつよい。そのうえ、ペットは信頼できるし、寛大でもある。学校でおもしろくないことがあっても、家に帰れば、かわいいペットが首を長くして待っていてくれる。

おとぎ話のなかの動物も、実生活の動物たちとまったく同じように、移行対象の役割を果たしている。「ラシン・コーティ」の赤い子牛や「葉限《イエーフシエン》」の金色の魚は、母親が物理的に愛や支援を捧げることができないときに、母親に代わってそれらを提供する。「シンデレラ」のハトは、ヒロインが不可能な仕事をやらなければならなくなったときに助けてくれるだけでなく、ヒロインが舞踏会にゆくのに必要なドレスを用意してくれる。「がちょう番の娘」でも、王女が母親から贈られたハンカチをなくしてからは、魔法の馬が王女の世話をするようになる。

ウォルト・ディズニーでも、こうした動物の伝統的意義はうしなわれていない。おとぎ話をあつかったディズニー映画の多くは、魔法の小鳥や魔法の生きものにあふれている。『白雪姫』では、森で迷った王女が困っていると、魔法の森の動物たちが友達のように付き添ってくれる。『リトル・マーメイド』のヒラメやカニは、一人ぼっちのヒロインが助けを必要としているときに、母親代わりとして、慰めたり、忠告をあたえたりしてくれる。

『オズの魔法使い』では、移行対象の一つはドロシーの忠実な道づれ、トトである。トトはいつもドロシーのそばにいて、一再ならず、彼女を助けてくれる。たとえば、オズの魔法使いの姿を隠していた幕を引き降ろし、その正体をあばいたのはトトだった。ドロシーはトトのおかげで、魔法使いのみせかけにだまされずにすんだのだ。

## 愛の毛布につつまれて

移行対象は子どもの世界のみならず、おとなの世界にも存在する。ウィンストン・チャーチルやヴィクトリア女王も、おとなになるまでテディ・ベアに執着していたと言われている。数年まえの市場調査では、玩具メーカーはもはや、テディ・ベアをただ子どものおもちゃとしてだけ考えているのではないということが明らかにされた。ある玩具評論家によれば、「テディ・ベアはもはや子ども向けのものにとどまらない。ほとんどすべての市場や産業のなかにまで侵入してきている」という。

それゆえ、はじめて親元を離れて大学にかようようになった学生が、人形やぬいぐるみなどの移行対象をいっしょにもってゆくのも、驚くにはあたらない。私のセミナーに出ている大学生のブルースは、子どものころの移行対象――毛布――を小学校のころも、それ以降も、ずっと使っていたという。彼は子どものころに、ある毛布にとくに愛着をおぼえ、いつもそれを身のまわりにおいていたそうである。ブルースの毛布は、新聞の連載漫画「ピーナッツ」〔チャールズ・シュルツの作。チャールズ・ブラウンという少年とビーグル犬のスヌーピーが主人公〕に登場するライナスの〈安心毛布〉のように、彼のゆくところはどこにでも、いっしょにお供をしたわけである。

ブルースは大きくなるにつれて、この毛布にしだいに気まずい思いを感じるようになった。それを保育所に引きずってゆくのと、幼稚園や小学校にもってゆくのとでは、話がちがう。それでも、ブルースはなんとしても、この忠実な友を手放す気にはなれなかった。そんなある日、彼は巧妙な解決策を思いついた。ハサミを取り出し、毛布を四インチ幅に四角く切って、その切れはしを寝室のタンスのいちばん下に入れておく。そして、毎日、学校にゆくまえに、一枚ずつ取り出して、ズボンのポケットに入れておけばいい。

そうすれば、心配事があったり不安になったりしたときに、いつでも他人に気づかれないで、毛布を指で触ることができるのだ。こうして、彼は隠しもっていた毛布の切れはしのおかげで、ほとんど成長期のあいだずっと、安心感や幸福感を感じていられたのだそうである。

移行対象はそうした意義をもっているために、これまですくなからぬ数の物語のなかで取り上げられてきた。デイヴィッド・コパフィールドは前述のように、母親にプレゼントされた本のイメージを、慰めや安心感の源泉として用いている。また、オスカー・ワイルドの『ドリアン・グレイの肖像』では、主人公ドリアンは子ども部屋にあったものをすべて、おとなになってからもずっと邸宅の最上階にあるカギつきの部屋のなかに入れておく。それにまた、ローズバッドの例もある。

オーソン・ウェルズは『市民ケーン』〔一九四一年に製作されたアメリカ映画の傑作。オーソン・ウェルズ監督・主演〕のなかで、モデルがだれかをあまり隠そうともせずに、イエロー・ジャーナリズムの巨頭ウィリアム・ランドルフ・ハースト〔一八六三―一九五一年。新聞王と称された米国の出版業者〕の生涯を描いているが、その主人公チャールズ・フォスター・ケーンは、〈ローズバッド〉という名まえをつぶやいて死んでゆく。そして、この映画では、ケーンの最期のことばの意味を明らかにしようとする新聞記者の目をとおして、ケーンの生涯がフラッシュバックのかたちで描かれることになる。ローズバッドとはケーンの隠れた女性崇拝者の一人だったのか。それとも、競馬の馬だったのか。はたまた、秘密の蓄財の在りかを示すパスワードだったのか。

映画では、ケーンが彗星《すいせい》のように華ばなしく権力の座に昇りつめ、そして栄光の座から転落してゆく過程がたどられるが、新聞記者は最後になっても最初と同じところにとどまっていて、謎の解決に一歩も近づいていない。映画のラストシーンでは、遺言執行人たちが彼の個人資産のなかから重要なものをえり分け、作業員たちがケーンの屋敷から不要となった家具類を炉のなかに放り込んでいる。カメラは遺物のなかに紛れ込んでいる子どものソリをクローズアップでとらえる。そして、そのソリが炎で燃えるときに、〈ローズバッド〉と刷り込まれた文字が、一瞬、表面に浮かび上がったかと思うと、たちまち燃え尽きてしまう。このソリは、映画のはじめのほうで、両親と別れた少年ケーンに、寄宿学校に送られる場面を思い起こさせたものにほかならない。彼は父と母から引き離されるときに、子どものころたいせつにしていたソリ――ローズバッド――をうしろに引きずってゆくのである。

アルフレッド・ヒッチコック監督の『サイコ』〔一九六〇年、アンソニー・パーキンス主演の心理サスペンス映画〕では、ウェルズが映画で描いた移行対象の類例が皮肉なかたちで描かれている。ヒッチコック映画の主人公クワーキー・ノーマン・ベイツはベイツ・ホテルの経営者で、アマチュアの剥製術師でもある。ノーマンはとことん剥製術にのめり込んでおり、死んだ母親を文字どおり保存して、詮索されないように果実用地下貯蔵室に隠している。いかにも、彼は奇癖《クワーキー》の持ち主なのである。ノーマンのつくった剥製が移行対象についての、とてつもなくひどい一例であることは疑いようがないが、しかし、これによって、いかに、移行対象というものが感情的に重要であるかが、遺憾なく伝えられている。とはいえ、やはり、ノーマンの母親に対する深い愛情は、テディ・ベアによって代行されたほうがよかったことは言うまでもあるまい。

幸いなことに、おとなが用いる移行対象は、ふつうはもっと穏やかなものであり、母親の親身な愛情が人びとの生活における重要な要素になっているという健康的な認識を反映するものである。ジミー・コナーズ〔一九五二年生まれの米国のテニス・プレーヤー。一九七四年と一九八二年のウィンブルドン・チャンピオン〕は伝統的なウィンブルドンでアーサー・アッシュ〔一九四三―一九九三年。米国のテニス・プレーヤー。一九七五年のウィンブルドン・チャンピオン〕と試合をするときに、母親からもらった古い手紙のコピーを靴下のなかに挟み込んだ。そして、難しいポイントのあいまに手紙を取り出し、一瞥しては、そこに書かれていることから霊感を得ようとしたという。けっきょく、彼は試合には負けてしまったが、手紙にあふれている母親の感情は常に彼の一部となっていた。はたして、コナーズがその手紙をいつも身につけておく必要があったかどうかは疑わしいが、ときには、困難な状況におちいったときに、慰めとなる母親の存在にちなんだ具体的な品が役立つこともあるものである。

移行対象は、靴下に挟み込まれたものであれ、押し入れの棚にしまってあるものであれ、また、おとぎ話に出てくるものであれ、みんな、愛をあたえる魔法の力をもっている。それらは外的対象としての母親と、内的存在としての母親とのあいだの心理的な溝を埋めて、われわれを孤独と空虚感からまもってくれる防波堤のような役割を果たす。われわれは移行対象によって、いつも自分が一人ぼっちではないということを確認する。いまは、テディ・ベアを抱きしめたり、ほかのおもちゃで遊んだりしない人でも、あるおもちゃがたいせつだったむかしのことは、容易に思い出せるものである。おとぎ話はそうした時代を呼び戻し、物語中の魔法の品々がまた、われわれの魔法のおもちゃでもあったことを思い出させるのである。

# 第7章　欺瞞

## ――話をつむぎ、うそを織りなす

グリム兄弟のおとぎ話「がちょう番の娘」では、侍女が王子と結婚するために、王女の地位をうばい取る。義理の父親となるはずの国王は、この女がペテン師であると感づき、このような詐欺行為をはたらく女には、どのような罰を加えたらいいかと侍女にたずねる。自分の秘密がばれるはずはないと信じている侍女は、つぎのようにこたえる。

「こうするのがいちばんですわ。その女を裸にして、とがった釘が内側に打ちつけてある樽のなかに入れ、二頭の白い馬でいろいろな通りを引きずりまわすのです。死ぬまでそうしてやったらいかがでしょう」

国王はまんまとペテン師自身に適切な罰を考え出させて、「いま、おまえが口にしたのは、自分の運命なのだ。たしかに、おまえの言ったとおりにしてやろう」と、言いわたす。

こんな運命になるとは、侍女はどんな恐ろしい罪をおかしたのだろうか。侍女は詐欺をはたらくために、自分がだれなのかをいつわった。しかも、自分の正体を隠しただけでなく、王女の幸福のために力をつくすように命じた王妃の信頼をも裏切ったのだった。

おとぎ話では、虚言や詐欺など、いろいろなかたちの欺瞞がしばしば描かれる。「白雪姫」の陰険な王妃も白雪姫にうそをつく。王妃はくしや胴着のひもが白雪姫を美しくみせると言うが、それらはじっさいは白雪姫を殺すはずのものである。「長靴をはいたネコ」のネコは、国王をだますためにうそをかさねて、自分の主人が裕福なカラバ侯爵であると信じ込ませる。しかし、「がちょう番の娘」は、物語中の侍女がうそをついて盗み取ったものが、別人の生得権であるという点でユニークである。

むかし昔、何年もまえに、夫に先立たれた年をとったお妃さまがおりました。お妃さまには美しい娘があり、遠いところに住んでいる王子さまと結婚することになっていました。結婚する日が近づくと、お妃さまは娘の持参金として、りっぱな家具や金銀のうつわ、貴金属や宝石でつくられた装飾品など、たくさんの高価な品々を用意しました。それから、お姫さまにお仕えする侍女を選んで、お姫さまを無事に花婿のもとに届けることを誓わせました。こうして、二人にはそれぞれ旅をする馬が用意されたのですが、お姫さまの馬はファラダという名の魔法の馬で、なんと、ことばをしゃべることができたのでした。

もし、侍女の誓いのことばが本心からなされたのなら、王女は何も心配することはなかった。しかし、侍女は二枚舌の女で、チャンス到来とみるや、すぐさま、王女の若さにつけこもうと計画する。王女の地位をわがものとして、みずから王子と結婚しようと考えるのである。

さて、王女と侍女が旅立とうとする直前に、王妃は娘に魔法のハンカチをプレゼントする。

別れの日がくると、お妃さまは寝室に入り、ちいさなナイフで指を切って血を流しました。それから、その指を白いハンカチの上にかざして、血のしずくを三つ落としたのでした。娘を部屋に呼んだお妃さまは、そのハンカチをしっかり娘の手ににぎらせて言いました。

「いいこと、このハンカチをなくさないように、ちゃんともっていてね。きっと途中で役に立つことがあるはずよ」

お姫さまはハンカチを胸のなかにしまって馬に乗ると、花婿に会うために侍女といっしょに旅立ちました。

このハンカチは移行対象である。母親の血が染み込んでいるところから、母と娘の超越的な絆を象徴している。王女はこのハンカチをなくさないかぎり、危害を加えられることはない。

しかし、案のじょう、彼女はハンカチをなくしてしまう。しばらく旅をつづけ、のどが渇いた王女は、渇きを癒すために道ばたの小川で馬をとめ、侍女に馬からおりて水をもってくるように頼む。ところが、侍女はこれを拒んで、「自分でおりたらいいじゃない。のどが渇いたなら、ひざをついて、自分でかがんで飲むことね。あんたに仕えるのはまっぴらだわ。あんたの奴隷になんか、ならないからね」とこたえる。のどがカラカラの王女としては、馬をおりるよりしかたがない。王女がかがんで水を飲んでいると、三滴の血のしずくが、「このことをあなたのお母さまが知ったら、それだけできっと胸が張り裂けてしまうでしょうね」と言う。
この一連の出来事はもう一度繰り返されて、王女はまた馬からおりて自分で水を飲むはめになり、そして三度目に小川の上にかがんだときに、ハンカチを落としてしまうのである。

お姫さまが立ち上がろうとすると、三滴の血のついたハンカチが胸からポロリと落ちて、川に流されてゆきました。ふさぎ込んでいたお姫さまは気づきませんでしたが、侍女の目はそれを見のがしませんでした。侍女は大喜び。いまや、姫は自分の思うがまま。ハンカチがなければ、お姫さまはただのかよわい娘にすぎなくて、自分の身をまもることさえできないのでした。

ハンカチをなくしたことは悪い前兆である。王女はハンカチを所有していないと、侍女の影響をまともにこうむる。物語から明らかなように、ハンカチ――母親の愛と保護の具体的表象――をなくしたのは、ひとえにヒロインの不注意によるものであり、侍女のことばや行動とはまったく無関係である。王女の不注意は自己無視を意味しており、母親がこれほど娘の精神的充足のためにつくしているのに、それをありがたいと感じていないことを暗示している。
同じような態度は子どもたちの心のなかに潜在している。子どもたちは両親の心くばりを、自分の芽生えはじめた独立心を妨げるものとして故意に無視したりする。そうしたことは思春期の若者たちによくみられるが、幼い子どもたちでも、たとえば、親の付き添いなしで道路を渡ろうとするときのように、みずから危険をまねくようなまねをして、自分の限界をためそうとする。しかし、母親の心くばりは自己への心くばりと同じこと。自己が養分をあたえられ、生命を維持してゆくためには、それを受け入れなければならないのである。「がちょう番の娘」は、そうしたことを幼い読者に伝えてくれる。王女はハンカチがないと、生き生きした活力をうしない、自分の身をまもることもできない。

力をうしなったかよわいお姫さまがファラダに乗ろうとすると、侍女はお姫さまの手から、たづなをひったくって言いました。

「もう、ファラダはわたしのものよ。あんたはわたしのおいぼれ馬でたくさんだわ」

それから、侍女はいろいろひどいことを言って、お姫さまの王家のドレスと自分のみすぼらしい服を、無理やり、取り替えてしまいました。そして、王子さまの城に着いても、このことはぜったいしゃべらないと誓わせ、そうしないと生命はないと脅したのでした。

他人になりすますというのは、おとぎ話によく出てくるテーマであり、また、子どもの日常の遊びにみられる一要素でもある。子ども時代の多くの〈ごっこ〉遊び——ままごと遊び・お医者さんごっこ・学校ごっこなど——は、子どもたちに異なる人格をよそおわせて、経験の世界を広げてくれる。ちいさな女の子は母親の靴や宝石を身につけ、鏡のまえでポーズをとって、母親とはどんな気分がするものなのかを経験する。男の子は父親をみならって、顔にこげ茶色のひげを描き、父親の靴をはいてドタドタ歩きまわったりする。子どもたちは教師や両親、また兄弟姉妹の態度やものごしを日常の遊びのなかに取り入れることで、大きくなってから演じることになる自分の役割にそなえているのである。

しかし、一時的に他者の幻想のなかに浸るということと、じっさいに別人になるということとはちがう。

『大ペテン師』という本〔一九六〇年、ロバート・クライトンの原作。同年、ロバート・マリガン監督、トニー・カーティス主演で映画化〕のなかで、その行状を記録されているファーディナンド・デマラは、生涯のほとんどを他人になりすまして過ごした。デマラはいろいろな時期に、医師、大学の学生部長、牧師、それになんと、テキサス刑務所の所長補佐にまでも変装したことがあった。彼は、事実上、自分が演じた人物の職業すべてに通じていたから、もし、本人でありさえしたら、ほとんどの職業で成功できたはずである。しかし、じっさいは、そうはならず、正体が暴露されたあとも、他人のまねをしつづけていた。そのことから、彼が自分のほんとうの姿に大きな不満を感じていたのではないかと推察できる。

　さて、王女と侍女は旅をつづけて、ようやく王子の城に到着するが、いまや、王女はハンカチをなくしたうえに、自分をほんとうの花嫁として位置づけるはずの王家の衣装まで剝ぎ取られている。王女としては、侍女が花嫁として歓迎されるのを、なすすべもなく、ただだまってみているよりしかたがない。しかし、王子の父親である国王は、歓迎の儀式をみていて、中庭に美しい娘が悲しそうに立っているのが気になりはじめる。その悲しげな様子に不審をおぼえた国王は、花嫁になりすましている侍女に、あの娘はだれなのかとたずねる。

　「あらまあ！」と、侍女は叫びました。「途中で拾って、話し相手として連れてきた女です。いつまでもボーとつっ立っているなんて。どうぞ、なにか仕事をやらせてくださいな」

国王はがちょう番の少年キュルトヒェンを呼んで、「あの娘にがちょうの番を手伝わせるがよい」と言い、悲しげな王女に仕事をあたえるように命じる。キュルトヒェンは娘の手をとって立ち去る。

侍女は娘の素性について国王にうそをつくが、これは三度目のうそになる。彼女が王妃に娘の世話をすると約束したのが最初のうそ。二度目は自分が王女のふりをしたこと。そしていま、王女がだれなのかと問われて、うそをついた。「がちょう番の娘」では、うそをつくのはほとんど侍女一人である。けれども、「ルンペルシュティルツヒェン」においては、タイトル名のこびとやヒロインをはじめ、事実上、全員がうそをつく。なかでも、ヒロインの父親のうそは、とてつもなくひどいうそである。

## どんなふうに呼んでも、うそはうそ

「ルンペルシュティルツヒェン」は、粉屋が国王に向かって、自分の娘は麦わらから金《きん》をつむぎ出すことができると自慢するところからはじまる。もちろん、粉屋の自慢はしらじらしいうそである。娘は麦わらを金《きん》に変えるのはおろか、水をワインに変えることもできない。この父親のうそがとりわけ嫌らしいのは、それがただ、国王のまえで自分をえらくみせようとしてというか、物語中の表現を借りれば「自分にもったいをつけようとして」ついたうそだからである。粉屋は自分の自慢によって娘がどんな窮地に追いやられるかなど、ほとんど念頭にないらしい。

粉屋のうそは卑しいだけでなく、愚かでもある。たとえ、娘が麦わらから金をつむぎ出せるとしても、なぜ、それを国王に言う必要があるのか。娘を家において、糸車をあたえ、金を自分のものにしておけばいいではないか。これほど賢明なことはあるまい。逆に、ただ自分の地位を高めるために、娘にありもしない能力について吹聴するなら、娘の生命を危険にさらすことになる。こと、黄金に関しては、国王に対して、うそをつくものではない。

精神分析的に解釈する人たちは、粉屋の動機について性的にひねりを利かせ、この粉屋の行動は近親相姦的願望、あるいは現実の近親相姦にもとづく罪悪感に駆りたてられたのではないかと考える。かれらの主張によれば、粉屋は娘に対して禁断の愛情をいだき、そのことで罪悪感を感じている。そして、娘を誘惑の張本人として始末するためか、それとも以前に結んだ禁断の関係の証拠隠滅をはかるためか、どちらかの理由で、無意識的に娘が死んでくれたらいいと願っているというのである。しかし、もし、そうなら、粉屋は一つの罪の代わりに、べつの罪をおかすだけのことである。娘を殺そうとすることの罪悪感のほうが、近親相姦に対する罪悪感よりもましだなどと、考える人がいるだろうか。ともあれ、粉屋のうその裏にどんな動機があるにせよ、粉屋は欺瞞を押しとおそうとする。


王さまは娘が麦わらから金《きん》をつむぎ出せると聞いて、粉屋に言いました。

「そんなわざをもっているなんて、気に入ったぞ。娘におまえの言うような妙技があるなら、あした、城へ連れてまいれ。ほんとうかどうか、ためしてみよう」

娘が目のまえに連れ出されると、王さまは麦わらがいっぱい詰まった部屋に連れてゆき、糸車と紡錘《つむ》をわたして言いました。

「さあ、仕事にかかるがよい。あすの早朝までに、この麦わらをつむいで金にしないと、死刑だぞ」それから、王さまはドアをバタンとしめて、娘を一人にして出てゆきました。


「ルンペルシュティルツヒェン」には、多くのおとぎ話と同様に、複数の〈罪〉が描かれている。〈貪欲〉もまた、ここにあらわれる罪の一つである。国王は貪欲な君主で、貪欲なあまり、金に対する欲望を満たすためなら、殺人をも辞さない。しかし、これは国王の話ではなく、あくまで、粉屋とその娘、それにルンペルシュティルツヒェンという名のしわだらけのこびとの話である。

さて、だれもが知っているように、娘はこびとに助けられる。こびとは娘が身につけているネックレスと引き換えに、麦わらをつむいでやろうと申し出る。もちろん、娘は喜んでそれを承知するわけで、こびとはすぐに仕事にとりかかる。翌朝、国王が来てみると、たしかに金ができている。国王はさらに大きな部屋に娘を連れてゆき、そこにいっぱい詰められた麦わらをつむいで、それもまた金に変えるようにと命令する。それができなければ、娘の生命はないと言う。

ルンペルシュティルツヒェンはもう一度あらわれて、こんどは娘の指輪と引き換えに、金をつむぐことを約束する。もちろん、娘はこれに応じる。

朝、王さまは金をみて大喜びでしたが、とても欲ばりな王さまだったので、これで十分と思うどころか、もっとたくさん麦わらの詰まった大きな部屋に粉屋の娘を連れていきました。

「これもまた、一晩でつむぐのだ。それができたら、わしの妻にしてやろう」王さまは「たとえ粉屋の娘でも、この娘ほどの金持ちは、世界中探してもみつかるまい」と思ったのでした。

娘が一人になると、すぐに、こびとがあらわれました。これで三度目です。

「こんど麦わらをつむいだら、何をもらえるかな?!」

「何もあげるものがないのです」と、娘がこたえました。

「では、お妃になったら、最初に生まれた子どもをあげると約束するしか、あるまいな」と、こびとは言いました。

粉屋の娘は不安に思うけれども、けっきょく、最初に生まれた子どもに対する親権をゆずることにする。ほかにどんな方法があったろう。ルンペルシュティルツヒェンの要求に応じなければ、確実に死ぬことになるのである。しかしながら、この取り引きにおいて彼女は自分の義務を遂行するつもりはまったくない。こびとの提案に同意したのは、どうせ、たいしたことにはなるまいと高をくくっていたからである。娘は「そんなふうになるかどうか、だれにもわかりゃしないんだわ」と考える。

しかし、思いもよらぬことが起こる。一年後、いまは王妃となっている粉屋の娘に赤ん坊ができる。そして、ルンペルシュティルツヒェンが約束の報酬を受け取りにくる。こびとの姿をみてびっくりした王妃は、山のような財宝をあたえて、なんとか取り引きを反故《ほご》にしようとするが、こびとは子どもが欲しいの一点張り。「世界中のすべての財宝よりも、生命のある子どもが欲しい」と言って、その申し出を拒否する。

ここまでのところは、粉屋も娘も欺瞞にかかわってきた。つぎはルンペルシュティルツヒェンの番である。彼は、もし、王妃が自分の名まえを言い当てることができたら、子どもの親権を放棄してもいいと話をもちかける。これは一見親切な申し出にみえるが、じつは二枚舌にどっぷりつかっている。

一つには、おとぎ話では、こびとや小鬼はふつう名まえをもたない。グリム兄弟の「白雪姫」に登場する七人のこびとたちは、たんに〈こびとたち〉と呼ばれているだけであり、スニージー、グランピー、バッシフルなどという名まえは、ウォルト・ディズニーがでっちあげたものなのだ。〈ルンペルシュティルツヒェン〉という語は、中世ドイツ語で、「しわくちゃの」あるいは「しわのよった」を意味する〈ルンペル〉と、「不法な手段で手に入れる」という意味の〈シュテルン〉を結びつけたものである。それに「ちいさい」を意味する接尾辞〈ヒェン〉を付け加えれば、「ものを不法な手段で手に入れるしわくちゃのこびと」という〈こびと〉の特徴ができあがる。それはフレッドやハンスといったような、伝統的な意味での名まえではない。したがって、王妃には名まえを推測できる望みがほとんどない。

たとえ、名まえをあてたとしても、ルンペルシュティルツヒェンは決して子どもをあきらめたりはしないだろう。そんな必要はまったくない。こびとは子どもを所有できる親権が欲しくて、長いあいだ一生懸命働いたのである。そのうえ、「世界中のすべての財宝よりも」赤ん坊のほうがたいせつだとまで言っている。彼が〈博愛主義的〉とも思えるポーズをとるのは、王妃が自分の正体を言いあてることなど、ありえないと確信しているからにほかならない。彼の申し出は残酷なうそ、嘲笑の類《たぐい》であり、継母がシンデレラに舞踏会にいってもいいと約束したときについたうそと似たり寄ったりである。

しかし、王妃はまったく偶然に、ルンペルシュティルツヒェンのたくらみの裏をかくことができる。いざ、ルンペルシュティルツヒェンが子どもを受け取りにやってくるというその前日、たまたま王妃の召使いが森を歩いていると、こびとが火のまわりで踊っている。これは魔女を連想させる動作である。召使いはその奇妙な光景をみようと立ち止まる。すると、こびとの歌がきこえてきて、〈ルンペルシュティルツヒェン〉という名まえが耳に入ってくる。召使いからその話をきいた王妃は喜んで、難敵の登場を待ち受ける。

ルンペルシュティルツヒェンが姿をあらわすと、王妃ははじめにクンツと呼び、つぎにはハインツと呼んで、彼をからかう。もちろん、どちらもほんとうの名まえでないことは、先刻承知の上である。王妃はまえに受けた嘲笑のお返しをしたいのだ。ルンペルシュティルツヒェンはせせら笑って、赤ん坊を横取りしようとする。しかし、彼が赤ん坊に手をのばした瞬間、王妃は「ルンペルシュティルツヒェン!」と叫ぶ。

こびとは「悪魔にきいたな！　悪魔にきいたな！」と叫ぶと、怒って右足をドンと踏みつけました。すると、右足はかかとまで、地面にめり込んでしまいました。怒り狂ったこびとは、こんどは左足を両手で力まかせにつかんだために、からだがまっぷたつに裂けて、死んでしまったのでした。

ルンペルシュティルツヒェンが奇妙な死に方をする――自分の手でからだを二つに引き裂く――ことは、自己分裂の力学をあざやかに表面化させる。人びとはうそをつかざるをえなくなったときに、よく、二極に引き裂かれるといったようなことを口にする。ルンペルシュティルツヒェンの最後の行動は、こうした葛藤に具体的イメージをあたえるものである。子どもたちは真実を話すことが問題化してくると、対立する心の動き――正直でありたい、善でありたいという願望と、うそをつくという性向――とたたかうが、そうした心理的分裂が、こびとが二つに分裂することに反映されているのである。

「がちょう番の娘」の侍女は、そうした分裂の問題とは無関係である。思い起こせば、侍女はそもそもこの物語の魔女なのであり、悪なるものすべてを体現しているのだった。彼女の第一の気がかりは、ものごとを計画どおりに運ぶことである。そして、計画を台無しにする危険なものと言えば――きわめて大きな危険であるが――ファラダである。この馬はしゃべることができるので、旅の途中で起こったことをしゃべって、彼女の正体を暴露する危険性がある。侍女は自分の身をまもるために、王子に馬を処分するのに力をかして欲しいと訴える。

「ねえ、あなた」と、いつわりの花嫁は言いました。「一つ、お願いがあるの」

「いいとも、なんでも言ってごらん」と、王子さまはこたえました。

「馬の処分係を呼んでちょうだい。ここまでわたしが乗ってきた馬の首を切って欲しいの。なぜって、あの馬は途中でとてもやっかいをかけたのですもの」

王子さまはそのように取り計らうと約束しました。

ファラダが途中でやっかいをかけたという侍女のことばは、四度目のうそになる。彼女は果てしなくうそを繰り返すわけで、そのことは、いったん他人を欺くと、まえのうそを糊塗《こと》するために、際限なくうそをつかなければならなくなるということを示している。人が織りなすもつれた織物は、ますます複雑で入り組んだものとなるのである。

お姫さまはファラダを殺せという命令が出たことを耳にしましたが、自分は無力で馬の生命を救うことはできません。それでも、こっそり処分係の男をたずねて、願いをかなえてくれたら、金貨をあげると約束しました。

「この町には大きな暗い門があって、わたしは毎日、朝も夕方も、その門をとおらなくてはなりません」と、お姫さまは言いました。「お願いですから、ファラダの頭を釘で門に留めてください。そうすれば、いつでも、門をとおるときにファラダをみることができますから」

男は約束して、言われたとおり、門に馬の頭を打ち付けました。

つぎの朝早く、お姫さまはキュルトヒェンといっしょに、羊たちを追って門の下に来ると、愛する馬の頭をみあげて言いました。「ああ、ファラダったら、そこにかけられたのね」

馬の頭はこたえました。

ああ、お姫さま、なんと運の悪いお方なのでしょう！
お母さまがこのことをお知りになったら、
きっと、胸が張り裂けてしまうでしょう。

ファラダの口からもれたことばは、まえにハンカチが発したことばと響き合っていて、そのことは馬の頭もまた移行対象であるということを示している。がちょう番の娘は見放されたのではない。母親の精神はまだ彼女の一部として存在する。

王女とファラダとのやりとりは、毎朝毎晩、繰り返される。「ラシン・コーティ」や「葉限《イエーフシエン》」では、生きものの一部である骨のほうが、生きもの自体よりも長く存在しつづけた。同じように、馬の頭——いわば母親の気持ちの反響である——のほうが、ファラダよりも長くこの世に残る。がちょう番の娘は門をとおるたびごとに、馬のことばによって、いまの逆境から這い上がり、母親の信頼に応えるようにと励まされる。娘はこのようなかたちでしか、自分を信じる気持ちを高揚することができない。

月日は過ぎ去り、王女はがちょう番の少年といっしょに、牧場で働く毎日である。彼女はときどき休んでは金髪をほどいてクシでとかすが、がちょう番の少年は王女の髪が金でできているものと思い込み、何本か、髪を盗み取ろうとする。しかし、王女に近づくたびに激しい突風が吹いて、帽子を飛ばされ、それを追いかけるはめになる。

こうした奇妙な出来事に嫌気がさしたキュルトヒェンは、国王に「あの娘といっしょにがちょうの世話をするのは、もうごめんです」と、苦情を言う。

がちょう番の少年は、理由をきかれて、馬の頭との奇妙な会話のことだけでなく、帽子の出来事についても国王に不満をぶちまける。そうしたことを不思議に思った国王は、みずから村の門の外で娘を待ちぶせ、馬の頭とのやりとりを立ち聞きする。それから、国王は娘を呼び出し、それらの不思議な出来事のわけを話すようにと命令する。

「それは申せません」と、娘はこたえました。「それに、わたしの心の悲しみについても、お話しすることはできません。殺してやると脅されて、ぜったい話さないと誓ったのです」

王さまはしつこく責めたて、口をわらせようとしましたが、何も聞き出すことができません。そこで、とうとう、「わしに言えないのなら、あの片隅にある鉄のかまどに向かって言うがよい」と言って、立ち去りました。

お姫さまは鉄のかまどのなかに入ると、つらい悲しみに涙を流し、ようやく心を開いて語りはじめました。

「わたしはこの世のなかで一人ぼっち。でも、ほんとうは国王の娘です。いじわるな侍女が、王家の服を無理やり脱がせ、わたしの代わりに花婿の隣にすわったのです。わたしはいま、がちょうの番をさせられて、いやしい仕事をしなければなりません。お母さまが知ったら、きっと心が張り裂けてしまうでしょう」

このとき、年をとった王さまは、かまどの外に立っていて、お姫さまの話をみんなきいてしまいました。そして、娘にかまどから出てくるようにと呼びかけて、王家の服を着せました。王子の花嫁はにせものだ。花嫁はペテン師で、ほんとうは侍女にすぎない。ほんとうの花嫁はここにいる。王さまは息子にすべてを打ち明けたのでした。

このかまどのエピソードは、虚言と欺瞞に関して矛盾する視点を提示している。王女は一方では、旅の途中で起こったことを国王に話すことを拒んでいる。無理やり誓わされたのだとしても、王女は口を閉ざすと侍女に誓った。だまっていれば、正当な地位を取り返せないことはわかっているが、それでも王女は約束を――「ぜったい話さないと誓ったのです」――やぶろうとはしない。約束をまもることは、かなり大きな犠牲をはらうことになるけれども、そうすることによって、自分は正直な人間だというイメージはうしなわれずにすむ。

国王について言えば、彼は王女をだますが、それは真実を知るためである。国王はがちょう番の娘に「かまどに向かって言う」ように勧める。ひとりごとを言わせようとしていると思わせながら、じっさいは彼女の〈会話〉を立ち聞きするつもりなのだ。この行動は、うそ自体ではなくて、うその背後にある意図こそが重要であることを示している。言い換えれば、うそをつくことが正当化される場合もあるということだ。

このような欺瞞に対する矛盾した考え方には、うそをつくことについて人びとがひそかに感じている両面感情が反映されている。一方では、うそをつくことは悪いことだとよくわかっている。しかし同時に、ディオゲネス〔紀元前四一二?―三二三年、ギリシアのキニコス学派の哲学者。簡素な生活を旨とし、広場におかれたかめのなかで暮らしたという〕が看破したとおり、正直者をみつけるのは難しい。「US・ニューズ・アンド・ワールド・レポート」〔「ニューズ・ウィーク」「タイム」と並ぶ米国のニュース週刊誌〕の調査によると、インタヴューを受けた九四パーセントの人が、友人の性格のなかでは誠実さが重要だ、おそらく個人的性格としては、いちばん重要だろうとこたえている。しかし、『アメリカが真実を語った年』という本で報告された世論調査によると、回答者の九〇パーセント以上が、うそをついたことがあると答えている。もっとも一般的なうそは、セックスや収入や年齢に関するものだという。

真実をおかすべからざるものと考えることは、ときには最善の結果をもたらさないこともある。おとなはこのことを本能的に知っている。リチャード・ニクソンは友人に「正直は最善の策」と言ったが、おもむろに「ただし、それが唯一の策ではない」と、付け加えたそうである。それ以降の大統領たちは彼の忠告をまもり、国際問題のみならず、個人的問題にもそれを適用したらしい。クリントン前大統領の性的スキャンダルにまつわるうそは、欺瞞はどの程度まで許されるのか、あるいはどの程度まで見のがされるのかについて、全国的な議論を巻き起こしたことは周知のとおりである。

ほとんどの人が感じているように、まったくうそをつかないで人生を送るのは難しい。映画『ライアー、ライアー』〔一九九七年、トム・シャドヤック監督、ジム・キャリー主演のユニヴァーサル映画〕では、こうした問題がユーモラスにあつかわれている。主人公はうそをつくことができなくなるのだが、弁護士という職業がら、真実を語らなければならないという彼の強迫衝動は、とりわけ法廷において不利となるだけでなく、日常生活でもひどい結果をもたらす。彼はスピード違反で警官に車を止められると、みずからすすんで制限速度をオーバーしていたことを認めるばかりか、待ってましたとばかり、小物入れをあけて、どっさりためこんだ未払いの駐車券を出してみせる。また、セックスのあと、相手の女性に「どうだった?」ときかれて、「最高とは言えないね」と、こたえたりもする。

おとぎ話のなかには、うそが両面的にあつかわれているだけでなく、じっさいに報酬をもたらすものもある。「長靴をはいたネコ」のネコは、国王に自分の主人は侯爵だとうそをついて、〈侯爵〉が裕福で広大な土地を所有していると信じ込ませる。それなのに、ネコは罰を受けることもなく、「身分の高い有力者」となり、欺瞞の共謀者である主人も、めでたく国王の娘と結婚する。

うそはまた、「カエルの王さま」でも好意的にあつかわれている。王女はちいさなカエルに、ちょっとした頼みごとをきいてくれれば、あなたを愛してたいせつにする——ベッドを共にしてもいい——と約束する。その頼みごととは、ただ、泉に落ちたボールを拾ってもらうというだけのことだった。

「泣かないでください」と、カエルは言いました。「わたしが、お力になりましょう。でも、ボールを拾ってきたら、お礼に何をいただけますか？」

「なんでもあげるわ、カエルさん」と、お姫さまは言いました。「わたしのドレス、真珠や宝石、わたしのかぶっている金の冠、なんでもいいわ」

「あなたのドレス、真珠や宝石、それに金の冠なんか、いりません。でも、わたしのことを愛してくれて、いつもいっしょ、食卓にはならんですわり、同じお皿で食べ、同じカップで飲み、同じベッドで眠ることを許してくれるなら――もし、こうしたことをぜんぶ約束してくれるなら、わたしは泉の底に飛び込んで、あなたの金のボールをもってきてあげましょう」

「ええ、いいわ」と、お姫さまはこたえました。「ボールをとってきてくれるなら、あなたのお望みどおり、なんでも約束するわ」

それでも、お姫さまは心のなかでは、「なんてばかなことを言うのかしら。水のなかにすわって、ほかのカエルたちとケロケロ鳴くことしか、できないくせに。人間といつもいっしょなんて、できるわけがないじゃないの」と、思っていました。

王女は明らかに約束をまもろうとはしていない。ボールを受け取ってしまったら、カエルとはいっさいかかわりたくないと思っている。このことは、カエルが報酬を求めて城にやってきたとき、すぐさま明らかになる。王女はカエルに、約束したように同じ皿で食べ、同じカップで飲むことを許さない。父親に約束はまもらなければいけないと説教されて、ようやくカエルを自分の横にすわらせるが、それも、いやいや、そうするにすぎない。

しかし、部屋までついてきたカエルに、ベッドに入れてくれと頼まれると、さすがに王女もそこまでは許せない。彼女は断固としてこれを拒否するが、カエルも約束を盾にとり、一歩もゆずろうとしない。腹をたてた王女はカエルをひっつかみ、「だまらせてやるわ。こんな汚らわしいカエルなんか！」と叫んで、カエルを壁にたたきつける。ところが、驚いたことに、カエルは奇跡的に美しい王子に変身する。

ここでは何が起こっているのだろうか。王女はカエルを壁にたたきつけるのではなく、カエルにキスすることになっているはずだ。しかし、グリム兄弟の採話によれば、キスのことは語られない。「カエルの王さま」の話には、じっさいに王女がカエルにキスをするものもあるが、その場合は、王女はまず三週間のあいだ、カエルと寝床を共にする。グリム兄弟はそのようなかたちにはしなかった。おそらく、あまりに猥褻だったからだろう。そのため、こうしたかたちの話があることさえ、知らない人が少なくない。

では、キスをするという発想は、どこから生まれたのだろうか。おそらく、じっさい以上に王女を愛らしく、また、誠実に描く必要があると感じていた語り手たちが、長い年月にわたって、それを付け加えていったのではなかろうか。なんといっても、王女はあれほど恥ずべきうそをついたのだから、めでたく、美しい王子と結ばれるようであってはいけない。カエルを壁にたたきつけるとあっては、なおさらいけない。しかし、ヒロインがカエルにキスするように物語を変えれば、まえにカエルをだまそうとしたことをつぐなわせ、ヒロインの性格をもっと結末にみあうようにすることができる。もし、物語本来のかたち、すなわち、グリム兄弟の描いたかたちにしたがうならば、王女の本性はうそつきであることは明らかなのである。

子どものためのおとぎ話では、ときどき、うそに対して罰ではなくて報酬があたえられることがあるが、その理由は、うそが子どもの成長において果たす役割と関係がある。われわれは子どもたちに、うそつきは最悪で、真実を語ることは美徳であると言う。ジョージ・ワシントンは子どものころ、「ぼくはうそはつけない」と言って、桜の木を切ったのは自分だと父親に告白したが、そうした彼の態度は立派だと考えられる。

しかし、うそをつくことは重要な成長上のはたらきに役立つことがある。ある研究者たちによれば、ちいさな子どもが母親にうそをついて、母親がそれを信じると、子どもは母親には自分の考えていることがわからないのだという結論を導き出すという。母親は子どもの考えていることがわからなければ、子どもをコントロールできない。こうした状況では、うそをつくことは、子どもが精神的に両親から解放され、それが個人的アイデンティティの発達をうながす契機となる。

子どもたちは明らかにいろいろな理由でうそをつく。何かまずいことをして、身をまもるためにうそをつくこともあれば、また、両親や遊び仲間に自分を偉くみせようとしてうそをつくこともある。また、子どもたちは社会的状況を円滑に運ぶために、うそをつくことを教えられたりもする。たとえば、両親は子どもに向かって、おばあちゃんの服がちんちくりんだとか、おばあちゃんからもらったプレゼントが気に入らないなどと言ってはいけないと教える。ときには、子どもが電話に出たときに、パパもママも留守だとうそを言わせることもある。せんさく好きなお隣さんに、「ママは髪の毛を染めてるの?」とか、「パパはお酒を飲むの?」とか聞かれて、正直にこたえる子どもはいまいましい。子どものうそを研究している心理学者マリー・ヴァセックは、子どももおとなも「ちょっとした善意のうそ」をつかないとすれば、社会的機構はくずれてしまうだろうと論じている。

しかしながら、けっきょくのところ、子どもたちは他人の感情を傷つけないような、いわゆる愛他主義的うそと、他人を傷つけるうそとの相違を学ばなければならない。他人を害するうそは罪となる。「がちょう番の娘」のようなおとぎ話では、そうしたうそをつく邪悪な人物は、魔女とおぼしき人物であり、それにふさわしい罰を受けることになるということがはっきり示されている。

さて、国王が旅の途中で起こった出来事を知った段階で、侍女の運命は決定的になるのだが、まずは、侍女の正体が暴露されなければならない。国王は大きな宴をもよおして、宮廷人のみならず、いつわりの花嫁と本物の王女を招待する。

テーブルの上座に花婿がすわり、両隣には、それぞれ侍女とお姫さまがすわりました。にせの花嫁はお姫さまのきらびやかなドレスに目がくらんで、お姫さまのことがわかりませんでした。一同が飲んだり食べたりして、陽気なさわぎになると、年をとった王さまは、たとえ話として主人を裏切った召使いの話をもちだし、このような罪にはどんな罰をあたえたらいいか、いつわりの花嫁にたずねました。

「このような人物には、どんな運命がふさわしいと思うかね」と、王さまはにせの花嫁にたずねました。

「こうするのがいちばんですわ」と、にせの花嫁はこたえました。「その女を裸にして、とがった釘が内側に打ちつけてある樽のなかに入れ、二頭の白い馬でいろいろな通りを引きずりまわすのです。死ぬまでそうしてやったらいかがでしょう」

「いま、おまえが口にしたのは、自分の運命なのだ。たしかに、おまえの言ったとおりにしてやろう」

詳細に語られている侍女の処刑法はむごたらしいけれども、これはたんなる中世の語り手の過剰な想像力による産物ではない。高名な刑法の教授にして法学伝承の研究者でもあるゲルハルト・ミューラーの指摘によれば、グリム兄弟が語っている罰の多くは、中世におこなわれた現実の判決を反映しているそうである。司法原理が王令や市条令といったかたちで成文化される以前には、悪事やそれに対して加えられる罰は、たとえ話や民話などの世俗の知恵の宝庫によって伝えられていた。したがって、おとぎ話は非公式の法体系のかたちとして機能していたのだった。

おとぎ話的正義と特定の犯罪に対しておこなわれた現実の罰とのあいだには、一対一の対応関係はないけれども、両者には多くの共通点がある。殺人教唆とじっさいの殺人未遂――「白雪姫」の継母がおかした罪――については、歴史的には火あぶりの刑という罰があたえられたのであり、それは「白雪姫」のなかで、象徴的に、魔女がまっ赤に焼けた靴をはいて、死ぬまで踊り狂うというかたちで描かれている。ペローの「眠れる森の美女」に登場する義理の母親は溺死する運命にあるが、溺死という手段もまた、殺人未遂などの極悪犯罪に対する罰として一般的に用いられていた。石打ちの刑は中世初期のドイツで記録されている刑であるが、「びゃくしんの木の話」のなかに、これに相当する例がみられる。ここでは継母が殺人をそそのかし、人食いの悪弊を助長した罪によって石に押しつぶされて死ぬ。

王家のものになりすますこともまた、殺人や殺人教唆や魔術などと同様に、中世においては重罪とみなされた。「がちょう番の娘」の不実な侍女にあたえられた罰については、すでにみたとおりである。ロシアのおとぎ話「アリュヌーシュカとイヴァヌーシュカ」では、女の魔法使いが新しく王冠を戴いた王女になりすました罪によって、火あぶりの刑に処せられる。また、「笑わないお姫さま」では、下女が王家のものに扮した罪で生き埋めにされる。こうしたおとぎ話の伝えるメッセージは明らかである。他人の地位をのっとること、つまり、ほんとうの自分ではない人物になろうとすることは、重大な罪だというのである。

他人の地位をうばい取る話に加えて、他人に性的につけこむとどうなるかが描かれている話もある。そうした話の一つが、『かしこいお姫さま』である。これはシャルル・ペローの親戚筋にあたるマリー＝ジャンヌ・レリティエが書いたフランスのおとぎ話で、ここには邪悪な王子が登場する。彼はある理由から憎むようになった娘を殺すために、彼女の二人の姉たちをたぶらかす。

## 愛していると言うときには、それが本心であるよう心せよ

レリティエの物語のヒロインであるフィネットは、三人姉妹の末娘である。彼女は貞節で思慮ぶかく、また機知に富んでいて、二人の姉のノンシャラントとバビヤールドとは正反対である。ノンシャラントは名まえのとおりなまけ者で〔ノンシャラントはフランス語で〈ものぐさな〉〈怠惰な〉の意〕、だらしがない。野心などはみじんもなく、一日中、ボタンもかけずにボサボサの髪で歩きまわる。服を着るのはめんどうだと言い、寝室用のスリッパを脱ごうともしない。上の姉のバビヤールド（〈おしゃべり〉の意のフランス語）も大同小異。飽くことのないおしゃべり女で、あることないこと、しゃべらずにいられない。彼女が口を閉ざしていられないのは、レリティエの言う「しゃべりたくてうずうずする狂気の病」にかかっているからである。

ある日、三人の王女の父親は、十字軍に参加する決心をする。そして、娘たちの精神的安寧だけでなく、身体的安全のことも気がかりな父親は、かしこい妖精にどうしたらいいかと相談する。すると、妖精は三人の王女を城のなかに幽閉して、それぞれに餞別として魔法のガラスの糸まき棒——伝統的に処女性の象徴とされる——をプレゼントするようにと、国王に忠告する。純潔をうしなった娘の糸まき棒はこなごな

になってしまうから、それが娘の無分別の証拠になるというのである。

王さまが娘たちのことを心配するのは、とてもかしこいことでした。というのも、近くの国にべつの王さまが住んでいて、その王さまにはリシュ＝アン＝コーテル（「悪知恵のよくはたらく」の意）という名のいじわるな王子がいたからでした。フィネットはむかし、この二人の王さまが協定を結ぶのをじゃましたことがあり、そのため、王子はとくにフィネットにふかい恨みをいだいていたのでした。どちらの王さまも気づかなかったのですが、その協定には王子がこっそり付け加えた文言《もんごん》があって、それによるとフィネットの父親が、とても不利な立場に立たされるはずだったのです。フィネットは最後のぎりぎりのところで、その王子の悪だくみをあばいて、協定を破棄させたのでした。そうしたわけで、リシュ＝アン＝コーテルはフィネットをひどく憎み、フィネットとその家族に復讐する機会をうかがっていたのでした。

国王が十字軍に出かけたとみるや、リシュ＝アン＝コーテルは乞食女に変装して、城のなかに忍び込む。そして、ノンシャラントとバビヤールドの寝室に入り、果てしない愛を誓って、二人をつぎつぎに籠絡《ろうらく》する。当然、二人の魔法の糸まき棒は、こなごなに砕け散る。王子は上の姉たちとそれぞれ結婚式をあげて、つぎにフィネットを探しはじめる。

王子は城のなかの部屋をつぎつぎに探して、最後にカギのかかったドアのまえにやってきました。フィネットはドアの向こうにいるにちがいありません。王子はかたく閉ざされたドアをとおして、フィネットへの愛をとうとうと誓いました。フィネットはドアの内側にしずかにすわり、王子のプロポーズに耳をかたむけていましたが、心を動かされたりはしませんでした。フィネットは姉たちよりもずっと分別があり、王子はうそつきの悪党だとわかっていたのでした。

リシュ＝アン＝コーテルは、フィネットがどうしてもドアをあけないのに業《ごう》を煮やし、とうとうドアをぶち壊しました。すると、フィネットはハンマーを手にして、挑戦的に王子のまえに立ちはだかっているではありませんか。「いいこと、これ以上近づいたら、このハンマーで頭をぶち割ってやるわよ」と、フィネットが叫びました。本気だとさとった王子は、とりあえず分別も勇気のうちと考えて、その場を引きさがりました。

フィネットがどこにでもいるような王女とは、ひと味、ちがうことは明らかである。おとぎ話のほかのヒロインは、ふつう従順でおとなしいのに対して、彼女は意志がつよく、自己主張をする。そのうえ、鋭敏な頭脳をもっていて、政治にも興味を示す。そのことは、王子の二心《ふたごころ》の悪だくみをあばいたのが、彼女の功績だったところからもわかる。ほかのおとぎ話の王女たちと共通する特徴といえば、ほとんど父親が不在であるという点くらいである。

さて、フィネットは執念ぶかい王子をなんとかしなければならない。もとより姉たちの助けは期待できない。たよれるのは自分の力だけである。そこで、彼女は自分の身をまもるために自分から行動を起こす。すでに姉たちは籠絡《ろうらく》されてしまったと察したフィネットは、なんとか王子の意図をくじく手段をみつけだそうと時間をかせぐ。そして、とりあえず、また、しつこく言い寄ってくるようなら、頭をまっぷたつにかち割ってやると脅しながら、王子など怖くないという姿勢を示すことにする。

しかし、王子も容易にはあきらめない。なんとかして、フィネットをたらしこみ、姉たちと同じように辱めてやりたくてしかたがない。王子はしばらくしてから、ふたたびフィネットのところに戻り、ハンマーで脅されても、心から彼女を愛していると訴える。

「美しい姫よ」と、王子は怒ったふりをして叫びました。「あなたを愛しているからといって、いったいどうして、わたしはこんなにもきらわれなければならないのでしょう」王子は、あなたの美しさのとりこになった、あなたのすばらしい心にまどわされたと訴えました。

「それなら、いったいどうして、お城のなかに入るのに、お姿を変える必要があったのですか?」と、お姫さまがたずねました。

「乞食女のかっこうをしたのは、ただ、お城に入れてもらうためでした。わたしの心も手も、あなたに差し出したかったものですから」と、王子はこたえます。「お姉さまたちを探すようなまねはしませんでした。ただ、あなたのことだけを思っていたのです」

フィネットは態度をやわらげるふりをして、腹ぐろい王子に言いました。「あなたと結婚するかどうかを決めるまえに、お姉さまたちを探さなくてはなりませんわ」

リシュ＝アン＝コーテルはこたえました。「お姉さまたちと相談するなんて、とんでもない。あなたと結婚する栄誉を認めてくれるはずがありません。あの人たちは年上ですし、習慣から言えば先に結婚しなければならないのですから」

リシュ＝アン＝コーテルがうそをついていることは明らかだった。フィネットは王子が姉たちに会わせようとしないことに不安をおぼえはじめる。姉たちの身に何か不幸があったのにちがいない。彼女は姉たちの無事を確認したくなり、邪悪なリシュ＝アン＝コーテルを遠ざけるために、彼との結婚を承諾する。

ただし、式は翌日まで延期して欲しいと王子に頼む。

リシュ＝アン＝コーテルは承知しました。フィネットは考えごとやお祈りをしたいので、しばらく一人にして欲しいとたのみ、その代わり、お戻りになったら、いっしょに〈ベッドのある部屋〉にゆくと約束しました。フィネットは王子がいなくなるとすぐに、城の高みにある部屋に走ってゆきました。そこで、小枝の格子細工をつくると、それを床に開いている穴の上におきました。それは城の下の排水路につうじる穴だったのです。フィネットはそれをきれいなシーツでおおい、自分の部屋に戻りました。

王子がやってくると、フィネットは上の部屋に連れてゆき、しばらく席をはずすけれども、すぐに戻ってくると言いました。でも、それまで、リシュ＝アン＝コーテルはどうにもがまんができません。服を脱ぐひまもあらばこそ、ベッドの上にドスンと飛び乗ろうとして、そのまままっすぐ、何百フィートも下の下水道のなかへと落ちていったのでした。

王子は満身創痍になりながらも、どうにか、生命だけはとりとめた。王子もこのような目にあえば、虚言や欺瞞が災難をもたらすと悟ってもいいはずだが、どうやら、そうはならない。彼は墜落して汚水にまみれ、大けがをしたけれども、復讐を誓って、フィネットをとりこにしようと陰謀をめぐらせる。いっぽう、フィネットはそのあいだに姉たちを探し出したが、ガラスの糸まき棒はこなごなになっていた。しかも、もっとも恐れていたことが現実になる。二人の姉は妊娠していたのである。

フィネットが姉たちの愚かなふるまいを戒めているあいだに、リシュ＝アン＝コーテルは手下のものたちに命じて、果実がたわわになっている木を城門の外におかせる。それによって、王女たちを門の外へおびき出そうという魂胆である。フィネットはその木が策略ではないかと察知するが、姉たちは妊娠中というデリケートな体調のせいで、くだものが食べたくなり、フィネットに少し果実を取ってきて欲しいと頼む。フィネットは大きな不安を感じながらも、姉たちの頼みをきいて、門をあける。そして、一歩、外へと踏み出した瞬間、王子の手下たちに襲われ、人里離れた山奥へと連れ去られる。そこには、リシュ゠アン゠コーテルがいて、転落したときの傷の手当てを受けていた。

しだいに快方に向かっていたリシュ゠アン゠コーテルは、内側にナイフやカミソリや曲がり釘を打ちつけた樽を用意しました。フィネットをつかまえたら、この樽に入れて、山からころげ落としてやるつもりだったのです。王子は手下のものたちがフィネットを引っ立ててくるのを、いまか、いまかと待っていました。「おまえを殺してやる」と、王子は言いました。「おれをひどいめにあわせてくれた仕返しだ」王子は自分でつくった樽をフィネットにみせながら、勝ちほこって叫びました。「さあ、当然の罰を受けるがいい。この樽のなかに入れて、山からごろごろ、突き落としてやるからな」

よこしまな王子は残忍きわまりない責め具を調べながら、フィネットが受ける苦痛や苦悶を思って、ひとり、ほくそ笑みました。しかし、フィネットは王子が自分を樽に押し込もうとして屈んだときに、すばやく横に飛びのいて、代わりに王子を樽のなかにけり入れました。そして、樽を崖から突き落とすと、樽はごろごろ山を転がり落ちていったのでした。

「かしこいお姫さま」は一七世紀の〈サロン向けのおとぎ話〉で、男の二枚舌を戒めるとともに、ほかの話のヒロインともなりうる典型的女性を披露している。レリティエの物語では、男女間の欺瞞に満ちたやりとりによって、どんな結果がもたらされるかが明らかにされているだけでなく、当時としてはかなり進んだ女性観が提示されている。また、王子は伝統的な魔女とは異なるが、多くの魔女的特性をもっており、彼が受ける罰もふつうは魔女に加えられる罰に等しい。

まっ赤なうそであれ、不正に他人になりすますことであれ、はたまた、復讐の手段にセックスを用いることであれ、欺瞞をあつかっているおとぎ話はすべて、意味ある人間関係をむしばむ自己の傾向に立ち向かう助けとなる。人は生きていれば、欺瞞にかかわる状況に直面するものである。選ぶべき道が判然とせず、結果があいまいであるときに、どのような行動をとるのが正しいのか、難しくてわからないこともある。うそをつくことは許されるのだろうか。もしも許されるのなら、どんな状況であればいいのか。誠実な取り決めをやぶるとすれば、どんな条件が生じた場合なのだろうか。なんでもかんでも、おとぎ話が答えを出してくれるとまでは言えないが、おとぎ話は、真実が危うくなったときに、かならず考えなければならない重要なことがらがあるということを、読者に教えてくれるのである。

# 第8章　性　欲

## ――人魚の尾

　むかし昔、ヴァッレ・ペローザの王さまに、一度も笑ったことのないお姫さまがおりました。困った王さまはほかに子どももがなかったので、なんとか、ふさぎ込んでいる娘を喜ばせようと、あらゆる手だてをこうじました。手品師や魔術師、果ては踊る犬までも呼びよせたのですが、まったく効果がありません。

　かわいそうに、王さまはどうにも手のほどこしようがなくなって、城門のまえに大きな油の泉をつくらせました。そこに泉ができると、毎日、お城の近くをとおる臣下たちは、油のしぶきがかからないように、アリのように押し合いへし合いしながら歩かなければなりません。野ウサギのように飛び跳ねるものもあれば、ぶつかったり、押し倒したりするものもある。それで娘が笑ってくれれば、めでたしめでたしだったのですが、これもまったく効果がありません。

さて、ある日、王女が窓ぎわに立ってみていると、土製の水差しをもった老婆が泉にやってきて、水差しに油を入れはじめる。そのとき、城のいたずら坊主が老婆に石を投げるが、石は的をはずれて水差しに命中。水差しは粉々に壊れて、油が道にしぶきとなって飛び散った。怒った老婆は「このおっちょこちょい野郎め!」と、ののしって、さらに、「悪党、ポン引き野郎、淫売のこせがれめ!」と、悪態のかぎりをつくす。

小僧は老婆の口をついて出てくる悪態の数々に圧倒されると思いきや、負けず劣らず「屁こきの糞ババア!」などと、ののしり返した。老婆はその無礼な態度にカッーと頭に血がのぼり、小僧に飛びかかろうとして、なんと、足をすべらせ、仰向けにすってんころりん。老婆のスカートはめくれあがって、顔にかぶさり、物語のなかのことばを借りれば、〈茂みの光景〉を露わにさらすはめとなる。それをみた王女は思わずぷっと吹き出してしまう。

こんにちのおとぎ話では、セックスに対する明らかな言及はあまりみられないものだが、むかしの物語には、卑猥な言及やあやしげな関係が描かれているものが多かった。じっさい、セックスや淫らな内容をもった出来事が、プロットの中心的事件となっていることもよくあった。「赤ずきん」でも初期のかたちにおいては、オオカミが赤ずきんを誘惑して、ベッドに連れてゆこうと腐心するさまが描かれている。物語の冒頭で、オオカミはやってきた無邪気な赤ずきんに「さあ、服を脱いでベッドへゆこう」と誘う。エプロンはどこにおくのときかれると、「暖炉のなかに放り投げておしまい。どうせ、もう、いらないんだから」とこたえる。赤ずきんは着ているもの——胴着、スカート、レースの下着、ストッキングなど——一つ一つについて同じことをきくが、いつも同じ答えが返ってくる。これでは本質的にオオカミのためにストリップをやっているのとまったく変わらない。ある「カエルの王さま」の版によれば、カエルは王女といっしょにベッドの上に飛び乗り、ほんとうの素性をあかすまで三週間ものあいだ、王女といっしょに眠ることになっている。

しかし、バジーレの「笑わないお姫さま」の王女は、それほど長いあいだ待つこともなく、この老婆の正体を知ることになる。ほんの数秒後には、もう彼女が魔女だとわかるのである。魔女は王女に自分の恥部をみられたうえに、笑われて辱められた腹いせに、王女に生涯独身の呪いをかける。「うせろ！」と、魔女は王女に言う——「おまえはタッデオ王子と結婚すればよし、さもなければ生涯、夫婦の床とは縁がないものと知れ」。

「タッデオ王子って、だれなの？　それに、どこにゆけば会えるの？」お姫さまは途方にくれてたずねました。

「すばらしい若者だったが、妖精の呪いをうけて死んだのじゃ。いまはカンポ・ロトンドの市壁の外に葬られ、墓石にはこう刻まれておるそうな——〈釘にかけられた土の器を、三日のうちに、涙でいっぱいにできれば、どんな女であれ、王子を元気な姿によみがえらせて、結婚することができる〉とな」

魔女はつづけて言いました。「じゃが、わずか三日間で土のつぼを涙でいっぱいにするなんて、人間にできるわけがない。呪われるがいい。わしを笑って辱めた報いじゃ」

魔女はこう言うと、さっさと姿を消してしまいました。

もちろん、王女は父親の城にとどまって、のんびり生きてゆくこともできる。しかし、男女間の親密な交際と性的充足というものは、もっとも基本的な人間の欲求であり、彼女はそれが自分に許されないことを知る。〈自己〉理論では親密な関係の重要性が認められていて、人間関係こそ自己実現のカギであるという主張がなされる。意味のある人間関係が結べなければ、人生は王子の墓にかけられた土の器のように、空虚なものにすぎなくなる。

王女は何年も歩きまわったすえ、ようやく、カンポ・ロトンドの町に到着する。そこにはたしかに魔女が言ったような大理石の柩があった。王女はさっそく近くの釘にかかっていた土のつぼを手にとって、涙を流しはじめる。涙は何日も細い流れとなってしたたり落ちて、ようやく、あと二インチほどで、つぼがいっぱいになろうかというところまでこぎつける。しかし、ここで王女は試練に苦しみ、あまりにも泣きつづけたために、すっかり疲れ果て、ついつい睡魔に襲われてしまう。

お姫さまが眠っているところに、一人の奴隷女がとおりました。墓に刻まれたことばについて先刻承知のこの女は、つぼがほとんど涙でいっぱいになっているのをみて、これ幸いとばかり、つぼを目にあて、涙であふれさせてしまいました。たちまち、王子さまは目をさまし、奴隷女を両うでに抱きしめました。それから、女を城へ連れてゆき、花嫁にむかえたのでした。

やがて、お姫さまは目をさましました。墓は開いていて、つぼはどこにもありません。がっかりしたお姫さまは、とぼとぼ町まで歩きましたが、そこで、王子さまの新しい花嫁のことを知りました。寝ているあいだに、何が起こったのかは、すぐにわかりました。そこで、お姫さまは城に面した家を借り、そこから愛する王子さまをみつめることを、せめてもの慰めとしたのでした。

話を先に進めよう。王女は魔法の人形をもっていた。その人形を手にしたものは、だれでも物語がききたくてたまらなくなるというものだったが、王女はそれをまんまと城中に送り込むことに成功する。その人形を手に入れたのは例の奴隷女で、このころにはすでに子どもをみごもっていた。彼女は王子に飽くことなく物語をせがみ、話をしてくれないなら、腹のなかの子どもを流産させるとまで言い放つ。それがただ口先だけの脅迫ではないことは明らかだった。事態を恐れた王子は、町から話のじょうずな一〇人の女を城に招き、妻を喜ばせるために、シェーラザード〔『アラビアンナイト物語』に登場するペルシャ王の妻。おもしろい話をつぎつぎと語って死を免れた〕のように、各自、五つの話をするようにと命令する。

さて、一〇人の女たちの最後に登場するのは、変装した王女その人である。王女は、恥部をさらした魔女との運命の出会い、魔女にかけられた呪い、それから王子の墓でおこなわれた欺瞞行為へと話を進めた。身に覚えのある奴隷女は途中で王女をだまらせようとするが、王子がそれを許さない。王子は最後まで話をつづけさせ、話が終わると、ようやく自分の身に何が起こったのかが明らかになる。王子は奴隷女に悪事の告白を迫り、その報いとして、女を生き埋めの刑にするというところで、バジーレの話は終わる。

「笑わないお姫さま」では、「がちょう番の娘」のように、ペテン師が無邪気な王女につけいって、その地位をうばう話があつかわれている。しかし、「笑わないお姫さま」の筋は、魔女の性器の露出という卑猥な出来事の結果として展開する。この物語の卑猥な性格は、バジーレの冒頭の一行から読者に伝えられる。むっつりふさぎ込んだ王女の父親は、ヴァッレ・ペローザ〔「やぶの多い谷」もしくは「毛ぶかい谷間」の意〕の国王なのである。こうした場所を背景としている物語であれば、どんな出来事が生じるか、容易に想像できるというものである。

「笑わないお姫さま」は、堕胎に対する明白な言及があるだけでなく、のぞき趣味が描かれているという意味でも、ちいさな子ども向けの話ではない。「三つの願い」もまた、もとのかたちのままでは、めったに児童書に収められることのない話である。子ども向けのかたちでは、ある夫婦に三つの願いがかなえられることになる。妻はついつい衝動的に、豚肉の黒ソーセージがいっぱい欲しいと口ばしってしまう。夫は妻が願いの一つを乱費したことに腹をたて、ソーセージがおまえの鼻先にくっついて取れなくなればいいと言う。夫はすぐに後悔し、最後の三番目の願いを使って、ソーセージが取り除かれるようにと願うのである。

おとな向けのものはペルシャのおとぎ話に起源があるのだが、そこでも夫婦は三つの願いがかなえられることになる。妻は明らかにひそかに期するところがあって、夫の性器がもっと大きくなるようにと願う。もっと大きな一物にめぐまれれば、夫はもっと幸せになれるはずだ。しかし、夫の一物は大きくなりすぎて、とても支えきれなくなり、動きまわることさえできないしまつ。そこで、二つ目の願いを使ってちいさくするが、こんどはちいさくなりすぎて、じっさい、どこについているのかみつからない。そして、もちろん、三つ目の願いで、縮んだ一物がもとの大きさに戻るというわけである。

おとぎ話がこんにちの性的風土に取り込まれたなら、これほど変わらなかったのではなかろうか。いまでは毎日、映画スターや指導的政治家たちの性的アバンチュールが、つぎつぎとテレビで公衆に向けて報道され、子どもたちは明らかに適切・不適切の感覚を教え込まれている。このような世界では、おそらく、数百年まえには卑猥と考えられたようなものでも、穏便とみなされることが多いのではなかろうか。しかし、おとぎ話がはじめて児童文学の一部になったころには、出版者はその話が幼い子どもたちの感受性をそこなう恐れがあるかどうか、たいそう気をつかったのである。

じっさい、おとぎ話がますます児童文学に参入してくるにつれて、〈卑猥〉な話はけっきょく薄められるか、児童書からまったく姿を消すことになってくる。「ブタの王子さま」は、ブタに生まれついた息子のために、母親が花嫁をみつけようとする話だが、これには好色な意味合いがあったために児童書から抹消された。ブタが何度も若い娘の胸にひづめを食い込ませる話は、たしかに嫌悪感をもよおさせる。子どもの親もきっと反感を感じたにちがいない。少なくとも出版者は明らかにそのように判断した。しかし、だからといって、性行動は子ども向けの話の中心的要素になっていないというわけではない。そうした子ども向けの物語はセックスそのものというよりは、未熟な性というか、時期尚早のセックスをあつかっている。主な例としては「ラプンツェル」がある。

むかし昔、長いあいだ、子どもを欲しがっていながら、子宝にめぐまれない夫婦がありました。さて、その家の裏にはちいさな窓があり、そこからは、すばらしい野菜や花でいっぱいの、美しい庭がみわたせました。庭のまわりには、ぐるりと高い壁がめぐらされていて、なかに足を踏み入れようとするものは一人もありませんでした。それというのも、その庭は世界中が恐れている力のある魔女の庭だったからでした。ある日、妻は窓べにたたずみ、庭にあるノヂシャのすばらしい畑をみていました。その植物はとても新鮮にみえたので、妻はなんとしてもそれが欲しくてたまりません。その思いは日ごとにつのり、そのため、すっかりやつれて青ざめ、みるも哀れな姿になってしまいました。

妻がヨーロッパのサラダ用野菜であるノヂシャを欲しくなったというのは、妊娠中であることを暗示している。微妙な体調のせいで、ノヂシャを食べたくなるのである。この物語のイタリア版「ペトロシネッラ」では、妻の欲しがる野菜はペトロシネ——パセリをあらわすナポリ語——であり、また、パセリをペルシと呼ぶフランスでは、この物語は「ペルシネット」という名まえで知られている。パセリであれ、ノヂシャであれ、妻はそれが欲しくてたまらなくなり、たとえ一口でも食べられなければ、死んでしまうと夫に訴える。夫は妻がほんとうに死んでしまうと思い込み、壁を乗り越えて、その野菜をちょっぴり盗み取ってくる。そして、それを妻にあたえるが、妻は食べ終わるとすぐに、もっと欲しいと言いはじめる。夫はふたたび壁をよじのぼり、そこで庭の所有者の魔女に一喝される。

「わしの庭に忍び込むなんて、なんと、ふとどきなやつだ。おまえはどろぼうか。ノヂシャを盗もうというのだな」と、魔女は叫びました。目は怒って、男をにらんでいます。「ひどい目にあわせてやるぞ」

「ああ、罰ではなくて、どうか、お慈悲を！」と、夫はこたえました。「やむにやまれず、こんなことをしてしまいました。妻が窓からノヂシャをみて、どうしても食べたいと言うものですから。食べられないなら、死んだほうがましだと言うのです」

魔女の答えはこうでした。「まったくおまえの言うとおりなら、いくらでも好きなだけもってゆくがよい。ただし、一つ、条件がある。生まれた子どもを、わしによこせ。子どもはだいじょうぶ。わしが母親のようにたいせつに育てよう」

この魔女の要求——ルンペルシュティルツヒェンの要求にそっくりだ——から思い出されるのは、魔女は邪悪な性格であるにもかかわらず、母親的欲求をもっているということである。なんといっても、魔女は〈やさしい母親〉の裏の顔なのであり、そうしたものとして、同じように母親的感情をやどしているのだ。このことは魔女が子どもをたいせつに保護すると約束するところからも明らかである。じっさい、魔女は「わしが母親のようにたいせつに育てよう」と言っている。

夫はこの取り引きに同意する。そう決めたのは、生命をうしなうのが怖かったのか、それともノヂシャが手に入らないと妻がやせ細ると心配したからなのか。いずれにせよ、夫は子どもを魔女にわたすと約束する。やがて、赤子が誕生し、引き取りにきた魔女によってラプンツェル——ノヂシャを意味するドイツ語——と名づけられる。

ラプンツェルが一二歳になり、思春期にさしかかると、魔女は純潔をまもるために、彼女を塔のなかに閉じ込める。塔には階段もなければ、ドアもなく、ただ、いちばん上にちいさな窓が一つあるばかり。そこで、魔女はなかに入りたくなると、いつも塔の下に立ち、「ラプンツェル、ラプンツェル。おまえの髪をたらしておくれ」と叫んだ。

若いラプンツェルは〈育ての親〉の声を聞くと、魔女が塔を登れるように、自分の髪をほどいて下にたらす。こうした儀式は何年も繰り返され、そのあいだ、ラプンツェルが接触できる相手は魔女しかいないといった状況がつづく。


　このような生活が何年かつづいたあと、たまたま、王さまの息子が森にきて、塔の近くをとおりました。近寄ってみると、とても甘い歌声がきこえてきます。王子さまは立ちどまって、耳をすましました。ラプンツェルが寂しさのつれづれに、美しい声で歌っていたのでした。王子さまは塔のなかに入りたくなり、入り口を探しましたが、どこにもドアがみあたりません。やむなく、その日は城に帰りましたが、それからというもの、毎日、森にやってきては、その美しい歌声に耳をそばだてたのでした。

　あるとき、王子さまが木の下に立っていると、魔女がやってきて、大声で呼ぶ声がきこえてきました。

「ラプンツェル、ラプンツェル。おまえの髪をたらしておくれ」

するとラプンツェルは長い髪をたらし、魔女はそれをつたって塔を登ってゆきます。それをみた王子さまは「あれがハシゴか。きっと、あれを登って幸運をつかんでやるぞ」と、思いました。

つぎの日、暗くなるころ、王子さまは塔にゆき、「おーい、ラプンツェル、ラプンツェル。おまえの髪をたらしておくれ」と、呼びかけました。

ラプンツェルが髪をたらすと、王子さまはそれをつたって塔を登ってゆきました。

ここで性的好奇心という要素が物語のなかに入り込んでくる。ラプンツェルはこれまで男というものをみたことがなかった。そのため、はじめのうちこそ、王子を怖がっていたものの、やがて、ほかの感情が支配的になってくる。二人は恋をして、魔女の留守をねらって密会をかさねるようになる。王子が駆け落ちしようともちかけると、ラプンツェルは、これからここにくるたびに、毎回、一かせの絹糸をもってきてと頼む。それでハシゴを織ろうというのである——「ハシゴができたら、下におりてゆきます。そしたら、わたしを馬で連れて逃げてください」。

王子が訪ねてきたときに何があったのかは、ほとんど記されていない。わかっているのは、魔女が見まわりにくるのは昼なので、二人は夜に密会しようと決めたということだけである。じっさい、物語では詳細に記されていないけれども、二人が密会のときに、からだを求め合ったことは明らかだ。あとになって、ラプンツェルが男の子と女の子を産んだことが、その証拠である。

けっきょく、二人の密会はラプンツェルが双子を産むまえから、魔女の知るところとなる。子ども向けの版では、ラプンツェルは母親代わりの魔女に、「お母さまを引き上げるほうが、王子さまのときより重いのは、いったい、どうしたわけかしら」と、口ばしってしまう。愚かにも余計なことを言ったおかげで、ラプンツェルがただ無邪気に時間を過ごしていたのではなく、こっそりだれかと会っていたことが知れてしまうのである。いっぽう、おとな向けの初期の版では、魔女が王子との密会を知るのは、ラプンツェルの腹が大きくなったことによる。失言によるものであれ、身重《みおも》の少女のからだの変化によるものであれ、魔女はラプンツェルの密会を知って激怒する。

「ああ、なんとひどい女だ」と、魔女は叫びました。「いま、なんと言ったのじゃ？　世間から隠しておいたというのに。よくもわしを裏切ってくれたな」

怒った魔女はラプンツェルの美しい髪をつかみ、何度も左手でなぐりました。それから右手でハサミをつかむと、なんと、美しい髪をジョキジョキと切り落としてしまったのでした。おまけに、冷酷な魔女はひとっ子一人住まない荒れ地にラプンツェルを連れてゆき、そこにおき去りにしてしまいました。ラプンツェルは悲しい不幸のどん底で、一人で生きてゆかなければなりません。

ラプンツェルが夜ごとの無分別な行動に対して支払った代償は、美貌の喪失と放逐だった。彼女は王子と交《まじ》わったために美しい髪をうしなったばかりか、家から放り出された。無謀なセックスに対する罰として、だれもいない荒れ地に追いやられ、それからの人生をその地で過ごさなければならない。

王子もまた、ラプンツェルの堕落に手をかしたために罰を受ける。王子がラプンツェルを連れ出そうと塔にやってくると、そこには彼女の代わりに魔女がいて、王子を愚弄し、呪いをかける。

「おやおや」と、魔女は言いました。「いとしい娘のためにお出ましかい。おあいにくさま、かわいい小鳥はもう巣にはおらんわい。歌も歌わんぞ。ネコにやられてしまってな。おまえも目ン玉を抜かれないよう、気をつけな。ラプンツェルのことは、もう終わり。二度とその姿をみることはあるまいよ」

王子は絶望して塔から身を投げ、イバラで目を傷つけて盲目になる。魔女の呪いが実現したのである。おとぎ話では、早すぎるセックスはきびしいあつかいを受けるのが常である。それは王子とラプンツェルが受けた厳罰によって強調されている。ラプンツェルはそれからの人生を、一人ぼっちで生きてゆかなければならないし、王子も視力をうばわれる。しかしながら、「ラプンツェル」はあくまでおとぎ話である。そして、定義上、おとぎ話には幸福な結末が必要なのだ。けっきょく、物語は王子とラプンツェルがふたたび結ばれるというかたちで終わる。王子は何年も盲目で各地をさまよったのち、偶然、荒れ地で昔の恋人と再会する。ラプンツェルはそこで男の子と女の子の双子を育てていた。

王子さまは聞きおぼえのある声をきき、なつかしさにかられて、声のするほうに近づきました。ラプンツェルは王子さまの姿をみて、首にとりすがって泣きました。その涙が王子さまの目にふれると、どうしたことか、目のかすみが晴れて、昔のように、すっかりみえるようになったのです。王子さまがラプンツェルを連れて国へ帰ると、みんなは大喜び。それからというもの、二人は何不自由なく、幸せに暮らしたのでした。

ここでは、悲劇的結末になって然るべきところが、喜びの光景にすりかえられる。王子はふたたびラプンツェルや子どもたちと結ばれて、視力も奇跡的に回復する。

では、魔女はどうなったのか。魔女は二人の無謀なふるまいに対する罰として、たがいに相手が生きていることを知らないまま、二人を生き別れにさせたのだったが、魔女もまた無事に生き残る。これはなぜなのか。それは魔女がバーバ・ヤーガのように、徹底した悪ではないからだ。魔女がラプンツェルを塔に閉じ込めたのは、悪意からではなく、母親としての心くばりからである。「白雪姫」の陰険な王妃がヒロインを殺そうとするのとはちがって、「ラプンツェル」の魔女はラプンツェルをまもろうとする。このような魔女をほろぼすとすれば、それは自分の性的安寧をまもる役目をせおった自己の一部をほろぼすことになる。こうしたテーマは、ロバート・ルイス・スティーヴンソンの『ジーキル博士とハイド氏の不思議な事件』であつかわれている。

## 手当たりしだいにセックスを漁って

スティーヴンソンの物語は暗く沈鬱である。ひたむきで人望のあついロンドンの医師ヘンリー・ジーキル博士は、社会的に忌まわしい、また道徳的に非難されるべき自己の一部を解放するという問題に取り組んでいる。スティーヴンソンは明らかにしていないが、ヴィクトリア朝がセックスにとらわれていた時代であったことを考えれば、ジーキル博士の〈罪ぶかい〉側面をなしているものが、色欲的感情であることは明らかである。博士の性的本質についての矛盾する感情には、一九世紀後半のイギリス社会に織り込まれた葛藤が反映されているのである。ヴィクトリア朝の多くの人びとは、当時の支配的な社会規範や〈礼儀作法〉の外見をとりつくろう必要性にしばられて、公衆のまえでは高い道徳的基準をたもちつつも、想像の世界や内密の行動によって、個人的欲望にふけるという二重生活をいとなんでいた。

ジーキルは道徳的側面と罪ぶかい側面との分裂を〈原初的二重性〉と呼んで、罪ぶかい側面も道徳的側面に劣らず考察するに値すると信じていた。そこから、両者が平穏に共存できるように、相互に分離させる薬を開発しようとする試みがなされることになる。

それぞれが……べつの人物のなかにやどるようにできるなら、人生はすべての耐えがたい束縛から解放される。〈不正〉は双子の片割れとも言うべき〈正義〉に邪魔されずに、〈正義〉の野心や後悔の念から解放されて独自の道を進めるし、また、〈正義〉はみずからの喜びとする善行をほどこして、異質の悪の力によって辱められたり、後悔させられたりすることもなく、しっかり着実に上昇の道をたどることができる。

邪悪な部分を分離して、それをべつの人格のなかに封じ込めたいという願望は、自分の好ましからぬ部分を魔女のなかに封じ込めようとする子どもたちの気持ちと密接にかかわっている。両者が異なるのは、ジーキルがドリアン・グレイのように、自分の邪悪な部分を包含しているのに対して、子どもたちは自分を罪ぶかい部分と切り離そうとしている点である。悪いのは子どもではなく、あくまで魔女というわけである。

ジーキルが誕生させた人物エドワード・ハイドは小柄な悪党で、醜く不恰好。スティーヴンソンによれば、ジーキルほど「強健でもなければ立派な体格でもない」という。この子ども向けのおとぎ話から出てきたようなハイドの体格は、魔女の外見と似てなくもない。ハイドは醜く背中がまるい。それは子どもの悪い自己がおとなの罪の表象として立ちあらわれた姿なのである。

それでも、ジーキルはこの人物に親しみをおぼえる。彼はハイドをまもり、自分の本質の一部として彼をあたたかく受け入れる。じっさい、ハイドは彼の存在の一部である。ジーキルが自分の暗い面を受け入れたことは、はじめて鏡に映ったハイドの姿をみたときの彼の反応にあらわれている――「しかし、あの醜い偶像が鏡に映っているのを目にしたときにも、私には嫌悪感のかけらもなかった。それどころか、歓迎の喜びを感じたものさ。それもまた私自身だったのだからね」。

ジーキルの邪悪な自己に対する反応は、おとぎ話の魔女に対する子どもの反応とは正反対である。魔女に対して「歓迎の喜び」を感じる子どもはめったにいない。恐怖や嫌悪を感じるというのが、一般的な反応というものである。魔女といっしょに多くの時間を過ごしたいと思う子どもはいないだろう。それなのに、ジーキルはもう一人の自己があらわれたことをうれしく思う。

しかし、時間がたつにつれて、ジーキルの壮大な計画はもつれはじめる。はじめは、もう一人の自己が姿をあらわしたり消したりするのを、薬の力でコントロールすることができた。しかし、やがて、ある日、ジーキルが目をさますと、自動的にハイドに変身している。こうしたことが二度もつづいて、ジーキルはやがて自分がハイドにのっとられるのではないかと恐れはじめる。自分が排除されるという不測の事態が生じて、二人とも存在の危機に追いやられることになりはしないかと不安になるのである。そう言えば、ドリアン・グレイもまた、自分の肖像画について同じような恐怖をいだいていたのだった。

ジーキルは召使いをロンドン中の薬屋に走らせて、さらに強力な薬をつくるための化学物質を買い求めさせる。しかし、どんな調合薬をつくっても効きめがない。こと、ここにいたっては残された道はただ一つ、ハイドを殺すしかない。絶望したジーキルは最後に毒をあおいで邪悪なハイドをほろぼすが、その過程で彼自身も死んでゆく。

『ジーキル博士とハイド氏』も『ドリアン・グレイの肖像』も、その契機となっているのは、子ども向けのおとぎ話の核心となっている分裂の原動力である。ただし、相違点もある。子ども向けのおとぎ話では、魔女はほろんで、それから、みんなが幸せに暮らすというかたちで終わる。魔女の死は好ましくない性向の消滅というか、自己のなかの不快な部分すべての排除を表象するものである。魔女が死んでしまえば、物語は必然的に幸福な結末へと進まざるをえない。しかし、分裂にまつわるおとな向けの物語では、そうはいかない。まれなケースを除けば、幸せになる者など一人もいない。自己の罪ぶかい部分を抹殺することは、とりもなおさず、自己の全体をほろぼすことなのである。

「ラプンツェル」の魔女が生き残ることを許されるのは、こうした理由による。魔女は善と悪の両方の性質を体現している複雑な人物である。したがって、悪をほろぼすことは善をほろぼすことになる。われわれは年をとるにつれて、世のなかを白か黒かの視点でみることは、非生産的であると実感するようになる。子どもたちのセックス体験が早すぎることのないようにみまもることは必要だけれども、だからといって、〈セックス〉に対して——そのことで言えば、ほかのどの〈罪〉に対しても——全面攻撃をしかけるのは無謀というものである。このことは、伝統的なおとぎ話のかたちから逸脱している「ラプンツェル」のような物語だけでなく、分裂についてのおとなの物語が伝えるメッセージでもある。早熟な性体験——子どもの淫欲——に対しては眉をひそめて然るべきだが、かといって、セックスの危険からまもるために、子どもたちを部屋に閉じ込めておくことは、とうてい許されることではない。

主人公が年長で、おそらく十分に成長している物語では、性的関係はもっと寛大にあつかわれる傾向がある。おとなになってしまえばセックスを罰する必要はない。だからこそ、「一二人の踊るお姫さま」には魔女がいないのであり、だからこそ、王女たちは恐ろしい結果をまねくこともなく、夜のアバンチュールに出かけてゆけるのである。地下の湖を渡ってゆく旅で、王女たちが一二人のハンサムな王子たちと

〈踊って〉夜を過ごすというのもよくわかる。彼女たちは恋愛できる年ごろなのである。

では、人魚姫の場合はどうだろうか。恋愛できる年ごろなのだろうか。彼女は人間の男と性的関係を結べるほど成長しているのだろうか。物語が暗示しているところでは、そうではない。ハンス・クリスティアン・アンデルセンの「人魚姫」では、祖母は孫娘に、海中で同じ仲間たちといっしょに暮らすようにと忠告する。男性と関係を結ぶのは早すぎる、ましてや、人間の男などはもってのほかだと言うのである。しかし、人魚姫はこれとはちがう考え方をする。

## 波の下の欲望

アンデルセンのヒロインが、生まれ育った水のなかから出て、自分の動物的本性を超え、人間の男と成熟した関係を結ぼうとして経験する苦闘は、児童文学のなかでも、人びとにもっとも愛される話の基礎をなしている。しかし、専門的に言えば、アンデルセンの話はおとぎ話とは言えない。一つには、これは幸福な結末になっていない。ほかのおとぎ話とはまったく正反対に、ヒロインは最後に死んでしまうし、おまけに、もっとも陰険な魔女の一人に数えられる〈海の魔女〉は無傷のまま生きのびる。

しかし、この物語は、ディズニーの映画『リトル・マーメイド』において、おとぎ話の地位を獲得することになった。ディズニーでは、幸福な結末になっているだけでなく、魔女は自業自得で死ぬことが明示されている。さらに重要なことに、ここでは魔女の肖像がくっきりと刻み込まれている。それによって、この物語の核心にある葛藤、つまり、性的抑制と性的充足とのあいだの葛藤が、鮮明に描かれることになった。

海の下はるか、人間が一度も訪れたことのない海底に、大きな海の国を支配する海の王さまがいました。王さまには妻がなく、代わりに年をとった母親が家事をきりもりし、また、六人の孫娘たちの世話も一手に引き受けていたのでした。そのなかに、とりわけ美しい一人の娘がおりました。肌はバラのように美しくデリケートで、目は海のように青く澄んでいました。ただ、足の代わりに魚の尾がついている点は、ほかの娘たちとまったく変わりありませんでした。

王さまの城のまえには、娘たちが遊び場にしている庭があり、そこには、いろいろ奇妙なものがおかれていました。それらは船が浅瀬に乗り上げたり、沈没したりしたときに、その残骸《ざんがい》から運ばれてきたものでした。娘たちは庭のなかのめずらしいものに大喜びでしたが、いちばん人魚姫の心をとらえたのは、まっ白な大理石で刻まれた美しい若者の石像でした。

「ねえ、このような人たちが暮らしている世界のことを話してよ。おばあさん」と、人魚姫はせがみました。「わたし、船とか、町とか、人間のこととか、知りたいの。陸の世界を自分の目でみることができるかしら」

ほかのおとぎ話と同じように、「人魚姫」の冒頭にも母親の姿はない。ただし、母親の代わりとなっているのは、継母ではなくてヒロインの祖母であり、この祖母がヒロインと五人の孫娘たちの世話をしている。祖母は賢明な保護者であり、のちに登場する魔女に対立する力として作用する。

人魚姫は若い娘らしく、もっと世のなかのことを知りたくてしかたがない。石像のモデルとなったハンサムな若者のこと、まだぼんやりとしかわからないこと、壮大な世界のなかに組み込まれている自分の位置などについて、いろいろ知りたくてしかたがない。石像と出会ったのは、わずか一〇歳のときだったが、それでも、彼女は冒険と未知の快楽を味わうために、〈陸の世界〉に旅立つことを本気で考えている。

祖母によれば、彼女は見知らぬ領域に足を踏み入れるには早すぎるという。ものごとには時と場所というものがある。人魚姫はまだ、ロマンティックな恋愛にかかわるような年齢ではない。おそらく、もうしばらくすれば、「海の外に出て、月明かりを浴びながら岩に腰かけ、船が通りすぎるのをながめることができる」ようになるはずだ。ここで人魚姫や幼い読者に暗示されているメッセージは、じっとがまんするようにということである。やがて時がくれば、広い世界はおのずから開けてくるにちがいない。

年月が過ぎ去って、ある日、王女が海面に上がってみると、遠くに大きな船が浮かんでいる。王女は泳いで船に近づき、船窓からなかをのぞき込む。すると、なかでは華やかなパーティのまっさいちゅう。ちょうど若い王子の一六歳の誕生日なのである。しかし、王女が華麗なパーティに目をみはっている折りも折り、恐ろしい強風に襲われ、マストがまっぷたつに折れて、船は転覆。客たちは船外に放り出される。人魚姫は若い王子がぶくぶくと波間に沈むのをみて、泳ぎ寄る。そして、顔が水面上に出るように王子のからだを支えて、波に身をまかせていると、やがて気をうしなった王子ともども、海岸に打ち上げられる。

さて、二人が波間に浮かんでいるときに、同じように人魚姫のなかに王子に対する性的感情がふつふつと湧き起こる。彼女は王子のぬれた髪をなでながら、王子のひたいにキスをする——「人魚姫には王子さまがあの大理石の像のように思われて、また、キスをしました」。彼女は王子を海岸に残して沖に出る。そして、遠くからみていると、若い娘と付き人たちがやってきて、砂の上に横たわっている王子の姿を発見する。目をさました王子は、その娘に生命を救われたものと錯覚するわけである。人魚姫は悲しげに一部始終をみとどけると、暗い気持ちで海中に姿を消す。

それからというもの、王子に対する人魚姫の思いはますますつのるばかり——「王子さまの顔を胸にいだいたときのこと、心をこめて王子さまにキスをしたときのことなどが、しきりに思い出されたのでした」。王子のことを考えれば考えるほど、情熱はますます激しく燃え上がり、ますます人間になりたいという気持ちがつよくなる。祖母はそれをかなわぬ夢だと忠告する。魚の尾は地上では欠陥と考えられるし、人魚姫も醜いと思われるにちがいない。おまけに、「美しくなるためには、足と呼ばれる二本の支柱を手に入れなければならない」と、祖母は言う。

これはただ、人間の足のほうが魚の尾よりも魅力的だということなのだろうか。それとも、ほかに何か意味があるのだろうか。そう、ほかの意味があるのだ。それは性行動と関係がある。足というものは歩きまわることを可能にするが、それをべつにしても、足を開けば女性の性器があらわれる。尾ひれがついているかぎり、人魚姫が王子を魅了するというか、そのことで言えば、だれかほかの人間を魅了するという可能性は、事実上、ゼロに等しい。尾ひれは、こと、セックスに関しては、障害以外の何ものでもない。

もし、人魚姫が性的充足とロマンスの成就を望むのなら、自分の尾をなんとかしなければならない。そこで、魔女の登場とあいなる。冷酷で忌むべき〈海の魔女〉は、ハンス・クリスティアン・アンデルセンの創造した人物のなかでも、もっとも恐ろしい存在である。海の魔女は海中の沼地に住み、イソギンチャクのような海へビたちにまもられている。彼女の周囲を取り囲むふとった海へビやヒキガエルたちは、彼女の口の端からこぼれ落ちるくずを食らう。その棲みかは、いわば、難破船の船乗りたちの骨でつくられており、どんな魔女のものよりも恐ろしげである。アンデルセンの海の魔女は、バーバ・ヤーガの海洋版と言えるだろうが、ただし、バーバ・ヤーガにみられた悪を補う美徳は、まったくみられない。人魚姫はこうした邪悪な存在である魔女に、助けを求めることになる。

「おまえの望みはわかっておる。魚の尾を取り去って、人間の足をつけて欲しいのじゃな。王子に愛してもらえるようにの」魔女は訪ねてきた人魚姫にこう言うと、ぞっとするような笑い声をあげました。「では、薬を調合してやろう。尾のところが縮んで、人間どもが足と呼んでいるものになるクスリをな。じゃが、一歩ずつ歩くたびに、とがったナイフの上を歩くような痛みが走るぞ。そうした痛みにがまんできるなら、おまえの力になってやろう」

魔女が人魚姫の望みを知っていた理由は――ヒロインが口を開くまえからわかっていたのだ――魔女は人魚姫だからである。魔女は、性的願望の表象とも言うべき禁断の木の実を欲しがるヒロインの一部なのである。よい母親（祖母）はヒロインに対して、心理的に性的欲求に対処できるようになるまで待つようにと忠告するが、海の魔女は逆に淫らな欲望を追求するようにと勧める。魔女は足をあたえると言うが、それには恐ろしい危険がともなう。もし、王子の心を手に入れることができなければ、海の泡として消えてなくなるというか、つまりは、死ぬことになるという。しかし、王子に花嫁として選ばれれば、完全な人間になって不死の魂を獲得することができる。

「ええ、決めたわ」人魚姫は死んだように、青ざめた顔で言いました。

「じゃが、礼をもらわにゃならん」と、魔女は言いました。「おまえは海中に住んでいるもののなかで、いちばん美しい声をしておる。その声で王子を誘惑したいところじゃろうが、その声をいただくことにしよう。強力な薬と引き換えに、おまえの最高のもちものをもらわなければならんのでな」

「でも、声をとられてしまったら、わたしに何が残るっていうの？」

「美しい姿が残るわい。さあ、舌を出しな。切りとって料金としてちょうだいしよう。そうすれば、かけがえのない薬が手に入るのじゃぞ」

「じゃあ、そうしてちょうだい」と、人魚姫は言いました。魔女は薬を調合するために、大鍋を火にかけました。それから、ヘビを束ねてつくったタワシで大鍋をごしごし磨くと、自分の乳房を針で刺し、したたり落ちる血のしずくを大鍋で受けました。こうして薬ができあがると、魔女はそれを人魚姫に差し出しました。

魔女と人魚姫をつなぐ母親の絆は、調合薬によって象徴されている。薬にはいろいろな素材に混じって、魔女の血が入っている。ちょうど、「白雪姫」や「がちょう番の娘」のなかで、血が母親と娘のあいだの絆を儀式的にあらわしていたように、海の魔女の血は——まもなく人魚姫の体内に流れて——母親と子宮内における娘の血との混合を再現することになる。悪い母親は、有害な力であっても、人魚姫の——また読者の——心理的組成にとって、欠かすことのできない一部なのである。

海の魔女は調合薬をわたすとすぐに、約束のものをよこせと迫る——「それから魔女は娘の舌を切り取ったので、娘は歌うことも、話すこともできなくなってしまいました」。この舌の切断の意味は、魔女の性格と人魚姫の性的願望とのあいだの、密接な関係を強調するところにある。民話においては、女性の声は慣習的に誘惑の力と関連づけられていて、それゆえ、淫らな感情を象徴している。ホメロスの『オデュッセイア』では、オデュッセウスは海の精セイレンの誘いにまどわされないように、部下たちにロウで耳をふさげと命令する。また、正統派ユダヤ教では、男たちは女性歌手の声の誘惑から身をまもるべく、女性歌手の歌を聴くことを禁じられている。海の魔女は人魚姫の声をうばうことによって、彼女の性的魅力の一端を占有し、それを自分の魅力の一つに加えるわけである。

しかし同時に、王子を性的にとりこにする能力が、すべて人魚姫からなくなったわけではないということを、魔女はしっかり押さえている。じっさい、声をうしなっても、彼女に残されている官能的魅力は、王子を魅惑するのに十分である。魔女は人魚姫に「声をとられてしまったら、わたしに何が残るっていうの？」ときかれて、「美しい姿が残るわい」とこたえる。王女は声をうばわれても、その肉体的魅力で王子を魅惑することができる。こうして、「美しい姿」を支える二本の足を獲得した人魚姫は、境界を越えて陸の世界へと足を踏み入れる。

日が昇ると、美しい王子さまがひざまずいて、人魚姫をのぞき込んでいました。魚の尾はなくなっていて、そこには、それ以上は望めないほど、スラリとのびた美しい二本の白い足がついていました。それなのに、王子さまに、あなたはだれなのか、また、どこから来たのかとたずねられても、人魚姫はただじっと青い目で悲しそうにみつめるばかり。何もこたえることができません。王子さまは人魚姫の手をとって、お城に連れて帰ったのでした。

一日一日、人魚姫はますます王子さまを愛するようになりました。王子さまも愛してくれたのですが、でも、それはかわいい子どもを愛するようなもの。王妃としてむかえるということなど、夢にも考えなかったのでした。

王子さまは人魚姫を抱きしめ、愛らしい顔にキスをしました。そんなとき、人魚姫の目は「わたしのこと、だれよりも好きなのよね？」と、訴えているようでした。

「いちばん好きだよ」と、王子さまは言いました。「君はだれよりもやさしい心をもっているからね。だれよりもぼくにつくしてくれるし、それに、君をみていると、むかし会った女の子のことを思い出すんだ。おそらく二度と会えないけれど、溺れかけたときに、助けてくれたんだ。ぼくがこの世で愛せるのは、その人しかいない。でも、君の顔立ちはその人そっくり。ぼくの心のなかでは、ほとんどその人のイメージと入れ替わっているくらいなんだ」

〈ほとんど〉であって、〈まったく〉同じなのではない。人魚姫に対する王子の感情的反応は、恋人というよりは兄が妹に寄せるようなものである。王子は「拾い子」と呼んで、彼女を好きだと断言するが、それは彼女が思い描いているような愛情ではない。王子の愛は性的というよりプラトニックである。じっさい、人魚姫は人間の足をもっていても、まだ成熟していないし、男を引きつけるのに必要な手段ももっていない。舌がなければ、会話することすらできないのだ。

おとなの男女間の成熟した愛と、好色の衝動との差異は、おとぎ話のなかで演じられる性の本質を暗示している。罪がふかいのはセックスそのものではなくて、早熟な性的願望である。人魚姫が人間の足を欲しがるのは、白雪姫が胴着を欲しがるのと同じように、危険なことである。もっとおとなであれば適正であるとみなされる欲望でも、おとぎ話ではそうはいかない。おとぎ話のヒロインは、まだ、心理的にそうした欲望に対処できる段階には達していないのである。

こうした物語の伝えるメッセージは、ただ欲望があるというだけでは、性行動を起こす年齢に達したことにはならないということである。人魚姫はこの物語を読む子どもたちと同じように、まだ子どもでしかない。王子が彼女を拒んで、性的にも情緒的にも成熟している女性を選んだところが、まさにポイントなのである。王子は、むなしく立ちつくす人魚姫を尻目に、以前、海辺で倒れている自分をみつけた婚約者のほうを向いて、つぎのように言う。

「あなたなのですね。海辺で死んだように倒れていたわたしを助けてくださったのは」王子さまは叫んで、ほほを赤く染めているお姫さまを抱きしめました。

それから人魚姫のほうをみて、言いました。「ああ、なんて幸せなんだろう。いちばんの夢がかなったんだ。おまえも喜んでくれるね。だれよりもわたしの幸せを願っていたんだから」

人魚姫は王子さまの手にキスをしましたが、胸は悲しみで張り裂けそうでした。王子さまと結ばれることもなく、また、永遠の魂を手に入れることもできません。結婚式の朝には、海の魔女が予言したとおり、死ななければならないのです。

いまや、明らかである。人魚姫はなんと愚かな取り引きをしたことか。彼女は人の注意には耳をかさず、心の内から発せられる正しいメッセージ（祖母の賢明なる忠告）を無視して、自分の性衝動（海の魔女の約束）に身をゆだねた。しなやかで流れるような曲線美と美しいメロディーの魅力——彼女の尾と声——と引き換えに彼女が手にしたものは、錯覚にもとづくおとなの幻想、早熟で、けっきょくは自分をほろぼすことになるおとなの幻影にすぎなかった。

結末は近い。夢にやぶれたヒロインが悲しみに打ちひしがれて、自分の運命について、あれこれ考えていると、とつぜん、水のなかから姉たちの姿があらわれる。髪はどうしたわけか、短く切りつめられている。姉たちは妹の生命を助けようとして、海の魔女と取り引き——髪とナイフの交換——をしたのだという。もしも、人魚姫がそのナイフを王子の心臓にグサリと突き立てることができるなら、両足は閉じて魚の尾に戻り、これから人魚としての一生をまっとうすることができる。それができなければ、死んで、海の泡となって消えるしかないという。

人魚姫はナイフを手にして、テントのまっ赤なカーテンを引き上げました。美しい花嫁は王子さまの胸に顔をうずめて、安らかに眠っています。人魚姫はかがんで、眠っている王子さまのひたいにキスをすると、それから鋭いナイフをじっとみて、ふたたび王子さまに目を向けました。そのとき、王子さまが寝言で花嫁の名を口にしました。人魚姫は思わずナイフをぎゅっとにぎりしめました――けれども、つぎの瞬間、ナイフは海のなかに投げ捨てられたのでした。ナイフは水に落ちると、まっ赤に輝き、まるで、血が水のなかから、ふつふつと湧き上がってくるようにみえました。人魚姫はもう一度、最後のお別れに王子さまをみて、船から海へと身をおどらせました。人魚姫のからだは泡となって消えたのでした。

人魚姫は王子を救い、そのために自分の生命を犠牲にしたのだった。

## この話のどこがいけないのか？

アンデルセンの話は、ふつうのおとぎ話のパターンからいちじるしく逸脱している。ヒロインは舌をうしない、下半身の変化の苦しみに耐えたばかりか、王子までもうしなってしまう。憧れの人と性的に結ばれたいという願いは、彼女自身と同じように「波間の泡」となって、はかなく消える。

しかし、部分的には救われるところもある。彼女は浮遊してまもなく、軽やかな空気の妖精たちによって「救われ」る。この「空気の娘たち」は、彼女を水から引き上げて、彼女の苦しみと自己犠牲に対して、永遠の魂があたえられるかもしれないと告げる――「ああ、かわいそうな人魚姫、あなたは苦しんで、それに耐え、自分を高めて空気の霊になりました。ですから、あなたはりっぱなおこないによって、永遠の魂を手に入れて、天国へゆくことができるでしょう」。

こうした高尚な結末は、物語の全体的な暗い調子を、いくぶん相殺するものではあるけれども、ふつうのおとぎ話の結末とは根本的に異なっている。ふつうは魔女が死に、娘は王子と結ばれて、それ以後、みんなが幸せに暮らすというかたちで終わる。ほんとうのおとぎ話では、ヒロインの禁断の願望を体現する魔女はほろびることになっている。ディズニーの映画では、まさしくそのとおりのことが起こる。海の魔女の性的特質は、明らかにディズニー版の大きな要素になっている。

ディズニーの『リトル・マーメイド』では、海の魔女はアーシュラと呼ばれていて、身体中の毛穴から性を表出させている。巨大な乳房はスクリーンからはみださんばかり。弧を描く眉毛の下からは好色そうな目がのぞき、官能的なくちびるは快楽を約束するかのようである。アーシュラは世界を征服するために登場した、性的関心の異常につよい夢魔であり、事実上、人魚姫のアリエルに、衣服を脱いで女性の手練手管を用いて王子を誘惑するようにとそそのかす。

『野獣からブロンド美女へ』の著者マリーナ・ウォーナー〔一九四六年生まれ。英国の作家・神話研究家〕は、アーシュラの本質をみごとにとらえて、つぎのように記している。

> 海の魔女は……欲情する激しい淫欲という影の一面をあらわしている。彼女はトゥルーズ＝ロートレックの絵から脱け出たようなバーの女王よろしく、顔には紅をぬりたくり、胴体と触手には黒いベルベットをまとい、くねくねと身をくねらせる肥満したタコといった風情。奔放に男を漁る夜の女王の戯画化と言おうか、イギリスの詩人テッド・ヒューズなら、さしずめ「野放し状態の子宮」とでも呼んだところだ。

もし、アリエルの欲情の衝動が克服できるものならば、この暴れまわる子宮と海の魔女が表象するすべてのものは、破壊されなければならない。

魔女がヒロインをほろぼす決心をしていることを思えば、これはおそるべき仕事である。魔女はまず、アリエルと王子を大渦巻きで溺れさせようとする。そして、それに失敗するや、こんどは王子の船を舵取り不能にするべく、雨あられと電光をたたきつける。しかし、王子は舵をつかむと、まっすぐ魔女めがけて船を走らせ、イッカククジラのように突き出した船首の円材で、魔女の身体を貫きとおす。邪悪な存在は海底に沈み、かくて、魔女の死は抑制できない性衝動の消滅のしるしとなる。映画の終わりでは、アリエルは声を取り戻すだけでなく、めでたく恋人と結ばれる。

純粋主義者は、このようにアンデルセンの話を変えてしまうと、作者が伝えようとした自己犠牲という精神的メッセージが薄められて、物語が台無しになってしまうと主張するかもしれない。しかし、おとぎ話は時代の産物であり、絶えず新しいかたちを取りつづける。ペローがいかにバジーレの「眠れる美女」を変えたか、また、グリム兄弟がいかにペローのものを変えたかは、すでにみたとおりである。ディズニー・スタジオの改作による『人魚姫《リトル・マーメイド》』も、あるいは、おとぎ話におけるつぎの発展段階を示しているのかもしれない。ウォルト・ディズニーの初期の仕事は、むかしながらの物語を変えて、おとぎ話はどうあるべきかについての彼の考えに適合させたけれども、これからは、むしろ、性と暴力をめぐる現代の基準のほうが、おとぎ話を本来意図されていたものに、よりいっそう近づけることになるのかもしれない。

# 第*9*章　貪　欲
## ――豆の木のめぐみ

むかし昔、金のたまごを生むガチョウをもっている大金持ちの農夫がおりました。農夫と妻は日ごとに豊かになりましたが、それでもまだ、財産のふえ方がすくないと思っていました。そこで、いっぺんに財産をふやそうと、ガチョウを殺して一度にすべてのたまごを取り出すことにしました。けれども腹を裂いてみると、たまごは一つもありません。こうして、夫婦はガチョウばかりか、金を生み出す財源をうしなってしまったのでした。

イソップ物語の二〇〇篇を超える寓話のなかでも、「金のたまごを生むガチョウ」はもっとも有名で、もっとも多く引用される話の一つである。ここでは財産欲を満たすことはできないということだけでなく、必要以上に欲ばるとどんな結果になるかが語られている。

貪欲というものは、じつにさまざまなかたちで小説や芝居、また神話などに取り上げられている。たとえば、ディオニソスはフリジアのミダース王の恩に報いるために、なんでも望みどおりのものをあたえると言う。ミダース王は自分の手にふれるものすべてが金《きん》に変わるという力が欲しいとこたえる。しかし、その力はやがて恩恵ではなく、呪わしいものとなる。王がふれると、食べものや飲みものまでも金になるばかりか、愛する娘さえも金に変わってしまうのである。

貪欲は「ジャックと豆の木」をはじめ、多くのおとぎ話の主要なテーマにもなっている。人食いの大男との遭遇を描いたこのイギリスのおとぎ話では、少年が「空のかなた」の国へと旅をして、途中、いろいろな誘惑に直面する次第が語られる。この話は多くのおとぎ話と同様、あるジレンマからはじまる。夫に先立たれた母親とジャックは、食べるものにもこと欠くありさま。さらに悪いことに、ただ一頭しかいない乳牛ミルキー・ホワイトも、ミルクを出さなくなる。

「どうしよう、どうしよう」と、お母さんは両手をにぎりしめて言いました。

「元気をだしてよ、お母さん。どこかで仕事をみつけてくるからさ」と、ジャックが言いました。

「まえにもそうしたのに、だれも雇ってくれなかったじゃないの。もう、牛を売って、そのお金でお店をはじめるとか、そんなことをするよりしかたないわ」

「わかったよ、お母さん。きょうは市場の立つ日だから、すぐに牛を売ってくる。それからどうしたらいいか、考えようよ」

ここには、一家が生計をたてるのに、たった一頭の牛に頼らざるをえないといった事態が描かれている。このことは、しばしば飢餓に襲われた時代にあって、農夫たちがどのように不安定な状況を経験したかを明確にあらわしている。しかし、「ジャックと豆の木」は、「ヘンゼルとグレーテル」のような、ほかの〈食べものの話〉とは大いに異なるところがある。ジャックの家にはすくなくとも売りものにする牛がいる。母親は乳牛を売るためにジャックを市場にゆかせるのであり、それが彼の冒険の出発点となるわけである。さて、彼は途中で、あやしげな男に「おはよう」と声をかけられる。


「やあ、ジャック。どこに出かけるのかね」と、男がたずねました。

「市場にゆくんだ。牛を売りにね」ジャックは、どうして男が自分の名まえを知っているのか、不思議でした。

「なるほど。いかにもりっぱな牛売りにみえるわい。ところで、五つの豆をかぞえるにはどうしたらいいか、わかるかね」

「片手に二つずつで、口に一つ、それで五つさ」

「そのとおり。で、じっさい、ここにその豆があるんだが……」と男はつづけて、ポケットからたくさんの奇妙な豆を取り出しました。「おまえはたいへん頭がいいから、その牛とこの豆とを交換してやってもいいんだがな」

「ばか言え。そんなこと、するわけないよ」

「そうかね。でも、これがどういう豆か、知らんのだろ？　これを植えて一晩たてば、朝には、まっすぐ天までとどくんだ」

「まさか、そんなばかな！」と、ジャックは言いました。
「ほんとうなんだ。もし、ほんとうでなかったら、牛は返してやるよ」
「よし、わかった」ジャックは豆をポケットに入れると、乳牛の端づなを男の手にわたしました。

ジャックはおとぎ話に登場する多くの主人公と同じように、誘惑に負け、愚かな取り引きで貧乏くじを引いてしまう。赤ずきんがまっすぐ祖母の家にゆくようにという母親の指示を無視したように、ジャックは牛を現金で売るようにという母親の指示を無視した。幼い読者たちはこうしたジャックの向こうみずな行動をみて、すぐにこれは自分たちのことだと察知する。子どもならだれでも、子どもっぽい気まぐれに心をうばわれ、両親の忠告を無視したことがあるものだ。

ジャックはこの取り引きに——また、空に階段をかけるという夢に——有頂天になり、母親も自分と同じように喜んでくれると信じて疑わない。しかし、ジャックはとつぜん、嫌なことを気づかされる。

「まあ、なんということを！　おまえはそんなにバカだったのかい。まぬけ、とんま！　村一番の乳牛をやってしまうなんて。牛肉にしたって最高の牛だったのに。それを、たかが一にぎりの豆と取り換えるなんて。こうしてやる。こうしてやる！」と、お母さんはジャックの頭をなぐりました。「おまえの後生大事の豆なんか、こうして、窓から捨ててやる！」お母さんは豆を窓からばらまくと、「今夜だけは、おまえには食べるもの一かけら、飲みもの一滴、やらないよ」と言って、ジャックを寝室に追いやりました。

翌朝、ジャックが目をさますと、窓からばらまかれた豆は大きな木に育っていて、高く空のかなたに達している。ジャックは豆の木がどこまで伸びているのか知りたくなって、てっぺんまで登ってみようと決心する。

豆の木はジャックの窓のすぐ近くにあったので、窓をあけてひょいと飛びつきさえすれば、すぐ木につかまることができました。豆の木は大きなはしごのように上へ上へと伸びています。ジャックはひたすら上へ登りつづけ、ようやく空にたどり着きました。そこからは大きな道がどこまでも、まっすぐ矢のようにつづいていました。

豆の木のてっぺんにある大きな道は、『オズの魔法使い』のなかの黄色いレンガ道のように、ジャックをまったく異なる世界——おとぎ話の別世界——へと連れてゆく。この「横断」は大冒険を約束している。ジャックはそれがどこまでつづくのか確かめようと、意気揚揚と「大きな道」をたどってゆく。

道の果てには一軒の家がある。ジャックがドアをノックすると、大きな女があらわれた。彼女は食人鬼の妻で、すぐにジャックのことが気に入って、家のなかに招じ入れる。そして、自分の夫は食人鬼で、ちいさな子どもが大好物。とくに、朝には子どもをこんがり焼いて、トーストにのせて食べるのが大好きだと打ち明ける。

食人鬼はそのとき外出していたので、大女はジャックのために食事を用意してくれる。しかし、パンを一切れ、口にしようとしたその瞬間、食人鬼の足音がきこえてくる。もはや逃げることはできない。ジャックは大女に言われて、かまどのなかに身を隠す。まさに危機一髪、ドアが開いて大男が姿をあらわした。その日の大男は大またで部屋に入ってくると、テーブルの上に数頭の死んだ動物をドンと放り投げた。その日の狩猟の成果だった。それから、部屋のにおいをくんくん嗅いで、これまで無数の子どもたちの背筋をぞくりとさせてきたことばを口にする。

くん、くん、くん、
イギリス人の血のにおいがするぞ。
生きていようと、死んでいようと、
そいつの骨を粉にして、パンにしてくれよう。

ジャックの隠れている場所は、大男のいるところから、ほんの二・三歩しか離れていない。こんどは自分が食人鬼に食べられる運命だと思ったそのとき、幸いにも大女が大男の注意をそらす。

「まあ、ばかばかしいったら。夢みたいなことを言って」と、女は言いました。「それとも、きのうの夜に食べた男の子の残りものがにおうのかしら。さあさあ、からだを洗って、さっぱりしてらっしゃい。戻ってくるまでに、朝食のしたくをしておくわ」
人食い鬼が出てゆくと、ジャックはかまどから飛び出して、逃げ出そうとしましたが、女はそれを止めて言いました。「夫が寝てしまうまで、お待ちなさい。いつも、朝食のあと、うたたねするから」

大女がジャックの身の安全をはかるということは、彼女がただの食人鬼の妻にとどまらないということを暗示している。彼女はジャックが訪ねてきたときに食事を出すばかりか、夫にみつからないように気をくばる。夫の犠牲となったほかの少年たちには、ほとんど無関心だったのに、こんどばかりはいつもとちがってジャックをまもろうとする。そこには明らかに大女とジャックとの特別な関係が示されている。彼女はジャックをかくまうことによって、夫の怒りをかう危険をおかすことも厭わない。彼女は母親的な保護する力というか、家から離れたところにいるジャックの母親にほかならない。

ジャックは大女の指示どおり、かまどに戻り、食人鬼が朝食を終えるのを待つ。しかし、食人鬼は仮眠をとらずに、大きな箱のほうへ歩いてゆくと、金貨のつまった袋を二つ、取り出す。ジャックは目をみはって、食人鬼がすわって金貨をかぞえるさまをじっとみつめる。

## 棚からぼたもち

ここから話はべつの方向に向かう。物語の発端は食料不足ということだったが、それがこんどは少年の金銭欲の物語に変わるのである。はじめは、ジャックは金銭のことなど考えずに、みずからすすんで乳牛を一にぎりの豆と交換したのだったが、こんどは食人鬼の金貨に心をうばわれる。食人鬼が金貨をかぞえるのをみればみるほど、それが欲しくてたまらなくなる。そこで、ジャックは鬼が眠るのを待ち、金貨の袋を一つ、ひっつかんでドアから飛び出す。

過剰な金銭欲について問題となるのは、一つには、それが悲劇的結末をもたらすことが多いからである。ミダース王に何が起こったかについては、すでにみたとおりである。ミダース王は娘をうしなって、はじめて、貪欲がどれほど大きな犠牲をともなうものかを痛切に悟ったのだった。こうした貪欲がもたらす悲劇は身近なテーマであり、現代演劇のなかにも取り込まれている。アーサー・ミラー〔一九一五年生まれの米国の劇作家。一九四九年

『セールスマンの死』でピュリッツァー賞受賞〕の『みんな我が子』では、第二次世界大戦で航空機の精密機械の製造業者が、利益をあげるために自分の製造する部品の品質を落とす。彼の息子は戦闘機パイロットだったが、父親の工場でつくられた部品を搭載した飛行機で、何人もの同胞たちが死んでいったことを知って、自殺する。

しかし、不当利得はただ神話や舞台演劇の素材になっているだけではない。それは日常生活の一部にもなっていて、あやしげな商取引のかたちであらわれている。アメリカで禁止されている殺虫剤が海外に出荷されたり、不適切な処理をされた可燃性のベビー服が、製造業者によって、事実上、製造責任の所在が明らかにされない第三世界に向けて輸出されたりする。利益を上げるための手抜き作業にいたっては、枚挙にいとまがないほどである。

おとぎ話は一つの社会批評のかたちをなすものであり、そこには、民話が農夫のあいだに流布していた時代に一般的だった富に対する考え方が反映されている。「ロバの皮」のなかで、国王の金《きん》を生み出す財源をみれば、初期の語り手たちが、労せずして得た富に対して、どのように考えていたかは明らかである。とくに王室の場合については、疑う余地はほとんどない。国王が娘に対していだく汚らわしいたくらみは、国王の宝庫にたくわえられたきたない金貨に対応している。〈現代版〉の「ロバの皮」では、金貨はロバの耳から出てくることになっているが、本来の話では金貨がどこの穴から出てくるかをみればいい。下層階級の人びとが過剰な富に対して、どのように考えていたかは一目瞭然なのである。

われわれは子どもたちに〈お金が諸悪の根源だ〉と言う。しかし、金銭自体は明らかに悪ではない。問題はむしろ、それを手に入れるために、どこまでやるかなのである。ほんとうに必要とする以上の富をかき集めたいという願望、隣人よりも多くの富を確保するためなら、どんなことも辞さないという気持ち、それが貪欲を生み出すのである。

では、ジャックの場合はどうなのだろうか。金貨の袋を一つ持ち逃げしたからといって、ジャックを貪欲な人間とみなしていいのだろうか。なんといっても、ジャックは食べものを買う金を手に入れようとしている貧しいいなか者にすぎない。それに、いくらか金貨があれば、まえに愚かな取り引きをしてしまったことの埋め合わせとなるだろう。ジャックの名誉のために言っておけば、ジャックが盗んだのは金貨一袋だけなのだ。二つ、あるいは、それ以上の袋を持ち逃げすることもできたことを思えば、ジャックを貪欲だと決めつけるのは、まだ早い。すくなくとも、この段階では時期尚早と言えるだろう。

ジャックの母親は息子の姿をみてホッとする。金貨は母親が受け取り、食料を買いだめするのに使われた。しかし、金はすぐになくなり、ジャックはもっと金を取ってこなければならなくなる。そこで、彼はふたたび豆の木を登り、大きな長い道をたどって、やがて食人鬼の家にたどり着く。大女はふたたびジャックをあたたかくむかえてくれるが、くつろぐ暇もあらばこそ、鬼がとつぜん戻ってくる。またもや、ジャックはかくまわれ、鬼が金貨を取り出すのを、いまかいまかと待つことになる。しかし、こんどは、鬼は妻に魔法のめんどりをもってこいと命令する。

「金のたまごを産むめんどりをもってこい」と、鬼は大声で言う。

大女がめんどりをもってくると、大鬼はそれにたまごを産めと命令する。大鬼が「産め！」と叫ぶと、めんどりから金のたまごが出てくる。そして「産め！」と叫ぶたびごとに、たまごは何度でも出てくるのである。

こうした大男の金に対する執着は、彼の貪欲な性格をあらわしている。自分の富を確認する毎日の儀式——金貨の袋をかぞえ、めんどりが金のたまごを産むのをみること——は彼の生活のなかで、どれほど多くの時間が金銭についやされているかを示す。食人鬼にとって、金銭は安楽のみなもとであり、幸福感をているものである。

高めるのに役立っている。そうした感情は多くの人びとが共有しているもので、子ども時代に深く根ざし

作家で財政の専門家アンドルー・トビアスは、金銭や財政とかかわるようになったのは、五歳の誕生日に、広告担当重役だった父親から五ドルもらったころからだという。彼がレポーターに語ったところによると、ポケットの一ドル紙幣の感触がたいそう気に入って、金銭を世のなかで成功する手段として考えるようになったのだそうだ。児童心理学者の報告によれば、子どもが欲ふかいのは自然であり、すでに二歳の子どもですら、おもちゃなどの所有物を集めて、そこから安心を得ようとするという。子どもをおもちゃ屋に連れてゆき、何も買わずに店を出られるかどうか、ためしてみるがいい。子ども部屋がすでにおもちゃでいっぱいになっていようといるまいと、そんなことはまったく無関係なのである。

ジャックもまた、自分がもっているものだけでは満足しない。彼は大鬼が居眠りするのを待って、めんどりをつかまえにゆく。

ジャックはかまどから這い出して、黄金のたまごを産むめんどりをひっつかむや、声をかける暇もあらばこそ、いちもくさんに逃げ出しました。ところが、めんどりがコッコッと鳴いて、人食い鬼が目をさましました。家から飛び出したジャックの耳に、大鬼が「おい、おまえ。おれのめんどりをどうしたんだ?」と、女に叫んでいる声がきこえてきます。

「どうしたの、あんた」という女の声。

ジャックがきいたのはそこまででした。ジャックは豆の木まで突っ走り、全速力ですべりおりたのでした。そうして家にたどり着くと、お母さんにその不思議なめんどりをみせて、「産め!」と叫びました。すると、

めんどりはそのたびに金のたまごを産んだのでした。

ふつうは、いくらでもたまごを産みつづけるめんどりをもっているなら、それで満足するだろうと思われるが、ジャックの場合は、そうはいかない。彼の富への欲望は際限がない――「ジャックはそれに満足できずに、まもなく、もう一度、運だめしをしてみる気になりました」。ジャックは子どもに望みうるかぎりの富をすでに所有していながら、さらに多くを望むのである。

子どもたちにこの物語を読んできかせるときには、ここで読むのを中断して、ジャックはめんどりを手に入れたあとで、どうして大男の家に戻るのかときいてみるといいかもしれない。子どもたちは冒険に夢中になったり、ジャックの大胆な行動に心をうばわれたりして、こうした一面に気づかないことが多い。ジャックが戻る動機を明らかにすれば、この物語の複雑性を高め、子どもたちに考えるべき問題点を提示することができる。ほとんどのおとぎ話の作用は、無意識のうちにおこなわれるものだが、少しばかり方向づけをしてやることによって、子どもたちが物語に隠された意味をみのがさないようにしてやることもできる。

翌日、ジャックは朝早く起きて、三たび、豆の木を登る。そして、道の果ての家に戻ると、大きな銅鍋のなかに隠れ、大鬼がこんどはどんな宝物を持ち出してくるのか、ひそかにみまもっている。すると、数分ほどして、大男は妻に黄金のハープをもってこいと命令する。

「歌え!」と、人食い鬼が命令すると、ハープはこの上なく美しい音色をかなでました。そして、いつまでも歌いつづけ、やがて、大鬼は眠って大きないびきをかきはじめたのでした。

ジャックは銅鍋のふたを静かにもちあげ、よつんばいになってテーブルに近づきました。それから、上にあがって、黄金のハープをひっつかむと、ドアに向かって駆け出しました。

けれども、ハープが「ご主人さま、ご主人さま！」と、大声で叫びます。人食い鬼が目をさますと、ちょうど、ジャックがハープをかかえて逃げてゆくところでした。

ブルーノ・ベッテルハイムは、ジャックがハープを盗むのは尊い行為であるとして、それは「人生における高尚なもの」を手に入れたいという願望に端を発していると論じている。『昔話の魔力』のなかで、彼が主張しているところによれば、ハープは美と芸術を象徴するものであり、それを所有したいというジャックの願望は、彼の性的衝動をより高貴な探求へと昇華させることをあらわしている。彼がハープを拐《かい》帯《たい》するのは、貪欲のしるしではなくして、一つの成長体験というか、ジャックの物質への関心の超越を示しているのだというのである。

ここでもまた、精神分析的解釈は、物語の文脈と、それまでに起こったすべての出来事を無視している。この時点でジャックを文化的唯美主義者に仕立てることは、それまでの彼の行動の背景をなす動機を無視することにほかならない。そのハープが、ほとんどの弦楽器の材料である木ではなくて、黄金でつくられていることには意味がある。おまけに、中世イギリスのいなかに、自分の生命を危険にさらしてまで、楽器を手にすることに執着するような子どもが、どれほどいたというのだろうか。ジャックのハープに対する関心は、正しくは、彼が三度目に豆の木を登るときに示した貪欲さのあらわれと解釈するべきなのである。

さて、そのあとにつづくのは、おとぎ話文学における追跡の名場面の一つである。食人鬼がジャックを追って豆の木をおりてくるところで、これまで、どれほど多くの子どもたちが、固唾《かたず》を飲んで話に耳をかたむけてきたことだろう。大男がだんだん近づいてくるときに、どれほど多くの子どもたちが目を大きく見開いたことだろう。いまにも、大男がジャックをつかまえようとしたそのとき、ジャックは母親に斧をもってくるようにと叫ぶ。

お母さんは斧を手にして飛び出しましたが、豆の木のところにきて、恐ろしさのあまり、凍りついてしまいました。人食い鬼が雲間から足を突き出していたのです。

ジャックは飛び降りるなり、斧をつかむと、豆の木にドーンと打ちおろしました。大鬼は豆の木がぐらぐらと揺れるのを感じて、いったいどうしたのかと下をみました。そのとき、ジャックがもう一度、斧をドーンと打ちおろすと、豆の木はぷっつり二つに切れました。大鬼は上からまっさかさま。頭が割れて、そこに豆の木がドシーンと倒れ落ちてきたのでした。

ほかのおとぎ話と同じように、この物語の邪悪な存在は、主人公と共有している罪ぶかい性癖のために代償をはらう。ジャックの罪を体現するものとしての大男は死ななければならない。その死によって、読者のなかにある貪欲の痕跡がすべて抹消され、そうすることで、貪欲の衝動によって生み出される緊張が解消される。子どもたちが成長するにつれて、貪欲はいっそう複雑になるけれども、大男の死は幼いころの利己的性癖に対する素朴な取り組み方をあらわしている。

食人鬼が打ち倒されれば、幸福な結末が約束されたも同然である。ジャックと母親はジャックの冒険の受益者となる——「ジャックとお母さんは、黄金のハープを見せものにしたり、金のたまごを売ったりして、たいそうなお金持ちになりました」。さらに屋上屋《おくじょうおく》を架すかのように、ジャックはりっぱな王女と結婚して、幸せな生涯を送ることになる。おそらく、それはジャックにはふさわしくないのだろうが、しょせん、彼はおとぎ話の登場人物にすぎないわけである。

## 農場を手に入れるのは、だれなのか

相続財産が問題となるおとぎ話をみれば、人がどれほど欲望を満たそうとするものかがよくわかる。「びゃくしんの木の話」では、継母が自分と自分の娘が家の財産を確実に相続できるように、忌まわしい殺人を犯し、おまけに、さらにいっそう邪悪な行為に走る。「びゃくしんの木の話」はグリム童話集ではあまり知られていない話の一つで、話の展開が恐ろしいために、子ども向けの版には収められないことが多い。それでも、この話は貪欲を野放しにすると、どのような結果になるかを示す一つの詩的な具体例となる。

むかし昔、裕福な男がいて、男には美しい奥さんがありました。二人はたがいに心から愛し合っていたのですが、昼も夜も子どもが欲しいと祈っていたのに、どうしたわけか、子どもにめぐまれませんでした。二人の家のまえには庭があり、そこに一本のびゃくしんの木が立っていました。冬のある日、奥さんは木の下にすわってリンゴの皮をむいているときに、ナイフをすべらせて指を切ってしまいました。指からは血が出て雪の上にしたたり落ちました。奥さんはそれをみて、ため息をつき、「あーあ、くちびるが血のように赤くて、肌が雪のように白い子どもがあったらいいのにな」と言いました。そして、そのようにことばにすると、なぜか、うきうきした気分になりました。じっさい、そうしたことが起こりそうな気がしたのでした。

多くのおとぎ話が新しい生命の誕生の祈願からはじまり、多くの場合、そのことが物語の雰囲気を決定する。「白雪姫」でも、やがて王女を産むことになる女性が、血のように赤いくちびると雪のように白い肌をもった子どもが欲しいと願う。また、「ブタの王子さま」では、子どもにめぐまれない王妃が「世界でいちばん美しい男の子」が欲しいと言う。ところが、びっくり仰天、ブタのからだと手足をもった息子が生まれてしまうという話である。

この世に新しい生命を誕生させたいという願いは、親にとっては深く熱烈な願望だが、同時に、幼い読者には自分たちが望まれている、愛されているという思いをつよく感じさせるものである。どんなことがあろうと自分たちは愛されているのだという子どもたちの意識は、おとぎ話によって強化されると言っていい。「ブタの王子さま」の王妃も、はじめのうちこそ失望するが、やがてブタの息子を愛撫して、「子どものごわごわした毛ぶかい背中をなでながら、人間の子どものように抱きしめる」ようになる。また、はじめは妻の恥さらしとならないように子どもを殺すことまで考えた父親も、彼を息子として受け入れ、愛と敬意をもって育ててあげると誓う。

「びゃくしんの木の話」の妻も、やがて願いがかなって妊娠する。彼女は庭の木の下にすわって、子どもの誕生を心待ちにしている。しかし、八ヶ月目になって重病にかかる。彼女は夫を枕もとに呼び、「私が死んだら、びゃくしんの木の下に埋めてちょうだい」と言う。そして、死ぬまえに、欲しかった赤ん坊を産み落とす。願ったとおり、雪のように白い肌と血のように赤いくちびるをもった男の子だった。

悲しみに打ちひしがれた男は、妻の最期の願いをかなえるべく、びゃくしんの木の下に埋葬する。悲しい時が過ぎ去って、やがて男は新しい妻をむかえることになる。

二番目の奥さんとのあいだに女の子が生まれました。奥さんは自分の娘をみると、いとしくてたまりません。けれども、夫の連れ子をみるたびに、胸がきりりといたみました。それというのも、その男の子が夫の財産を相続することがわかっていたからでした。

ある日、奥さんが自分の部屋に上がってゆくと、娘がついてきて、「ママ、リンゴ、ちょうだい」と言いました。

「ええ、いいわよ」奥さんはどっしり重いふたのついた箱に手を入れました。

女の子はリンゴを受け取って、「お兄ちゃんにもあげちゃいけない?」と、ききました。

すると、奥さんは怒って、リンゴを娘の手からひったくり、「じゃあ、お兄ちゃんのあとからでないとだめだからね」と叫んで、箱のなかにリンゴを投げ入れてしまいました。

娘はお兄さんを呼びにゆきました。男の子が入ってくると、奥さんはリンゴが欲しいかいとたずねます。

「うん、欲しい」

「じゃあ、自分でお取りよ」と、奥さんは言いました。そして、男の子がかがんでリンゴを取ろうとしたとき、ふたをバタンと力いっぱいしめました。男の子の首はちょん切れて、まっ赤なリンゴのなかに落ちました。

奥さんは恐ろしくなって、「わたしの仕業でないようにみせなくてはいけないわ」と思いました。そこで、いちばん上の引き出しから白いハンカチを取り出すと、男の子の首にまいて頭をとりつけ、なにごともなかったようにみせかけました。男の子はリンゴを手にして、ドアのまえの椅子にすわっているようでした。

実子であれ、連れ子であれ、児童殺害は理解しがたい現象だが、じっさいに親が子どもを殺すといった状況は、その辺にいくらでもころがっている。南カロライナ州の主婦スーザン・スミスは二人の男の子を湖で溺死させ、それを自家用車乗っ取り事件のようにみせかけようとしたのだが、たしかに、この事件の動機となったのは金銭ではなかった。では、ほかの事件では、ほんとうに、そうした動機もありうるのだろうか。親がただ自分の金銭欲を満たすために、子どもを殺したりするものだろうか。そう、ニュー・イングランドで起こった事件をみれば、じっさい、そうしたこともありうるということがわかる。

一九九四年、サンドラ・ドスティという女性が、マサチューセッツ州の法廷において、五歳になる夫の連れ子を殺した罪で有罪判決を受けた。殺害された男の子は血友病をわずらっており、その高額な医療費は先妻との約束で夫が負担することになっていた。ドスティは――すでに夫とのあいだに子どもが一人できていて、もっと欲しいと思っていたのだが――夫の連れ子の治療に金がかかる現状では、もう子どもを産むことはできないと思い込むようになった。

事件のあったその日、子どもの実母と扶養義務を共有していた夫は、子どもが週末を自宅でいっしょに過ごせるように病院から連れ返った。ドスティは夫の留守をみはからって、こっそり子ども部屋へ忍び込むと、枕で顔をおさえて子どもを窒息死させ、それから、地下室へいって、ひもで自分の身体をしばり、夫の帰りを待った。妻の話では、二人の謎の男が家のなかに押し入ってきて、力ずくで自分を押さえつけ、子どもを殺害したということだった。しかし、陪審はそれがでっち上げであることを見ぬき、ドスティに児童殺害の罪で終身刑の判決をくだしたのだった。

「びゃくしんの木の話」の継母の場合は、もっと悪質である。彼女は子どもを殺したばかりか、自分の娘がその犯罪の張本人であると思い込むように画策する。娘はマルレーネという名まえで、兄にリンゴを半分ちょうだいとねだるが、当然のことながら返事がない。マルレーネはどうしたらいいのかわからずに、母親に告げ口する——「お兄ちゃん、まっさおな顔をしてドアのところにすわっているけど、なんにもこたえてくれないの」。すると、母親は「もう一度、お兄ちゃんのところにいって、また、どうしてもこたえてくれなかったら、横っつらをコツンとなぐっておやり」とこたえる。

マルレーネは男の子のところにいって、「ねえ、お兄ちゃん、リンゴ、ちょうだい」と言いました。それでも、返事がありません。そこで、お母さんに言われたとおり、顔をコツンとなぐると、お兄さんの顔がゴロンと落ちてしまいました。マルレーネはびっくり仰天、ワーワー泣きながら、お母さんのもとに飛んでゆき、「どうしよう、ママ。お兄ちゃんをなぐったら、顔が落ちちゃった」と言いました。マルレーネはもう泣きつづけるばかりで、どうにも慰めようがありません。

子どもを殺すだけでももってのほかなのに、その罪を無邪気な子どもに——ましてや殺された少年の妹に——なすりつけるような犯罪者は、魔女と呼ばれてもしかたがない。しかも、この継母はそれだけではすまない。彼女は「日と月とターリア」の妻のように、自分の罪を隠すために、男の子の亡きがらをシチューにして父親に食べさせようとする。そして、マルレーネに対しては、何があったのか、人に感づかれないように、かたく口を閉ざすのよと命令する。

お父さんは帰宅して食卓につくと、「ぼうやはどこにいるのかね」とききました。お母さんは「いなかの大おばさんのところに出かけたわ」とこたえて、シチューをお父さんの皿に取り分けました。お父さんはそれを食べると、なんておいしいシチューなんだ、お代わりが欲しいな、と言いました。そして、すっかり食べ終わると、骨をテーブルの下に落としたのでした。

マルレーネは自分の引き出しに走ってゆくと、いちばんきれいな絹のハンカチを取り出しました。そして、泣きながら、テーブルの下から骨を一つ残らず拾い集めて、ハンカチにくるみ、外に出てゆきました。それをびゃくしんの木の下においてからも、しばらくは、涙がとまりませんでした。

すると、とつぜん、びゃくしんの木が揺れて、枝が二つに分かれたかと思うと、霧が立ちこめ、そこからパッと美しい小鳥が飛び立ちました。そして、霧のなかから飛び出した小鳥は、すばらしい声で歌いながら、空高く飛んでいったのでした。小鳥の姿がみえなくなったときには、骨を包んだハンカチもなくなっていました。

この不死鳥のような再生と再会の場面は、「灰かぶり」のなかの似たような場面を連想させるが、「びゃくしんの木の話」では、再生するのは子どものほうである。ここでは息子の骨と死んだ母親の骨とが混ざり合うことによって、母と子の初期の結びつきが象徴的に再現されている。子どもが欲しいという母親の願いが、子どもの誕生というかたちをとるのと同じように、母親はふたたび子どもに生命をあたえるのである。

いわば、兄をこの世にとどめたいというマルレーネの努力によって、めでたく精神的復活が成就したわけだが、物語はここで終わるわけではない。むしろ、ここを境として、魔法の小鳥に化身した息子の復讐の旅がはじまると言ったほうがいい。その復讐の旅はまず、小鳥が金細工師の家の屋根に止まるところからはじまる。

金細工師が店で金のネックレスをつくっていると、屋根から小鳥の歌声がきこえてきました。
お母さんがちいさなぼくを殺したんだ。
お父さんはぼくがいなくなったと思ってる。
でも、ちいさな妹がぼくに同情してくれて、
ぼくをびゃくしんの木の下においてくれたよ。
金細工師はその美しいメロディが耳から離れなくなって、小鳥にもう一度歌って欲しいと頼みました。

小鳥は金のネックレスと引き換えなら歌ってあげようとこたえる。けっきょく、金細工師はネックレスをわたして、もう一度、小鳥の歌をきかせてもらう。

小鳥は歌い終わると、こんどは靴屋の家に飛んでゆき、そこで同じ歌を繰り返す。靴屋もまた小鳥の歌に魅せられ、金細工師と同じように、もう一度、歌をきかせてくれと頼む。しかし、小鳥はただではいやだ、何かをくれるなら歌ってあげようとこたえる。そこで、靴屋は妻に命じて、店の棚から赤い靴を一足もってこさせる。小鳥はまたもや歌を歌って、左のかぎつめで靴をつかんで飛び去ってゆく。

小鳥の旅の三番目の訪問先は製粉場で、そこでは職人たちが大きな石臼を刻んでいる。ここでも同じことが繰り返されて、職人たちはもう一度歌をききたくて、石臼を小鳥にわたす。

男たちはみんなで角材を使って、石臼をもちあげ、その穴を小鳥の首にとおしました。小鳥はそれを首輪のようにしてぶらさげて、びゃくしんの木に戻り、もう一度、その歌を歌いました。歌い終わると、また羽を広げて、こんどはお父さんの家に飛んでゆきます。右の足にはネックレス、左の足には赤い靴、そして首には大

きな石臼をもっていました。

小鳥の旅は力をたくわえる旅である。はじめのうちは、父親の連れ子は母親に対して無力そのもので、それゆえ、幼くして殺されるはめになった。小鳥の歌は男の子の再生を布告するものであり、継母とたたかうのに必要な道具を手に入れる手段となる。

彼が道具を手にして家に戻ると、父と母、それにマルレーネはそろって食事中だった。父親は小鳥がびゃくしんの木で歌っているのを耳にすると、喜びの感情がふつふつと湧いてきて、「むかしの友達に会えそうな気がする」と言う。

しかし、母親の反応は正反対で、「とても怖いわ。歯がガチガチ鳴って、からだ中の血が凍えそう」と言う。自分が報いを受ける瞬間が迫っていることを察知したのである。

父親は小鳥の鳴き声がもっとよく聞こえるようにと外に出る。すると、小鳥は金のネックレスを彼の首に落とす。彼はびっくりして家に戻り、もらった贈り物をみんなにみせる。

マルレーネも小鳥から何かもらえるかもしれないと外に出る。すると、小鳥は赤い靴を上から落とす。それは足にぴったりだった。マルレーネも大喜びで家に戻ると、「外に出たときは悲しくてしかたなかったのに、いまはうれしくて踊り出したいくらい」と言う。

継母もまた、魔法の小鳥は自分にも何かプレゼントの品を用意しているかもしれないと考える。心の底では、小鳥は何か悪いことの前兆だと感じていながら、貪欲な自分に負けるのである。

「私も外に出て、踊りたい気分になるかどうか、ためしてみましょう」と、お母さんは言いました。そして、ドアの外に出たとたん、小鳥はドシンと石臼を落としました。それは頭の上に落ちて、お母さんを押しつぶしてしまったのでした。お父さんとマルレーネは外の音を聞いて、飛び出しました。すると、あたり一面、煙と炎。石臼の落ちたところが燃えていました。そこにちいさな男の子が立っているではありませんか。男の子はお父さんとマルレーネの手を取り、三人そろって家のなかに入って、いっしょに食事をとったのでした。

「びゃくしんの木の話」は息子が変身し、貪欲な継母が死んだところで終わる。貪欲のテーマは、はじめは継母が夫の連れ子を殺害する動機として説明され、つぎに彼女が小鳥のプレゼントを欲しがるところで繰り返される。最後に継母がもらった贈り物は、自分の望んだものではなかったが、彼女にはふさわしいものだった。

## 十分が十分でなくなるとき

これまでみてきた二つの飽くなき財産欲——金をかき集めようとすることと財産を横取りしようとすること——は、おとぎ話で描かれる貪欲のかたちの一部にすぎない。ほかにも高い地位の追求というか、自分のおかれた地位に満足できない傾向などがあり、それが「漁師とおかみさんの話」に隠されたテーマになっている。

むかし昔、漁師とおかみさんが海辺のあばら家に住んでいました。ある日、漁師は釣竿をもって、水面をみつめていました。糸を引き上げてみると、釣り針に大きなヒラメがかかっています。

「漁師さん」と、ヒラメが言いました。「わたしを放してやってください。わたしはほんとうの魚ではなくて、魔法をかけられた王子なのです。わたしを釣っても、何もいいことはありませんよ。ぜんぜん、おいしくないのですから。どうぞ、水に戻して逃がしてください」

漁師は魚を逃がしてやり、その出来事を妻に話すが、妻は夫が何ももらわずに、魚の願いをきいてやったことが、どうしてもなっとくできない。「どうして、何も要求しなかったのよ」と、妻は夫をののしる。漁師は、そうしなかったのは、何を要求したらいいのか、わからなかったからさ、とこたえる。妻の言い分によれば、自分たちは悪臭のするあばら家に住んでいるけれど、ほんとうはもっといい家に住みたいのだという――「こんなブタ小屋みたいなところに住むのは、もううんざりだわ。さあ、また戻って、こぎれいな家が欲しいって言ってきてちょうだい」。

漁師はしぶしぶ言われたとおり、ヒラメを釣った場所に戻る。

漁師がそこに着くと、海は緑や黄色になっていて、もう先ほどのように澄みきっていませんでした。漁師は海辺に立って、大きな声で叫びました。

おーい、ヒラメよ、海のヒラメよ。
お願いだから、出てきておくれ。
おれには小うるさいかみさんがいて、
欲しいものがあるって言うんだよ。

すると、ヒラメがやってきて、「それじゃあ、何がお望みなのか、おっしゃってくださいな」と、言いました。

「かみさんはもうあばら家に住むのはごめんだ、こぎれいな家に住みたいって言うんだ。おまえを自由にしてやったんだから、何か、願いごとをかなえてもらえって言うんだよ」

「じゃあ、家に帰ってごらんなさい。もう願いはかなえられているでしょうよ」と、ヒラメが言いました。

漁師は帰宅したが、妻はそれくらいで満足するような女ではなかった。彼女はこぎれいな家に二週間ほど住んでみると、こんどは大きな石の城が欲しくなり、またもや、魚に願いごとをするようにと夫をけしかける。

魚はこんども妻の願いを聞き入れるが、彼女の欲はとどまるところを知らない。つぎには女王になりたいと言い出すしまつ。女王になれば、世界でいちばんの権力者になれると、すくなくとも彼女はそのように考える。そして、その願いをかなえてもらうために、夫を魚のところへ送り出す。

魚はその願いを聞きとどけるが、妻はまもなく女王という称号にさえも満足できなくなる。女王であるだけでは満足できない、女帝になりたいというのである。しかし、その後、女帝でも満足できなくなった妻は、いかんともしがたい結末に向かって突き進む。最終的な要求は自分を神にしてくれというものなのだ。彼女は「太陽や月を昇らせる力を手に入れるまでは、安らかな気分でいられないわ」と言う。

ヒラメは漁師がやってくるのをみると、最後にもう一度だけ、海から姿をあらわしました。

「それで、こんどは何がお望みなのですか?」と、ヒラメはたずねました。

「なんとまあ、神のようになりたいというんだ」

「じゃあ、家に帰ってごらんなさい」と、ヒラメは言いました。「おかみさんはきっと、もとのあばら家に住んでいることでしょう」

こうして、二人はいまでも、そんな暮らしをしているというわけなのです。

「漁師とおかみさんの話」はグリム童話集のなかの一篇だが、魔女もいなければ、クライマックスとなる善と悪との葛藤もない。じっさい、この物語は純粋なおとぎ話というよりは、ことばをしゃべれる魚が出てくるイソップの寓話のようなものである。それでもやはり、ここでは貪欲がどんな結果をまねくかが描かれていることに変わりはない。漁師の妻は自分の生活だけでなく、自分の社会的位置にも満足できない、言わば、自己中心的な鬼婆であり、最後で死なないにしても、罪ぶかい態度ゆえに罰を受けることになる。

## 収集と収集家

最後にもう一つ、おとぎ話で描かれる貪欲として、収集の衝動をあげることができる。貯蔵の衝動というか、金銭だけではなく、美術品から骨董品にいたるまで、あらゆるものをかき集めたいという衝動は、もともと人間のもっているやっかいな性向の一つであるが、とりわけ、その対象が人間である場合には、大きな問題を引き起こす。

むかし昔、あるところに一人の男が住んでいました。男は町にもいなかにも、りっぱな邸宅があって、たくさんの金銀の皿、刺繡のついた家具、いちめんに金箔をほどこされた馬車などをもっていました。ところが、不幸なことに、男はひげの色が青く、そのため、とてつもない醜男《ぶおとこ》にみえました。女たちはみんな男をみると、逃げ出してしまうほどでした。

奇妙な色をしたひげへの風変わりな言及ではじまるこの物語は、あらゆるおとぎ話のなかでももっとも薄気味わるい不吉な話であり、ある意味では「びゃくしんの木の話」以上に恐ろしい話と言えるかもしれない。「青ひげ」の主人公は、女性と結婚しては、つぎつぎと花嫁を殺害する連続殺人魔である。この物語は表面的には殺人をあつかっているけれども、潜在的には、人間をものとしてあつかうこと、すなわち、美術品や宝石などの貴重品のように、人間を収集の対象としてあつかうということは、何を意味するかをめぐって展開している。

このシャルル・ペローのおとぎ話は、青ひげが近所の娘の愛を得ようとするところからはじまる。その娘たちは「非の打ちどころのない美人」として描かれている。彼女たちはとくに近隣に住む青ひげに魅力を感じているわけではない、というより、じっさいはきらっている。それは青いひげのせいだけでなく、彼には結婚の前歴があり、しかも花嫁たちが跡形もなく消えてしまったという事実のせいである。

さて、青ひげは娘たちに嫌がられていたけれども、どうにかして、娘の一人をくどいて結婚にまでこぎつける。二人は結婚式のあと、青ひげの城に戻るが、そこで、青ひげはすぐ商用で出かけなければならないと告げ、旅立つまえに二つの大きな箱のカギを新妻に手わたす。一つの箱には銀の皿、もう一つの箱には宝石がぎっしりつまっているという。それから、青ひげはもう一つのカギを彼女にあずける。それは大きな回廊のはずれにある部屋の錠前をあけるカギだった。

「どこを開けてもいいが、あの小部屋だけはべつだ。あそこは開けてはならん。もし、開けるようなことがあれば、おれの激しい怒りをかうのは当然と思え」と、彼は言う。

当然のことながら、新妻は夫が出かけてしまうと、すぐに誘惑に抗しきれなくなり、回廊に歩をすすめる。それから、夫の警告にもかかわらず、ポケットをさぐってカギを取り出す。

花嫁はちいさなカギを取り出し、ふるえながらドアをあけました。なかは暗くて、よくみえません。窓はしまっていて、外の明かりは差し込んできませんでした。それでも、しばらくすると目がなれたのか、床がべっとり固まった血でおおわれているのがみえました。なんと、恐ろしいことに、数人の女性の死体が壁に寄りかけられているではありませんか。それらは青ひげがつぎつぎと結婚しては、殺害してきた奥方たちだったのです。花嫁は恐怖のあまり死んでしまうかと思われました。そのため、錠前から抜いたカギが手からすべり床に落ちました。かがんで拾い上げると、血でよごれています。けれども、いくらこすっても、きれいにはなりません。それは魔法のカギだったのです。

花嫁は帰宅した青ひげにカギを返せと言われるが、ちいさなカギだけは返さない。しかし、つよく命令されて、それも返さざるをえなくなる。当然、青ひげはカギに血がついているのに気がつく。

「このカギはどうして血がついているのだ?」ときかれて、花嫁は知らないとこたえる。しかし、けっきょくは鋭く問い詰められて、小部屋に入ってなかをみたことを白状させられる。

「おまえははじめからそのつもりで部屋に入ったのだな」と、青ひげは言う。「よし、わかった。では、おまえがそこでみたご婦人方の仲間入りをさせてやろう」

## 一人だけでは足りないとき

われわれはこの話をどのように理解するべきなのだろうか。「青ひげ」は好奇心に対する警告をあらわしていると解釈する人たちにとっては、これは読者、とりわけ若い女性に対して、あまり知りすぎると危険なことがあると警告する話となる。『野獣からブロンド美女へ』の著者マリーナ・ウォーナーは、ペローの「青ひげ」のいくつかの版では、「女性の好奇心がもたらすもの」という副題がつけられていると指摘している。ウォーナーによれば、この物語には、従順でない女性にとって、好奇心は災厄をまねくものだというメッセージがふくまれているという。同じようなメッセージは、主人公が禁じられた美のつぼをあけて生命をうしないかける「キューピッドとプシケ」にもみいだせる。

しかし、このような話はたしかに好奇心に関連するけれども、「青ひげ」は知りたがることよりは、欲ふかいことにかかわるところのほうが大きい。青ひげの罪は無垢な女性たちをかき集めようとする衝動である。銀の皿や刺繍された家具、宝石などの彼のコレクションは、新妻のコレクションに匹敵する。彼は女たちを殺すが、その死体を小部屋に陳列して、それらを宝石や毛皮のように自分の所有物としてあつかっている。

人間を手に入れようとする性向をあつかった物語は、それほどめずらしくはない。それはまた、「かしこいお姫さま」の著者マリー＝ジャンヌ・レリティエのおとぎ話「オリンピア姫」の基盤ともなっている。このレリティエの話では、王女が島に捨てられるが、そこは女性を殺すと言われている残虐な悪魔によって支配されている。しかし、じっさいは、その悪魔はおとぎ話的な意味で悪魔なのではなく、女性を収集するふつうの人間であることがわかる。彼は女性を殺すのではなく、彼女たちを地下に閉じ込めて支配しているのである。

こうした女性収集のテーマは、現実の世界でも、君主や大富豪がハーレムや多くの妻をかかえる文化のなかにみいだせる。フィクションのほうでは、こうした性向はジェイムズ・パタースンの『娘たちにキスを』〔米国のベストセラー小説。一九九七年『コレクター』の題で映画化〕において描かれている。パタースンの小説では、中心人物は魅力的な若い娘たちをかき集めては地下倉庫に監禁し、彼女たちにセックスを強要する。彼は青ひげや「オリンピア姫」の主人公と同じように、女性たちを殺したいというよりは、女性たちを収集したいという欲求に駆りたてられるのである。

この種の物語における究極の罪は、主人公の犠牲者たちに対する考え方である。主人公の〈所有物〉は人間ではなく、自分の激しい欲望を満たすための財産にすぎない。かき集めようとするものが金銭であれ、人間であれ、その点が〈貪欲〉に隠された倒錯的側面である。ミラーの『みんな我が子』のなかでは、死んでゆくパイロットたちや飛行士たちは、作品中の父親に関するかぎり、人間ではなく、どこか見知らぬ空の見知らぬ顔でしかないし、不適切な処理をされた可燃性のパジャマでやけどをした子どもたちは、両親のひざの上で笑いころげる子どもたちではなく、どこか遠い国の取るに足らない人たちにすぎない。また、有害ゴミを河川に捨てる産廃業者は、人びとの生命や健康を害する危険がひそんでいることなど考えようともしない。重要なのはものごとの本質である。貪欲がつよくなると、人間的感性がおとろえ、ついには人間をほとんど物体同様にみなしてしまうようになる。

「青ひげ」の妻たちが、銀の皿や数々の宝石のように収集されたのは、彼女たちが物体とみなされたからにほかならない。さて、ヒロインは自分が夫の不気味なコレクションの一つにされそうなのに気づき、なんとかのがれようとする。

花嫁はそのことばをきくと、夫の足もとに身を投げ出し、これから言いつけはかならずまもると約束して、許しを乞いました。けれども青ひげの心は岩よりもかたく、頑として聞き入れてくれません。

「おまえは死ぬのだ。それも、いますぐにな」

「どうしても死ななければならないのでしたら」と、花嫁は涙でぬれた目で夫をみて、こたえました。「どうか、しばらく待って、お祈りをさせてください」

「では一五分だけ、待ってやろう。だが、それ以上は一分たりとも待てんぞ」と、青ひげは言いました。

一五分というのが何としても花嫁に必要な時間なのである。まもなく、遠くのほうに大きな土煙が立ちのぼり、二人の騎士が城に向かって馬を走らせてくる。「神さまのおかげだわ。兄さんたちが助けにきてくれたのね」と、彼女は叫ぶ。

青ひげは花嫁の髪をひっつかみ、もう一方の手で短剣をふりかざして花嫁の首を切ろうとする。

ちょうどそのとき、ドンドンと門をたたく大きな音がひびきわたりました。青ひげはびっくりしました。門が開かれると、すぐに二人の騎士が剣を抜いて、襲いかかってきました。二人は花嫁の兄たちで、一人は竜騎兵、一人は銃兵でした。青ひげはそれをみて、すぐさま逃げ出しましたが、二人はすぐあとを追いかけ、逃げられないように捕まえて、剣で刺し殺してしまったのでした。

「ほかの罪は古いが、〈貪欲〉はまだ若い」という民間の格言があるが、〈貪欲〉のテーマがおとぎ話のいたるところにみられるのは、おそらくそのためだろう。貪欲な性向を克服しようとするたたかいはまだつづいている。「ジャックと豆の木」「びゃくしんの木の話」「青ひげ」などの話では、自己を破滅させる恐れのある衝動とたたかって、それを克服しようとする試みが描かれている。それらはいつも成功するとはかぎらないが、すくなくともそれらが一つのはじまりとなることは確かなのである。

# 第10章　怠惰

## ——ジェッペットの夢

むかし昔、年をとった王さまが瀕死の床にあったのですが、自分のあとを継いで国を治めてくれる男の子がおりません。そこで、三人の甥たちを呼んで言いました。

「かわいいおまえたち。わしはもう長くない。わしの亡きあと、おまえたちのだれかが国王にならねばならん。しかし、これまでずっと、おまえたちのことをよくみてきたつもりだが、だれがいちばん王冠をかぶるのにふさわしいのか、さっぱり見当がつかん。そこで、代わるがわるためしてもらいたいのじゃ。まず、いちばん年上のものが国王になって、りっぱに国を治めることができれば、それでよし。もし、うまくいかなかったら、つぎに代わり、それでもうまくいかなかったら、残った一人が国王になる。こうすれば、だれが国を治めるのに、いちばんふさわしいかがわかろうというものだ」

それをきいた三人の若者たちは王さまに礼を言って、それぞれ、最善をつくすことを誓いました。それからしばらくして、王さまが亡くなり、華やかな埋葬の式典がおこなわれました。

いちばん年上の兄の戴冠式は、国をあげての盛大な祝賀の催しとなりました。「国王とはいいものだ」と、彼は大喜び。「おれは存分に楽しんで、思いどおりにすることができるんだ。おれを止めるものはだれもいない。朝は好きなだけ、ベッドで寝ていればいいわけだ。王さまに対して文句を言うものなど、いないのだからな」

つぎの朝、首相と財務大臣が宮殿にやってきて、新しい王さまと国政について話そうとしましたが、王さまはお休み中で、だれも寝室に入れるなという命令が出ているとの返事でした。

「これでは先が思いやられるな」と、首相はため息をつきました。

「まったく先が思いやられます」と、財務大臣が繰り返しました。

## 国王になりたくない男

首相も財務大臣も、国を継いだ新しい国王はまったくやる気がないことを正しく見抜く。新しい国王が考えることといえば、いまや王座についたのだから、ベッドで寝ていればいいということだけなのだ。側近の者たちも怠惰な君主をかかえ込んだことに気がつき、これでは国が困った事態になると心配する。

じっさい、国王がのんびり構えて国政をおろそかにしたために、宮殿の状況は悪化の一途をたどるばかり。しかし、国王は国王で、自分の行動がどんな結果をまねくか、わからないほどバカではない。自分がこのまま国王でいると、やがて国はほろびてしまうにちがいない。彼は国王に向いていないことを認め、王座をすてて旅に出て、いなかでがちょう番の働き口をみつける。

「こいつはすばらしいぞ」と、彼は叫ぶ。「国王なんかよりもずっといい。ここなら首相も財務大臣もうるさくつきまとったりしないんだ」彼は満たされた気分でがちょう番をしながら、日がな一日、草地に寝そべってのんびり過ごす。

いっぽう、二人の弟たちもためしに国王になってみるが、理由こそちがえ、結果は似たり寄ったりで、一人は金銭をあつかえないし、もう一人は鈍感な無骨者。上の弟はあやうく王室の財務を破綻させそうになるし、また、下の弟は臣下たちに、どんな衣服を着て、どんな家に住まなければならないか、微に入り細に入り指示をする。さらには、豆を煮る匂いがきらいだからという理由で、豆スープをつくることすら禁止する。けっきょく、二人とも、いちばん上の兄のように、宮殿を去って、もっと気楽な仕事を求めて旅に出る。そして、あとに残された首相と財務大臣は、広く国中から国王になる人物を探し求めることになる。

一八八八年に出版されたメアリー・ド・モーガン〔一八五〇―一九〇七年。英国のファンタジー作家〕の『三人のかしこい王さま』は、無能と怠惰に対する愉快な解説である。二人の弟はどちらも愚行ゆえに罰されることなく、いちばん上の兄も怠惰ゆえに辛い思いをすることはない。しかし、だからといって、初期の作者たちが、怠惰を重大な欠陥とは考えていなかったというわけではない。カルロ・コッローディ〔一八二六―九〇年。イタリアの児童文学者〕は、怠惰こそ、もっとも有害な子どもの欠点であると考えた。この『ピノッキオ』の作者にとっては、なまけ癖は子どもが人生で成功するのを妨げる大きな障害にほかならなかった。

## ほんとうの男の子になろうとする人形

『ピノッキオ』は人形が〈ほんとうの男の子〉になるという夢を実現させるために、自分のなまけ癖を克服するという話だが、これは一八八一年、コッローディによって雑誌連載のかたちで発表された。本のかたちになったのはその二年後で、これは出版されるや、たちまち、あらゆる時代をつうじての児童書のベストセラーとなった。『ピノッキオ』が、よく、おとぎ話というよりは児童文学とみなされるのは、おそらく長いからだろうが——ふつうのおとぎ話が五ページから一〇ページなのに対して二〇〇ページもある——、この物語にはおとぎ話の典型的要素がほとんどみんなふくまれている。主人公は魔法の人物たちのひしめく世界を旅して、つぎつぎと恐ろしいものと遭遇し、そして、おとぎ話には欠かせない幸福な結末がやってくる。おまけに、名づけ親となる妖精までもが登場する。ただし、これらの要素を結びつけ、プロットを動かすテーマは怠惰である。

『ピノッキオ』はアントニオという名まえの年をとった家具職人の仕事場からはじまる。老人が木片を削っていると、驚いたことに、「ああ、痛いじゃないか」という叫び声がする。幻聴を聞いたと思った老人が、ふたたび木片にカンナをあてると、また、「やめてよ。ぼくのからだから皮膚をはがさないでくれよ」と叫ぶ。アントニオは木片が霊にとりつかれているのだと思い込み、それをジェッペットという名の初老の人形作り師に売りわたす。ジェッペットは踊る人形をつくって、世界を旅して生計をたてたいと考えている。「わしは世界中を旅してまわり、日銭をかせぐことにしよう」と言うのである。

ここで、身を粉にして働くことが、物語の大きなテーマとして確立される。その意味で、物語の雰囲気はジェッペットの人物像によって決定されると言っていい。彼はかなり年をくっているけれども、自分の仕事に精出して、長いあいだ不満も言わずに働きつづけた。しかし、いくら努力しても、不自由な暮らしから抜け出すことができない。ほかに何か「日銭をかせげる」ような仕事がないかと探していたところ、あやつり人形によって、旅の興行師として生計をたてるという道が開けてきたわけである。

しかし、ジェッペットがつくった人形は、けっきょく、材料となった木片に劣らず、煮ても焼いても食えないことがわかる。ジェッペットは、ピノッキオと名づけたその人形が、街中で暴れまわったおかげで、世間をさわがせた罪で牢獄に入れられる。いっぽう、ピノッキオは、ジェッペットが牢獄でしおれているあいだに家から逃げ出し、食べものを探しに世間に出てゆく。しかし、はじめて世のなかに出陣してはみたものの、結果は惨敗。尾羽打ち枯らして、腹ぺこになって家に戻る。

ピノッキオは家で一人ぼっち。ジェッペットが自由の身となるのを待っていると、だれかがちいさな声で自分の名まえを呼んでいる。声の主は話しのできるコオロギで、従順や勤勉の美徳について語り、また教育の価値について説教する。ピノッキオはコオロギ——ウォルト・ディズニーではジミニー・クリケットという名まえ——をあざ笑って、勉強なんてまっぴらごめん、蝶を追いかけたり、木に登ったりするほうがずっといいと言う。すると、コオロギは、そんなことばかりしていると、おとなになってロバになり、みんなからバカにされるぞと警告する。ピノッキオはそんな警告など、はじめからききたくもない。

「うるさい！」と、ピノッキオはどなりましたが、コオロギはがまんづよく、しゃべりつづけました。「学校にいきたくないなら、まともに暮らしていけるように、せめて、なにか手に職をつけなよ」

「ぼくがやりたい仕事はたった一つ」と、ピノッキオはこたえました。「食べたり、飲んだり、眠ったり、それに朝から夜までぶらぶらして、愉快に過ごすことだけだ」

「そんなことばかりしていると、最後には病院か牢獄にいくことになるんだよ」コオロギは穏やかに話を進めます。「かわいそうなピノッキオ！　心から同情するよ。なんてったって、君はただの人形なんだから。いちばんいけないのは、頭が木でできてるってことなんだ」

ピノッキオはメアリー・ド・モーガンの長男のようになまけ者で、仕事もいや、学校もいや、一日中、ベッドにもぐって何もしないで過ごせれば、それにこしたことはない。ピノッキオには虚言癖など、ほかにも性格上の欠点がみられるけれども、いつも彼をごたごたに巻き込み、成功を妨げるのは、ほかならぬ怠惰な性格なのである。

コッローディが明らかにしているところでは、怠惰は、説教したり、ときどき叱ったりすれば、それですむといったようなちいさな欠点にすぎないのではない。それは道徳的堕落や精神病を生み出す重大な心理的欠陥である。コオロギがわかりやすく言っているように、怠惰な子どもは、おとなになってロバになるばかりでなく、犯罪者や精神病患者になる危険がある。

子どもの怠惰は、ただの個人的問題にとどまらない。それは社会の核心にかかわってくる。産業革命以前には、親は子どもたちに農場や家庭の雑用を手伝わせた。労働が農場から工場へとうつると、子どもたちは親の乏しい給料の足しにするために、家庭外の仕事に送り出された。ちいさな子どもたちが何時間も働いて——しばしば搾取されることはあったにせよ——社会の経済的福利に多大なる貢献をしたのである。こんにちでも、安価な労働力として、子どもたちを頼りにしている国はいくらでもある。

しかしながら、子どもたちが一日中工場で働くなら、教育を受ける時間も体力もなくなってしまう。西洋の工業国は、児童労働法が議会を通過してからは、子どもたちの生活においては、教育がまず優先されるべきであり、少年少女のいちばんの仕事は勉強だという認識をもつようになった。こんにちの子どもたちは、学業に専念して、教育の階段をできるだけ高く昇ることを奨励される。

怠惰は製品を産み出す妨げとなろうと、また、教育を受ける障害となろうと、それが一つの性癖であることは動かしようがない。それゆえ、児童文学においては勤勉に関するテーマが顕著にみられるのであり、また、勤勉の報酬を高らかに歌い上げるおとぎ話が、作者の重要なレパートリーの一部となっていることも理解できるのである。おとぎ話が民間に広まっていた時代には、勤勉は――あるいは勤勉を装うことでさえも――農民から王侯貴族の地位へと出世する手段となりえた。勤勉のおかげで、王子と結婚できるということもあった。こうした空想はグリム兄弟の「三人の糸つむぎ女」の基盤となっている。

むかし昔、たいそうぐうたらな娘がおりました。糸をつむぐのが大きらいで、お母さんにどんなに注意されても、いっこうに効きめがありません。とうとう、お母さんはかんにん袋の緒が切れて、娘をしたたかになぐったところ、娘はわんわん泣き出しました。

ちょうどそのとき、近くをとおりかかったお妃さまが、娘の泣き声を聞きつけました。不審に思って家のなかに入ってみると、母親が娘をなぐっています。お妃さまは、どうして娘をなぐったりするのかとたずねました。

お母さんはぐうたら娘のことを話すのが恥ずかしくて、「どうしても糸つむぎをやめようとしないのですよ。いつまでも糸をつむぐものだから、貧しいわたしには亜麻を十分買ってやれないのです」と、言いました。

お妃さまは「糸車の音ほど心地いいものはありません。わたしは糸車がくるくる回る音を聞くと、いつもわくわくしてしまいます。おじょうさんにいっしょに城に来てもらうわけにはいきませんか。亜麻はたくさんありますから、心ゆくまで糸をつむぐことができますよ」と、こたえました。

お母さんは大喜び。一も二もなくお妃さまの申し出を受け入れました。そこで、お妃さまは娘といっしょに城にゆき、上等な亜麻がたくさん積まれている三つの部屋に案内しました。

「さあ、この亜麻をつむぐのよ。ぜんぶつむぐことができたら、いちばん上の息子の花嫁にしてあげましょう。あなたは貧しいけれども、そんなことはどうでもいいわ。働き者ということだけで、持参金としては十分なの」

王妃は喜んで娘を城へ連れていっただけでなく、働き者の娘に対するほうびとして、みずから長男と結婚させようと申し出る。勤勉は持参金代わりとみなされるほど高く評価されるのである。

身分の低い娘が糸をつむげるという理由で、王室の一員にむかえられるという視点は、あらゆるおとぎ話の核心にある願望成就を反映している。おとぎ話にかぎって言えば、ヒロインは糸車によって、貧乏から脱出する切符を手に入れることができる。おとぎ話にかぎって言えば、糸をつむぐ技術があり、それを生かそうとすることによって、ヒロインは王女や王妃になることができる。しかしながら、じっさいは「三人の糸つむぎ女」のヒロインは、どちらももちあわせていない。明らかに糸車の回し方も学んでいないし、学ぶつもりもないのである。

そんな娘を救ってくれるのは、白馬の王子ではなく母親的女性たちである。ある日、彼女がどうやって亜麻をつむごうかと思案しながら、窓辺にたたずんでいると、三人の奇妙な風体の女たちが下の道をやってくる。大きな偏平足の女、下くちびるの大きい女、親指の大きな女の三人である。娘が女たちを呼びとめ、自分の窮状について話をすると、彼女たちは代わりに糸をつむいであげようと申し出る。そして、報酬として、娘の結婚式への招待状が欲しいと言う――「わたしたちのことをみっともないと思わないで、結婚式に招待してくださいな」。娘は「ええ、喜んで」とこたえる。

三人の糸つむぎ女は母親のイコンだが、特殊なイコンである。彼女たちはまだ実現されていないヒロインの一面、つまり勤勉という一面をあらわしている。彼女たちは、いわば、三人で一人の善なる母親を表象しているのであり、ヒロインが困っているときにあらわれては、亜麻をつむぐことを申し出て、彼女の王室の一員としての身分を確固たるものにしてくれる。三人は母親ならだれでもそうするように、結婚式への招待というささやかな報酬しか求めない。母親にとって――たとえ合成された母親であっても――娘が正真正銘の王子と結婚するのをみること以上に、大きな喜びがあるだろうか。

そうしたわけで、三人の糸つむぎ女は娘のために糸をつむぐ。一人目が糸車を回す踏み板を操作し、二人目が糸を湿らせ、三人目が糸を撚り合わせるのである。仕事が終わると、娘は糸つむぎ女たちをみえないところに隠して、王妃を部屋に呼び、できあがった糸の山をみせる。喜んだ王妃は結婚式の手はずをととのえるが、娘は招待状が発送されるまえに、王子と義理の母となる王妃に、一つ願いごとがあると切り出す。

「わたしには三人のいとこがいて、とても親切にしてくれました。この幸運をいとこたちと分かち合いたいと思います。どうか、結婚式に呼んでいただけないでしょうか」

「そういうことなら、そうしたらいい」と、王子さまとお妃さまは言いました。

そして、結婚式のパーティがはじまると、三人の糸つむぎ女が奇妙なかっこうでやってきました。「みなさん、ようこそ、いらっしゃいました」花嫁は女たちをあたたかくむかえました。

王子さまは「おやまあ、おまえのいとこって、なんて、醜い人たちなんだ」と、言いました。そして、一人目の女に近づき、「おまえの足がそんなに大きくて平らなのは、いったいどうしたわけなんだね?」と、たずねました。

「糸車を回すためですよ」と、女はこたえました。

王子さまは二番目の女のところにゆくと、「おまえの下くちびるは、いったいどうして、そんなに大きくて垂れ下がっているんだね?」と、たずねました。

「糸をなめるためですよ」

三番目の女には、「おまえの親指は、いったいどうして、そんなに大きいんだね?」と、たずねました。

「糸を撚り合わせるためですよ」と、女はこたえました。

花婿はそれをきいて、これから美しい花嫁には、糸車に手もふれさせないと言いました。

こうしたわけで、娘はやっかいな糸つむぎの仕事を免れたのでした。


じっさい、糸つむぎはめんどうな仕事である。王女は王室の一員なのであるから、これからは糸をつむぐ必要はまったくなくなる。しかし、彼女の幸運が三人の糸つむぎ女の介在によるものであることは、一目瞭然である。ヒロインの自己を構成する要素としての三人の女たちは、子どもたちには勤勉という潜在的能力が隠されており、その能力を開発することは自分にとって有益だということを幼い読者たちに伝えている。

糸つむぎは共同体の経済的存続に寄与するという点で、おとぎ話に共通する勤勉のメタファーとなる。

おとぎ話の歴史を研究しているジャック・ザイプス〔一九三七年生まれ。ミネソタ大学教授。一九九九年第七回国際グリム賞受賞〕は、産業革命以前には糸つむぎが女性にとって欠かせない仕事になっていて、女性の価値を計るものさしと考えられていたと指摘している。女性は糸をつむいで生計をたてることができただけでなく、糸つむぎの能力によって、夫の心を容易に引きつけることができた。こんにちでは〈糸つむぎ女《スピンスター》〉という語は〈いかず後家〉という悪い意味で使われるが、むかしは肯定的な意味合いをもっていた。すなわち、糸をつむぐ技術をもっていて、自分で生計をたてている女のことだったのである。

　おとぎ話というものが、共同の糸つむぎ部屋で肩をならべて仕事をする女たちによって、いわば、つむぎだされた話であることを思えば、少女たちが自分の人生をいかに好転させるかを語る手段として、糸つむぎが用いられているのも驚くにはあたらない。「ルンペルシュティルツヒェン」の粉屋の娘は、父親の無分別なホラ話のおかげで困難な状況におちいるが、それでも、つむぐ技術があれば——彼女の場合はわらから金をつむぐのであるが——王妃になることができるのだ。同じように、「三人の糸つむぎ女」の娘は、つむぎ糸をつくれるなら、王女の身分に出世できることになっている。両者とも可能なかぎりの援助を利用できるのは言うまでもないが、ここで母親の力が介入してくるわけである。〈三人の糸つむぎ女〉は、自己の勤勉な一面を体現しているのであり、ここでは、いわば、仕事によって自己の可能性が高められるという考え方が奨励されている。

　一九世紀と二〇世紀のあいだに、糸車はしだいに機械に取って代わられるようになったけれども、糸車が勤勉と自力本願の象徴であることに変わりはない。一九二〇年代に、マハトマ・ガンジーは、国家的規模の紡績プログラムが、イギリスによる植民地支配からインドを解放するのに役立つと確信していた。彼はインドを布地《ぬのじ》生産において自給自足の国にすることによって、インドとイギリスのあいだに楔《くさび》を打ち込むとともに、インド人労働者に権威をあたえようと考えた。当時、技術としての糸つむぎはたいへん高く評価され、糸車はインド独立党の党旗の装飾として用いられるほどだった。

ピノッキオはと言えば、政治的問題には関係ないし、糸車の力を借りるわけでもない。もしも、関係があったとしても、糸車の使い方を学ぼうなどという殊勝な気持ちにはならなかったろう。なまけ者のピノッキオはすこしでも仕事と呼べるようなことには手を出さず、コオロギの忠告を無視して、ふたたび食べものを探しに家を出る。しかし、こんども何も手に入れることができない。手ぶらで帰宅したピノッキオを待っていたのは、つい今しがた、牢獄から解放されたばかりのジェッペットだった。この老人はかわいい人形の無事を知って一安心、ピノッキオに食べものをあたえ、ベッドに寝かせる。そして翌日、ピノッキオに然るべき教育を受けさせようと決心し、自分のコートを売った金でアルファベット教本を買い、ピノッキオを学校にかよわせる。

しかし、ピノッキオは学校にはいかない。途中、わるがしこいキツネと盲目らしいネコに呼びとめられるのである。かれらはペテン師で、富と名声をエサにピノッキオを誘惑し、人形劇団の親方——ディズニーではストロンボリと名づけられている——に売りわたす。親方はピノッキオをあやつり人形劇団の一員に加えることになり……というわけで、ここから、ピノッキオがいろいろ痛ましい経験をする遍歴の旅がはじまることになる。

そうした冒険の一つでは、ピノッキオがコッローディの言うところの〈働きバチの国〉という島にやってくる。ピノッキオはそこで、人びとが忙しそうに石炭車を動かしたり、水桶を運んだりしているのを目にする。だれもが何か仕事を割り当てられ、だれもが忙しそうに自分の仕事をこなしている。しかし、ピノッキオは心を動かされたりはしない。目のまえの光景をみて、「この国はぼくには向いていないや。働くのは性に合わないもの」と、うそぶく。

この話では、この人形の大きな欠点――働くのを嫌がること――がもう一度繰り返される。一人の炭坑夫が、石炭を積んだ車を引くのを手伝ってくれれば、金をやると申し出るが、ピノッキオはそれを拒んで、「ラバのようにあつかわれるのはごめんだよ。これまで一度だって、車を引いたことなんかないんだからね」と言う。ピノッキオは何度もなまけ癖を捨てるチャンスをあたえられながら、すべて拒否してしまうのである。

## よい母親の登場

自分でなんとかやっていかなければならないピノッキオは、怠惰な性格ゆえに、何度も困難な状況におちいるが、そのたびごとに瑠璃《るり》色の髪の妖精に助けられる。この魔法の妖精は、ここぞというときに姿をあらわして、ピノッキオを救ってくれる。いわば、よい母親を象徴的にあらわす存在であり、生き方として怠惰を捨てて勤勉の道を歩むようにと、ピノッキオを説得する。〈働きバチの国〉では、妖精は農婦の姿であらわれ、ピノッキオに何回か水の入ったバケツを運ぶのを手伝わせる。彼女は家に帰ると、そこで正体を明かし、あなたはほんとうはいい子なのだと信じていると言って、昔の罪を許してやる。

「そういうわけで、あなたのことを許してあげたの」と、妖精は言いました。「あなたはきっとやさしい子で、悪い癖があるけれど、あなたには希望をもてると思ったからよ。だから戻ってきて、あなたのお母さんになってあげたの。でもこれからは、わたしの言うことはなんでもちゃんときいてちょうだい」

「うん、そうする」と、ピノッキオは大きな声で言いました。

「いいわ。じゃあ明日、何か自分のやりたい仕事をみつけなさい。おやおや、何か言いたいことがあるようね」

「ちょっと思ったんだけど」ピノッキオはまじめな顔になりました。「もう、学校にゆくのは遅いんじゃないかな。それに、仕事をみつけるなんて嫌だよ」

「どうしてなの?」妖精は怒りました。

「だって、仕事は疲れるんだもの」ピノッキオはちいさな声でこたえました。

「そんなことを言う人は、最後には牢獄や病院にゆくのよ。この世のなかでは、みんな、仕事をしなければいけないの。このことはしっかり心に刻んでおきなさい。なまけ癖というのは恐ろしい病気で、子どものうちに治しておかないと、年をとってからでは治せなくなってしまうのよ」


怠惰な性癖はまちがいなく牢獄や精神病院へとつうじる道なのだ。瑠璃色の髪の妖精が言ったことばは、まえにコオロギが言ったことばの繰り返しである。ピノッキオは――それに幼い読者たちも――もう一度、怠惰のもたらす恐ろしい結果について想起することになる。なまけ癖は甘やかしておくと災厄となり、それを根絶する処置をとらずにいると、やがて、重大な欠陥に進行してしまう。子どものころを過ぎてしまうと、もはや取り返しがつかなくなる。こうしたメッセージは恐ろしいけれども、変えようと努力するなら、変えることもできるという含みがある。この点では、希望があると言えるのだ。

妖精が力になろうとしたにもかかわらず、また、自分でも正しいことをするつもりでいたにもかかわらず、ピノッキオは挫折する。〈働きバチの国〉を去ったピノッキオは、ランプウィックという友人に説得されて、仲間の少年たちといっしょに旅に出る。かれらがめざしたのは、学校にゆく必要もなければ勉強する必要もないという国である。そこはコッローディでは〈愚か者たちの国〉、ディズニーでは〈島の遊園地〉と呼ばれており、事実上、仕事などないに等しく、快楽に支配されているユートピアである。ランプウィックはピノッキオに「土曜には学校にいかないんだ。そこでは毎日が土曜日で、例外は一日だけ。その例外が日曜なのさ」と言う。ちいさなピノッキオはこの誘惑に抵抗できない。それこそ、すべての子どもにとって夢の実現にほかならない。

まったくなんの義務もなく、毎日、遊んでいられるという誘惑は魅力的だが、そうなると、しばしば現実は思ったほど楽しいものではなくなってしまう。多くの子どもたちが長い夏休みに飽きてしまい、早く学校に戻って学生生活を送りたいと思うようになる。おまけに、新しい技術を修得したり、知識を得たりすることは満足をともなう。おとなもまた、肯定的な自己意識をもちつづけるためには、生産的な探求に従事する必要がある。

じっさい、ピノッキオの夢は悪夢に変わる。この愚か者のパラダイスにやってきた子どもたちは、すぐにロバに変身する。ピノッキオは驚いたことに、朝、目をさますと、耳がロバの耳になっている。しばらくすると、こんどは両手両足がひづめに変わり、顔は馬づらになってくる。さらに、うしろを振り返って、しっぽが生えたことに気づいたときに、彼の恐怖は頂点に達する。

いまや、ロバに変身した人形のピノッキオは、絶望のあまり、わんわん泣き出す。迷い子たちに付き添っていたリスによれば、「もう君たちにはどうしようもないんだ。なまけ者で学校なんて大きらい、いつも遊んでばかりいるという子どもは、けっきょく、みんなロバになってしまうんだよ」という。ここでもう一度、まえのコオロギのことばがピノッキオの心によみがえる。もしも、なまけてばかりいると、どういう結果になるか、ちいさな子どもたちに警告することが目的なら、ピノッキオを襲った運命ほど恐ろしいものは考えられない。

怠惰な性癖に対する懲罰は、なまけ者をあつかうほかのおとぎ話でも中心的事件になっている。グリム童話集のなかではあまり知られていない「ホレおばさん」は、その一例である。この話は「三人の糸つむぎ女」や「ルンペルシュティルツヒェン」のように、糸つむぎを勤勉のメタファーとして用いている。しかし、「三人の糸つむぎ女」や「ルンペルシュティルツヒェン」では、ただ一人の少女の冒険が語られているのに対し、「ホレおばさん」では二人の少女の行動が描かれる。この二人の少女は、こと、辛い仕事に関しては、まったく正反対である。

後家さんには二人の娘がありました。一人はかわいらしくて、働き者、もう一人は醜くて、なまけ者でした。後家さんは醜い娘がほんとうの自分の子どもだったので、それはそれはかわいがり、仕事はすべて、もう一人の娘に押しつけました。家事はすべて、まま娘の仕事でした。おまけに、それだけでは不幸がたりないとでもいうかのように、娘は毎日、大通りの井戸の近くにすわって、指から血がにじむまで、糸をつむがなければなりませんでした。

さて、ある日のこと、紡錘《つむ》が血でよごれてしまったので、娘は水で洗おうとして井戸にひたしました。そのとき、紡錘《つむ》は娘の手からすべって、水のなかに落ちました。娘は泣いて、継母のもとへ駆けてゆき、ことの次第を報告しましたが、継母は情け容赦なく、娘を叱りつけました。

「おまえが紡錘《つむ》を落としたのだから、もう一度戻って拾っておいで」

娘は井戸に戻りましたが、どうしたらいいのか、わかりません。すっかり落胆した娘は、紡錘《つむ》と同じように、井戸のなかに跳び込みました。それからどうなったのか、さっぱりわかりませんでしたが、気がついてみると、娘は美しい野原にいて、まわりには花がいっぱい、太陽がさんさんと降り注いでいたのでした。

ヒロインが井戸に跳び込んだというのは、無意識の世界への下降をあらわしており、それはこれまでの世界から、まったく異なる魔法の世界へというおとぎ話的〈横断〉を示している。明るい太陽の光と花々は、道ばたにすわって手から血がにじむまで、糸をつむがなければならなかったという重苦しい生活とは、まったく対照的である。娘はこうして一時的に以前の状況から解放されるが、恐ろしくて、どこにいったらいいのか、わからない。しかし、やがて、野原を横断して、どこにたどり着くのか、ためしてみようと決心する。

野原をどんどん歩いてゆくと、やがてパンがいっぱい入っているパン屋のかまどに着きました。パンは娘に「さあ、わたしを取り出して。早く。黒焦げになってしまう。もう、すっかり焼けてるの」と、呼びかけました。

娘は近寄って、パン屋の木べらで、つぎつぎにパンを取り出してやりました。それからまた、どんどん歩いてゆくと、こんどはたわわに実ったリンゴの木のまえにやってきました。

「さあ、木をゆすって落としてちょうだい。もう、すっかり熟してるわ」と、リンゴが呼びかけました。

娘が木をゆすると、リンゴは一つ残らず雨のように落ちてきました。娘はそれらを山積みにして、さらに先へと進みました。そしてとうとう、おばあさんが住んでいるちいさな小屋にたどり着きました。おばあさんはとても大きな歯をしていたので怖くなり、逃げ出そうとしましたが、呼び止められてしまいました。

「おじょうちゃん、何をそんなに怖がっているのかね。さあ、いっしょに暮らそうよ。家のなかのことをきちんとやってくれたら、決して悪いようにはしないよ。ベッドをととのえるときには、十分気をつかっておくれ。羽があたりに舞い散るくらい、力いっぱい揺するんだ。そうすると、世のなかは雪になるのさ。なぜって、わたしはホレおばさんなんだから」

ホレおばさんとはだれなのか。また、どうして、娘はそんなに怖がるのか。彼女の外見がその答えとなる。ホレおばさんの「大きな歯」は潜在的な破壊能力に対する言及であり、彼女が魔女であるという証拠となる。その魔女的性格を補足するものとして、天候を変えられるという能力があげられているが、これはバーバ・ヤーガのような強大な魔女にしてはじめて可能なことである。ホレおばさんはロシアのバーバ・ヤーガのように、天を左右できる偉大なる大地の母なのである。グリム兄弟によれば、かれらの故郷ヘッセンの農民たちは、雪が降ると、よく「ホレおばさんがベッドをととのえている」という言い方をしたそうだ。この老婆はまた、罪もない子どもたちを破滅させることもあるという。ヒロインが彼女を怖がるのも当然なのである。

ホレおばさんが娘に脅威をあたえる存在である以上、娘はこの老婆の申し出にしたがわざるをえない。娘は掃除や洗濯をし、また、羽が「雪ひら」のようにあたりに舞い散るように、これでもかと言わんばかりに魔女のベッドを力いっぱい揺する。しかし、やがて娘は家が恋しくなり、ホレおばさんにおずおずと家に帰りたいと言う。すると驚いたことに、老婆は嫌味を言うどころか、願いを快く聞きとどけてくれる。娘は老婆に言いつけられた仕事を文句も言わずにきちんとこなしたのだから、報われて当然だというわけである。

「家に帰りたいというのは大いにけっこう。おまえはわたしの言うことをよくきいてくれたから、家まで送ってあげようじゃないか」

おばあさんは娘の手をとり、あいている大きなドアに連れてゆきました。娘がドアをとおると、どっと黄金の雨が降り出して、娘にかかり、からだ中、きらきら金色に輝きました。

おばあさんは「おまえはほんとうによく働いてくれたから、その黄金はぜんぶおまえにあげるよ」と言って、井戸に落とした紡錘《つむ》を娘に返してくれました。それからドアがしまると、もう、娘はこの世に戻っていて、近くに、お母さんの家があったのでした。

紡錘《つむ》の返還は、紡錘《つむ》が井戸に落ちたときに、文字どおり、娘の手からすべり落ちた勤勉という衣《ころも》を、ふたたび娘に着せるということを意味している。ヒロインは魔女に課せられた仕事を忠実にこなすことによって自分の資質を証明し、仕事熱心な娘としての自分の立場を取り戻した。そして、それらの経験から、さらに多くを学び、やりとげたことに誇りをもつことによって、〈現実世界〉に戻る態勢がととのった。黄金は最高級の報酬ではあるけれども、ホレおばさんから肯定的な評価を勝ちえたという事実ほど重要とは言えないだろう。

「ホレおばさん」は、重要な他者に評価されることのほうが、黄金よりも貴重だと教えている。幼い子どもたちには金銭の価値がわからない。五ドル紙幣と一〇ドル紙幣のちがいを、あるいは、それらの購買能力のちがいを知っている子どもがどれくらいいるだろうか。子どもたちにわかるのは、親や先生に努力を認めてもらえると気分がいいということである。おとなが肯定的な反応をすると、それは子どもたちの内的世界に自己意識として組み入れられ、高い自己評価と肯定的な自尊心を生み出すもととなる。娘はこうしたことをホレおばさんとの出会いから学んだ。これが娘の体験の深い意味である。われらがヒロインは紡錘《つむ》を取り戻して、現実世界に帰り、継母に自分の冒険談を話す。継母は自分の娘も黄金の雨を浴びる価値があると言い、娘を井戸のそばにすわらせて、ヒロインに幸運をもたらしたのと同じ状況を再演させる。しかも、本来のものと寸分たがわぬ状況にするために、娘に両手をイバラのなかに突っ込んで傷をつくらせ、紡錘《つむ》を娘の血で汚す。それから、その血で汚れた紡錘《つむ》を井戸のなかに投げ入れて、娘に跳び込むようにと指示をする。

ぐうたら娘は気がつくと、お姉さんと同じように美しい野原にいて、同じ道を歩いていたのでした。そして、パン屋のかまどにやってくると、パンが大声で叫びました。

「さあ、わたしを取り出して。早く早く。黒焦げになってしまう。もう、すっかり焼けてるのよ」

ぐうたら娘は「すすで手をよごすなんて、ごめんだわ」と言って、立ち止まりもしませんでした。

やがて、リンゴの木のまえにくると、木が「さあ、木をゆすって落としてちょうだい。もう、すっかり熟してるわ」と、叫びました。

娘は「それはとてもけっこうね。でも、わたしの頭の上に落ちてきたらどうするの?」と言って、そのまま通りすぎてしまいました。

やがて、ホレおばさんの小屋に着いたときにも、もう大きな歯のことは聞いていたので、怖がりもせずに、すぐに、おばあさんのもとで働くようになりました。

娘は最初の日はきちんと家事をこなし、熱心に働きました。黄金がもらえるのだからと期待して、命じられたことはなんでも引き受けたのでした。ところが二日目には、もうなまけ癖が出はじめて、三日目には、もっとひどいことに、朝、ベッドから起き出そうともしなくなったのでした。

おばあさんはすぐにこの娘が嫌になり、このままではここから出ていかなければならなくなるぞと警告しました。ぐうたら娘はそれをきいて、黄金の雨が自分に降り注ぐものと思い込んで大喜び。ところが、おばあさんにドアのところに連れていかれて出口に立つと、頭の上に降ってきたのは、なんと、大バケツいっぱいのまっ黒な松やにではありませんか。

おばあさんは「それがおまえの仕事のごほうびじゃ」と言うと、バタンとドアをしめてしまいました。

ぐうたら娘は松やにでまっ黒になって家に戻ったのですが、それはしつこくこびりついて、一生、取ることができなかったという話です。


「ホレおばさん」では、働き者の姉の報酬は黄金、なまけ者の妹の報酬は黒い松やにというかたちで、怠惰の結果が生き生きと描写されている。生涯、まっ黒な松やにを取ることができないというのは、生涯をロバとして生きることに劣らず、破滅的なことである。ピノッキオがなまけ癖の罰を受けたように、ものぐさ娘もなまけ癖の罰を受ける。しかし、すくなくとも、娘には世話をしてくれる母親がいるのに、ピノッキオは一人ぼっちで、まだ家から遠く離れたところにいるのだった。

## 救済への道

ピノッキオの〈愚か者たちの国〉での滞在は、ロバに変身したあと、まもなく終わる。この悪魔的な動物農場を支配する御者は、ピノッキオをサーカスに売りわたすのだ。ピノッキオは馬小屋につながれ、したたかに鞭で打たれては、毎晩のように小屋の外に連れ出され、観客のまえで難しい芸をやらされる。そんなある晩、観客席のなかに瑠璃色の髪の妖精の姿が目にとまる。妖精の存在は変わらぬ母親の献身的愛情の証明であり、どんなに悪い子でも――これまでどんなに悪い子だったにしても――いつも希望は残されているということをちいさな読者に伝える。

ある晩、ピノッキオは芸の一つで輪くぐりジャンプをして、よろけてケガをしてしまう。サーカスの団長は「足の悪いロバなんか、役に立たたん。芸のできない動物がサーカスにいてもしかたがない」と、文句を言う。

翌日、団長はピノッキオを市場に連れてゆき、不気味な男に売りわたす。男はピノッキオを溺死させ、その毛皮で太鼓をつくるつもりなのである。それを知ったピノッキオは、びっくり仰天。やがて、首に大きな石を巻きつけられ、海のなかへと投げ込まれるが、幸運にも、どうにか生命だけはとりとめる。奇跡的に水中で木の人形に戻ったおかげで、水面に浮かぶことができたのだった。

ピノッキオは波間にただよっているときに、遠く離れた岸壁の上に、瑠璃色の毛のヤギに変身した妖精の姿を認めて、全力を振りしぼり妖精のほうに泳いでゆく。しかし、陸地にたどり着くまえに、もう一つの困難がピノッキオのまえに立ちはだかる。ピノッキオは、コッローディが〈全魚類のアッティラ王〉と命名した海の怪物に食われそうになり、なんとかのがれようとあがいたものの、けっきょく、丸ごと怪物に飲み込まれ、胃のなかに吸い込まれる。そして、この巨大な魚――ディズニーではクジラのモンストロと呼ばれている――のなかで、ガリガリにやせ衰えて死の淵をさまよっているようなジェッペットに出会うわけである。

ジェッペットは海の怪物に飲み込まれた船客のなかで、たった一人生き残り、ピノッキオと離ればなれになって以来、ずっと怪物の腹のなかで暮らしてきたのだった。老人はとっくのむかしに死んだと思っていた〈息子〉が生きていたのを知って、驚くと同時に大喜び。二人はしっかと抱き合って、それから、なんとか魚の腹のなかから脱出することに成功し、家にたどり着くことができる。ピノッキオはなつかしいわが家に戻ると、農場の仕事をみつけ、ジェッペットが健康を取り戻すよう世話をする。

つぎの五ヶ月のあいだ、ピノッキオは食べものをもらったお礼に、毎朝、五時に起きて、井戸から水を汲んできました。それだけではありません。かごの作り方を学んでは、それを市場で売ったりもしました。こうしてかせいだお金で、お父さんの世話をすることができたのでした。それに、ジェッペットはまだからだが弱っていて、あまり遠くまで歩けなかったので、晴れた日には外出して新鮮な空気を吸えるように、車椅子をつくってあげたのでした。

コッローディの話の本質は、この一節で明らかにされている。ピノッキオの救済は辛い仕事をとおしてもたらされる。ピノッキオは水を汲んだり、かごをつくったり、また、父親を散歩に連れ出せるように車椅子をつくったりする。万事、きちんとやりとげることができるように、朝は五時に起きるというのである。

けっきょく、ピノッキオの分裂した自己における善の部分が優位に立ち、ようやく彼の行動を導くようになった。彼の肯定的側面——瑠璃色の髪の妖精や大使役の昆虫コオロギに象徴的にあらわされている——が、それまで彼の人生を支配していた否定的傾向に打ち勝った。ピノッキオはこれを最後に怠惰な生き方をやめ、〈よい息子〉、すなわち自分の愛する人、自分を愛してくれる人のために率先して働く勤勉な子どもになる。

しかし、物語はまだ終わりではない。ピノッキオはこれまでの生き方を捨てたけれども、まだ人形のままであり、ほんとうの男の子になりたいという夢はまだ実現されていない。ある晩、ピノッキオはぐったり疲れてベッドに倒れ込み、瑠璃色の髪の妖精の夢をみる。その夢のなかで、妖精はピノッキオにキスをして、「よくやったわね、ピノッキオ。とてもいい子だったから、あなたがこれまでやってきた悪いことはみんな許してあげるわ。これからも、ずっとこんなふうにしていれば、いつも幸せにしていられるわよ」と言う。

目をさますと、驚いたことに、ピノッキオはほんとうの男の子になっている。着物を着て、大喜びでジェッペットのところに走ってゆくと、ジェッペットもまた魔法の変貌をとげている——「ジェッペットじいさんは彫りものの仕事をはじめたころのように、若々しく元気になっていました」。物語は二人が手をとりあって喜び合うという高揚した雰囲気で終わる。ピノッキオは人間になり、瑠璃色の髪の妖精は保護者として、みまもってきた悪童が、それまでの生き方を改めたことに満足し、ジェッペットは血肉をもった生身《なまみ》の息子を手に入れる。かくて、実現しそうもなかったみんなの夢が実現するのである。

## 悪人と善人と森

しかし、この物語では、魔女はどこにいるのか。〈愚か者たちの国〉を支配し、ピノッキオを一にぎりの金貨でサーカス団長に売りわたす御者が魔女なのだろうか。それとも、それはピノッキオを鞭打ち、芸ができなくなると、すぐに売り払ってしまうサーカス団長なのだろうか。あるいは、ピノッキオを溺死させようとする不気味な太鼓職人なのか。これらの人びとはいずれも悪人であることは確かだが、おそらく太鼓職人は別にして、だれもピノッキオをほろぼそうとするわけではない。その太鼓職人にしても、自分が殺そうとしているのはロバだと思っていたのだ。とすれば、では、魔女はどこにいるのだろうか。

「あそこにいるよ」と、ジェッペットが言う。彼が指差す先には、頭を横にして両手をだらりと下げ、足を折り曲げて、ぐでんと椅子に寄りかかっているあやつり人形がある。ジェッペットの仕事場の片隅に、生命の息吹きをうしない、動かない木片に戻ってしまった「もう一人のピノッキオ」が打ち捨てられている。このピノッキオは、いわば自己の悪の側面を体現している。そして、部屋の反対側には「栗色の髪ときらきら輝く大きな目をした利発そうな男の子」が立っている。

投げ捨てられているピノッキオは、慣習的な意味での魔女ではないが、物語中の悪のすべてを人格化したものである。彼はどうにも手に負えない信頼できないなまけ者である。コッローディはこの人形から生命をうばい、伝統的なおとぎ話の魔女がほろぼされるのと同じようにほろぼされるという運命をあたえた。作者は「古いピノッキオ」を取り除くことによって怠惰を根絶し、その代わりに、親への思いやり、素直さ、なかんずく勤勉な心性など、人間的にすぐれた子どもに期待されるあらゆる資質をもったピノッキオを用意したのだ。

カルロ・コッローディは学校改革に情熱的に取り組んだ。彼は才能ある作家で創造的な語り部であるにとどまらず、児童教育に関する専門的論文を発表し、学校を変えるためにたたかった人物でもある。コッローディの考えによれば、なまけ癖とは危険な性癖であり、教育に有害な影響をあたえるがゆえに、完全に根絶されなければならない。早い段階で怠惰を除去する手だてをこうじないと、子どもたちは学校を有効に利用して有益な人生を送ることができなくなる。怠惰はひとりでに消滅するといったようなものではない。怠惰を確実に除去するためには、じっさいに行動を起こす必要があるという。

したがって、コッローディは人形を完全に排除して、その代わりに新たに生み出された「栗色の髪ときらきら輝く大きな目をした利発そうな男の子」を用意した。古いピノッキオと新しいピノッキオのあいだには、身体的な類似点はまったくない。これに対して、ディズニー映画では、ピノッキオはむかしの自分を再利用して生まれ変わる。〈新しい〉ピノッキオもまたあやつり人形であって、まえの人形とちがうところは、ただ膝やひじがちょうつがいで動くのではないという点だけである。

しかし、コッローディの『ピノッキオ』とディズニー映画とのもっとも重要な相違点は、この人形の運命ではなくして、映画では、事実上、怠惰が心理学的考察の対象になっていないということである。映画では、ピノッキオが「島の遊園地」に送られるのは、彼がなまけ者だからではなく、わがままで、人の言うことをきかないからである。ピノッキオと友人たちは島に来てからは、毎日、タバコを吸い、賭け玉突きをして遊び、また仲間げんかをして過ごしている。そこには、かれらの破壊的衝動を満たすためのアーケードまで用意されている。

ディズニーの目には、ピノッキオの欠点は何よりも、うそをつきたがる性癖であると映ったのだろう、彼の性格的欠陥は鼻が伸びるというかたちで生き生きと描写されている。この映画をみた大多数の人が思い出すのは、まず、この鼻が伸びるシーンではなかろうか。しかし、この箇所は二〇〇ページを超える原作のなかでは、ほんの二・三パラグラフを占めているにすぎない。それに対して、怠惰については、ほとんどすべてのページでふれられたり言及されたりしているのである。

ディズニーがコッローディの物語を変え、心理的原動力としての怠惰を排除したのは、なぜなのか、その理由は明らかではない。おそらく、映画が封切られた一九四〇年ごろには、もう、なまけ癖は切実な関心事ではないと感じられたからかもしれない。アメリカでは何年もまえに児童労働法が制定されていて、もう子どもたちの労働はあてにされていなかった。ディズニーには、虚言癖や喫煙、器物破壊のほうが許しがたい罪であり、こちらにもっと目を向けるべきだと感じられたのかもしれない。理由はどうであれ、この物語が印刷された活字からスクリーンへと変貌したとき、実質的に怠惰は姿を消してしまったのである。

しかしながら、なまけ癖は依然として、子どもとおとなの両方にとっての一大関心事である。われわれは子どもたちに家事をやって欲しいと思っており、子どもたちが責任を回避すると頭をかかえてしまう。われわれは親や教師として、こと、学校の勉強となると、怠惰が由々しき問題になりかねないと承知している。こうした関心は、朝、なかなか起きられない子どもについて歌ったマザーグースの伝承童謡に反映されている。

だらだら、のらくら、一〇時の生徒さん、
そんなに早いのはなぜかしら?
まえはいつも一〇時に来たのに、
きょうは一二時に来るなんて。

しかし、伝承童謡のほうは、なまけ癖は困りものだということを思い出させる愉快な歌にすぎないのであり、おとぎ話のように怠惰を批判しているわけではない。なまけ癖を露呈したために、黒い松やにをかぶってしまった子どもや、同じ理由でロバに変えられた少年の物語は、説教や叱責、また伝承童謡などでは決して伝えられない怠惰についての強力なメッセージをもっている。子どもたちを怠惰から遠ざけたいと思っている親は、「三人の糸つむぎ女」、「ホレおばさん」、コッローディの『ピノッキオ』などの話を、子どもたちに読ませるのがいちばん効果的である。

だからといって、映画版『ピノッキオ』やそこから生まれた読みものには、それを補う社会的価値がないというわけではない。喫煙や器物破損、虚言癖に反対するのに生き生きした絵画的イメージを利用するのは、きわめて効果的である。私は映画で『ピノッキオ』をみてから何年ものあいだ、うそをつきたくなると自分の鼻が伸びるさまを想像したものだ。しかし、『ピノッキオ』のディズニー版は、怠惰とはほとんど無関係で、したがって、なまけ癖にかかわる葛藤という問題になると、あまり心理学的価値は認められないということは承知しておかなければならない。

こうした相違点があるにもかかわらず、ディズニー映画とコッローディの原作には一つの重要な共通点がある。どちらも変貌の物語だということである。この二つの作品では、過去にどれほど多くの罪をかさねようとも、また、どんなに大きな性格的欠点があろうとも、その気になれば変えることができるという考え方が打ち出されている。これはおとなにとっても子どもにとってもホッとするメッセージであり、そもそも、おとぎ話の旅が成功に終わるということに暗示されているメッセージにほかならない。すなわち、〈愚か者の国〉をとおるものもあれば、オズの国をとおるものもあるということなのである。

# 第11章　オズのなかで
## ――魔法使いに会うために

「わたしの靴を返して」

「そうはいかん。もう、わしの靴なのじゃ。おまえのものではない」と、魔女は言いました。

「なんていじわるなの。人の靴を盗む権利なんか、ないはずよ」

「なんとでも言うがいい。靴はこちらのものさ。いつか、そっちもいただくつもりじゃ」魔女はせせら笑いました。

ドロシーはそれをきいて腹がたち、近くにあったバケツの水を手にとって、魔女にザブッとぶっかけました。魔女は頭のてっぺんからつま先までびしょぬれです。

よこしまな魔女はギャッと恐怖の叫び声をあげた

かと思うと、ドロシーがあっけにとられてみているまえで、みるみる縮んで溶けてゆきました。

ドロシーが恐怖と驚愕の入り混じった気持ちでみつめていると、西のいじわる魔女は溶けてどろどろになり、床の上に広がってゆく。ドロシーは仲間たちに魔女が死んだことを報告し、それから、一同そろって、オズの魔法使いが約束した報酬を受けとるために、エメラルドの都に向けて出発する。かかしは脳みそ、ブリキの木こりは心臓、そして、臆病ライオンには勇気が贈られることになっていた。

ドロシーとオズの国の冒険になじみのない子どもはほとんどいない。メディア通によると、一〇億人以上の人びとが『オズの魔法使い』の映画〔一九三九年、ヴィクター・フレミング監督、ジュディー・ガーランド主演のMGM映画〕をみたか、L・フランク・ボームの有名な原作を読んだことがあると見積もられている。しかも、その数は毎日、ふえつづけるばかりである。「ばんざい、魔女は死んだぞ」に合わせて歌を口ずさめない子どもや、マンチキンとは何のことかがわからない子どもはめったにいない。毎年のように、かぞえきれないほどの子どもたちとその親が、テレビのまえに集まっては、ドロシーが黄色のレンガ道を歩いて旅に出るのをみているのである。

ほとんどの人が『オズの魔法使い』を子ども向けの冒険物語と考えがちだが、これはおとぎ話であると言ってもいい。ただし、『オズの魔法使い』は、「白雪姫」や「シンデレラ」などの伝統的なおとぎ話とはちがって、自己に認められる〈欠陥〉――〈過剰〉に対立する意味での〈欠落〉――というものに焦点をあわせている。古典的なおとぎ話の登場人物は、典型的に〈放縦〉の罪――虚栄、大食、貪欲、また、それに類するもの――をおかしている。それに対して、ドロシーの三人の仲間は〈欠落〉の罪に苦しんでいる。かかしやブリキの木こり、それに臆病ライオンは、自分たちがほかの人のように知的でないとか、感情がないとか、勇敢でないとか思い込んでいる。かれらの望みは、ドロシーがそれらの欠陥を治すのに力分の運命を実現するのに力をつくすということにほかならない。ようもなかったけれども、ドロシーが仲間たちの運命の実現に力をかすということは、ドロシー自身が自をかしてくれることであり、ドロシーもまた喜んで力をかすつもりである。物語のはじめのほうでは知り

## われらの時代のおとぎ話

フランク・ボームの本は、ドロシーが危険な大竜巻から逃げようとするところからはじまる。その竜巻はエムおばさんやヘンリーおじさんといっしょに暮らしている農場のほうにやってくる。ドロシーはおじさんやおばさんのあとについて地下室に逃げようとするが、愛犬のトトがうでのなかから飛び出してベッドの下に隠れてしまう。ドロシーはトトをつかまえようとするが、それができないうちに、大竜巻が農家を土台から引き上げ、空高く運び去る。原作では、ドロシーは家が静かに揺れるので眠くなり、やがて目をさますと、もうすでに、からだはオズの国に運ばれていたということになっている。

映画では、ドロシーが奇妙な人物でいっぱいの魔法の国に到着すると、スクリーンが急にカラーに変わるという工夫がなされている。このドラマティックな〈横断〉は、ドロシーがもはや退屈なカンザスの領域——現実——にしばられているのではなく、無意識の領域に足を踏み入れたことを示している。彼女がこの魔法の世界につうじるドアをあけると、すぐさま、ちいさな白髪の老婆がやってきて、ドロシーの家が魔女の上に落ちて、魔女を即死させたと告げる。驚いたことに、老婆はまったく取り乱した様子もなく、それどころか、ホッと安心しているようである。

「マンチキンの国へようこそ、ごりっぱな魔法使いさま」と、おばあさんは言いました。「東のいじわる魔女をやっつけて、われらが国の人びとを自由にしてくださったこと、心の底からありがたく思っておりますです」

ドロシーはこれをきいて、あっけにとられました。ドロシーのことを魔法使いと呼んでみたり、東のいじわる魔女をやっつけただなんて、いったいぜんたい、どういうことなのでしょうか。ドロシーは竜巻で家から何マイルも吹き飛ばされてきた無邪気であどけない女の子にすぎません。これまで人を殺したことなど、一度もなかったのです。

それでも、ちいさなおばあさんは、返事を待っているようにみえたので、ドロシーはおずおずとこう言いました。

「どうも、ご親切なおことばですけど、きっと、何かのまちがいでしょう。わたし、だれも殺したりしていませんもの」

「では、あなたの家のおかげということにしておきましょう。どちらでも、同じことですけどね」と、ちいさなおばあさんは笑いながら言うと、家のかどを指差しました。「ほら、あそこの木材の下から魔女の二本の足が突き出ているでしょう?」

ドロシーはそれをみて、あっと叫び声をあげました。なるほど、家を支えている大きな角材のかどの下から、二本の足が突き出ているではありませんか。

「あらまあ、たいへん!」ドロシーはびっくりして両手をにぎりしめました。「きっと、家があの人の上に落ちたんだわ。ほんとに、どうしましょう」

「どうもしなくていいんです」と、ちいさなおばあさんは平気な顔で言いました。

「でも、あれはだれかしら?」ドロシーはたずねました。
「あれは申し上げたように東のいじわる魔女なのです。これまで長いあいだ、マンチキンの人びとをしばりつけ、昼も夜も奴隷としてこきつかってきた女なのです。でも、いまはもう、みんな自由の身。あなたさまのご親切にみんな感謝しておりますよ」

もしも、魔女が東のいじわる魔女しかいなかったら、この物語は即座に終わってしまうところである。ドロシーはしばらくマンチキンのもとに滞在し、マンチキンの国をすこし巡り歩いて、グリンダがカンザスまで連れ戻してくれるのを待てばいい。しかし、事態はそれほどかんたんではない。この魔女には妹がある。その妹はドロシーが姉の死に関与していたことを知れば、まちがいなく復讐に乗り出すにちがいない。

魔女は物語が本格的に動き出すまえに死んだけれども、ここにはもう一人の魔女がいる。このことは、悪をほろぼすことはそれほど容易ではないという警告を読者に伝えるものである。宇宙は負の影響力に満ちていて、一瞬たりとも警戒を怠ることはできない。魔女を一人殺しても、もう一人の魔女があらわれる。一つの有害な思想を排除しても、もう一つの有害な思想がそれに代わって姿をあらわすのである。

ドロシーは魔女のほかにも問題をかかえている。彼女はなんとしてもカンザスに帰りたいと思っている。ヘンリーおじさんとエムおばさんは、きっと自分がどこにいるのか心配で、いても立ってもいられないにちがいない。マンチキンの人びとによれば、家に帰るのを手助けできる人と言えば、偉大なる力をもったオズの魔法使いしかいないという話である。もしも、カンザスに帰りたいのなら、オズの魔法使いが宮廷をかまえるエメラルドの都に旅をして、じきじきに助けを求めるよりほかにない。ドロシーはついいましがたまで、東のいじわる魔女の足についていた魔法の靴をはいて、黄色のレンガ道をたどって旅に出る。彼女はマンチキンの人びとを束縛から解放したいま、こんどは自分を自由の身にしなければならない。

黄色のレンガ道には、たくさんの曲がり道や曲がり角がある。この道は人間の成長のメタファーで、自己実現への道は紆余曲折があるばかりでなく、危険な障害に満ちていることを示している。ジャックが豆の木のてっぺんにある道をたどって殺人鬼と出会ったように、ドロシーは黄色のレンガ道をたどっていって、恐ろしい魔女と向かい合うことになる。しかし、そのまえに、全能なるオズの魔法使いに会うために、数々の苦難を克服し、エメラルドの都まで旅をつづけなければならない。

## 脳みそさえあれば

ドロシーは旅に出てまもなく、畑でしょんぼりしているかかしをみつける。驚いたことに、かかしに助けを求められたドロシーは、立ち止まって耳をかたむけ、かかしが世にもめずらしい欠陥に悩んでいることを知る。なんと、かかしには脳みそがないという。ドロシーがカンザスに帰るのを助けてもらうために、大魔法使いに会いにゆくところだと告げると、かかしはその魔法使いなら、自分を助けることができるかもしれないと考える。

「どうでしょう」と、かかしはたずねました。「あなたとエメラルドの都にゆけば、オズの魔法使いは、わたしに脳みそを分けてくれるでしょうか？」

「わからないけど、いっしょに来たいのなら、いいわよ。脳みそをもらえなくったって、もともとですものね」

「まったくそのとおり。ここだけの話ですが」と、かかしは打ちとけた口調で言いました。「からだや手足がワラでできてたって、なんてことはありません。けがをしなくて大いにけっこう。足を踏まれても針を刺されても、感じないから、へっちゃらなんです。でも人にバカと呼ばれたくはない。あなたのような脳みその代わりに、ワラが頭につまったままでは、ものごとを知ろうにも知りようがないじゃありませんか」

かかしの不満をみれば、頭が悪いということがいかにみじめなことか、一目瞭然である。何か質問されて答えられなかったり、困難な状況でどのような態度をとったらいいのかがわからなかったりして、どれほど多くの子どもたちが——その点では多くのおとなたちもまた——途方に暮れたことか。また、無知が明るみにさらされたり、かんたんな仕事ができなかったりして、どれほど穴があったら入りたいという気分にさせられたことか。自分がマネキンのようだと感じることは——人にバカと呼ばれることは——なんとも辛い経験なのである。

子どもたちは、しょっちゅう、そんな経験をさせられている。先生には答えられない質問を出されるし、親にはどうしてやってはいけないことをやったのかと詰問されて返答に窮する。また、やさしいなぞなぞの答えをひねりだすことができなくて、友人たちにからかわれることもある。とりわけ、ちいさな子どもたちは、その場ですばやく反応する手段をもたないために、嘲笑される機会にはこと欠かない。自分をもっとかしこくするための冒険に加わるチャンスがあれば、それを拒む子どもはほとんどいないにちがいない。ましてや、知的コンプレックスを完全に克服できるチャンスとなれば、それを見のがす子どもはまずあるまい。

知性の問題は――もっと正確には知性の欠如の問題は――おとぎ話ではごくありふれたテーマである。ペローの童話集に収められている「巻き毛のリケ」では、脳みその足りないのを苦にしている美しい王女が登場する。ペローの話では、王子のリケが王女に向かって、結婚してくれるなら知性を贈ると約束する。王子はたいへん醜いところから、個人的欠陥に悩むということがどれほど辛いことか、十分に承知している。美と知性との相対的価値については、この二人が出会うまえにというか、二人が生まれたときにすでに論じられている。

むかし昔、お妃さまに男の子が生まれました。その子はとても醜くて、母親でも目をそむけたくなるほどでしたが、それでも、生まれたときに居合わせた妖精が約束してくれたことがありました。その子は脳みそがたくさんあって、おかげで、その子が好きになる相手にも、同じくらいの脳みそをプレゼントすることができるというのです。お妃さまはそれをせめてもの慰めとしたのですが、やがて、その子が大きくなって話せるようになると、とてもかしこいことを言うようになったので、すこしずつ、その子が好きになりました。じっさい、その子はとても頭がよくて、みんなの心を惹きつけたのでした。そして、生まれたときから、頭にちいさな巻き毛がついていたところから、巻き毛のリケと呼ばれるようになりました。

それからまもなくして、隣の国のお妃さまに双子の女の赤ちゃんが生まれました。はじめの子は夜明けの太陽よりも美しかったのですが、ひどく頭の悪い子でした。また、それから二・三分後に生まれた下の子はとても醜くて、見るのも恥ずかしいほどで、お妃さまはひどくがっかりなさいました。リケが生まれたときにそばにいた妖精は、このときも、お妃さまの力になりましたが、あとから生まれた子をみて、こう言いました。

「がっかりなさらないでください、お妃さま。おじょうさまにはほかにいいところがあるのですから。とても頭がよろしいから、美しくないことなど、だれも気にしなくなりますわ」
「そうだといいのだけれど」と、お妃さまは言いました。「でも、先に生まれた美しい子に、いくらか知恵を分けてあげる方法はないものかしら」
「それはどうしようもありませんが」と、妖精は言いました。「先に生まれたおじょうさまには、好きになった人を美しく変える力をもたせてあげましょう」

こうして二人の王女がおとなになると、二人のすぐれた資質も欠点も共に際立ってくる。上の王女はますます美しくなると同時に、ますます頭が悪くなり、また、下の王女はますます醜くなると同時に、ますますかしこくなったのである。こうした相違は、宮廷人が二人をどのように受け入れるかにも反映されるようになる。

はじめは、みんなが美しいお姫さまのまわりに群らがり、その美しさを称えましたが、みんなはやがて、かしこいお姫さまのしなやかで品のいい話しぶりに心を惹かれるようになりました。まもなく、上のお姫さまのもとにはだれも寄りつかなくなって、妹のほうにばかり、人が集まるようになったのでした。

知性は身体的短所を補う、と言うより、それより重要でさえあるという考え方は、多くの子どもたちにとって慰めとなる。不幸にも容貌にめぐまれなかった子どもたちの場合は、なおさらだろう。ふつう、ふとっていたり、容貌に魅力がなかったりすると、いじめられたり、からかわれたりするものだが、美貌にめぐまれた子どもたちは人気があって、そうした経験はしなくてすむ。しかし、目をそむけたくなるような醜い容貌でも、知的才能によってそれを補うことができるとなれば、子どもたちは、容貌がすべてではない、ほかにも人に認められたり、受け入れられたりする道があると知って安心するものである。

さて、姉は自分の〈欠陥〉がわからないほど愚かではない。彼女は近くの森のなかにこもって、わが身の不幸を嘆き、妹の半分でもかしこくなれるなら、自分の美貌をすべてうしなってもかまわないとさえ思うようになる。そんな彼女のまえに、とつぜん、華麗な衣装をまとった醜い小男があらわれる。ほかならぬ巻き毛のリケである。王子のリケはこの美しい王女の肖像画をみて、直接、本人に会いたくなり、はるばる、ここまでやってきたのだった。

憧れの王女が悲嘆にくれているのをみて驚いたリケは、なんとか慰めようと努力して、王女の口から悲しみの原因を聞き出す。二人は美貌と知性の相対的価値について話し合うが、そこで、王女は「美しくても頭の悪いのはいや。それくらいなら、あなたのように、美しくなくても知恵をもっているほうがいいわ」と言う。

そこで、リケは、もしも結婚してくれるなら、生まれたときに妖精から授けられた力を発揮して、王女に知性をあたえようと約束する。王女は同意するものの、リケのあまりの醜さに不安をおぼえ、それをリケに打ち明ける。リケは王女に理解を示し、結婚の意志がかたまるまで、待つことにしようと申し出る。一年後にまた戻ってくるので、そのときにこそ、結婚しようというのである。

やがて一年がたち、リケは花嫁と結婚するために戻ってくる。しかし、王女は約束を反故《ほご》にしようと考える。結婚の約束をしたときには、結婚とはどういうものかを理解するだけの分別がなかったのだから、婚約の履行を強要するのは不当だと主張するのだ。しかし、リケはそうした王女の婚約解消の意志にもかかわらず、王女たるもの、約束はまもるべきだと言って結婚を迫る。

「あなたはお姫さまなのですから、約束はまもらなければなりません」と、リケは断固として言いました。「約束をした以上、結婚するのは義務なのです」

お姫さまは「でも、あなたはとてもものわかりのいい方のはずですわ。筋のとおったことは、きっと聞き分けてくださると思います」とこたえて、つぎのように言いました。「ご承知のように、わたしはまったく分別のなかったときでも、結婚する決心がつきませんでした。そのとき、決めることができなかったものを、あなたはどうして今日なら決めることができるとお考えになるのでしょう。ましてや、いまのわたしには、あなたからいただいた知恵というものがあるのですよ。どうしても結婚したいのなら、愚かなわたしを変えて、以前よりもかしこくしてしまったのはまずかったですわね」

ことばは外見同様、人を欺くものだというのは、おとぎ話にみられる教訓の一つである。「にこにこ微笑んで悪事をたくらむやつ」という名句〔シェイクスピアの『ハムレット』一幕四場〕のように、人は真意を隠すために、ことばを利用することがある。しかし、それでもリケは身をひいたりはしない。彼はこの難問を解決するために、もしも自分が醜い顔でなければ結婚してくれるのかと問いかける。もちろん、王女はそうだと答える。すると、リケは王女には自分を美しい若者に変身させる力があると言い、むかしの予言について説明し、そのためにはただ自分のことを愛してくればいいのだと言う。そこで、王女がリケに対する愛を宣言すると、リケはたちまち「この世でいちばん美しくて魅力的な王子さま」に変身する。二人はひしと抱き合い、つぎの日に幸せな結婚をする。

最後にリケと花嫁がめでたく結ばれるのは、ひとえにリケが美しい王子に変身することにかかっているが、それでも、この物語では知性の重要性が擁護されていることに変わりはない。妹は醜くても知性ゆえに称賛されるのに対して、美しい姉は知恵がないために無視される。〈脳みそ〉をもっていることの利点は、かかしの場合も、見落とされることはない。かかしもまた、世界を理解できれば、自分の運命もずっとよくなるということがわかっている。知性はかならずしも幸福を約束するものではないが、利点があることだけは疑いない。

## 感じれば、おそらく愛するだろう〔『ハムレット』三幕一場の名句「眠れば、おそらく夢をみるだろう」を踏まえた表現〕

ドロシーはつぎに黄色のレンガ道で木こりに出会う。錆びついて動けなくなったブリキの木こりは、自分にはからだの重要な一部——心臓——が欠けているとドロシーに告げる。ボームの原作では、この欠くべからざる重要な器官が、どのような状況でうしなわれたのかが語られているが、映画ではそれが説明されていない。原作でブリキの木こりがドロシーに語るところによれば、彼はマンチキンの少女に求愛する過程で心臓をうしない、それ以来、いっさいの感情を経験できなくなってしまったという。

木こりの説明によると、そのマンチキンの少女は、ある老婆の家で召使いとして働いていたという。二人は結婚するつもりだったが、そうなると老婆は家事を自分でしなければならなくなる。それを恐れた老婆は東のいじわる魔女をたずね、二人の結婚を妨害してくれるなら、二頭の羊と一頭の牛をプレゼントすると約束した。魔女はこの申し出を受け入れ、斧に魔法をかけて、斧が木こりの手からすべって木こりの足を切断するように仕組んだのだった。

しかし幸いなことに、木こりはブリキ職人をみつけて、新しいブリキの足をつくってもらうことができた。魔女はなんとか結婚式を妨害しようと、再度、斧が木こりの手からすべって、もう一方の足を切り離すように魔法をかける。木こりはまたブリキ職人のところにいって、もう一つのブリキの足をつくってもらうが、つぎには両腕を一つずつ、そして最後には首を切られるという具合に、同じようなことが三回繰り返されることになる。そのつど、ブリキ職人はあらゆる困難をものともせずに、うしなわれた部分をすげ替えることができたので、木こりは結婚式にはまったく支障がないと確信する。

「そのとき、わたしは魔女に勝ったと思って、いままで以上に一生懸命、働きました。敵がどんなにひどいことをするか、思いもよりませんでした。魔女は美しいマンチキンの娘に対するわたしの恋をぶち壊そうと、新しいことを考え出したのです。また斧が手からすべって、わたしのからだを切り裂き、まっ二つにしてしまったのです」

さすがに、この災難だけはほとんど修復不能だった。ブリキ職人はもう一度、木こりのからだを一つにくっつけることはできたけれども、しかし、木こりの心臓は永遠にうしなわれてしまった。そして、マンチキンの娘に対する木こりの愛情は、二度と取り戻すことができなくなったのである。しかも、問題はマンチキンの娘に対する愛情がうしなわれたということだけにとどまらない。木こりはこの惨事によってあらゆる感情をうばわれた。心臓がなければ、感情というものを経験することができない。木こりは悲しそうに、ドロシーに「心臓のない者は愛することができないのです」と告げる。

感情のはたらきは、おそらく人間の性質のなかでも、もっとも人間的なものであり、感情移入という積み木を構成するものである。感情移入できること、すなわち、他人の喜びや悲しみを理解して共有できるということは、人間同士を結びつける接着剤のようなものである。感情移入ができず、他人が感じることを感じ取ることができないなら、もっぱら知性という水路によってコミュニケーションをとることしかできなくなり、人間関係を不毛で無味乾燥なものにする。

自己理論をとなえた著名な心理学者ハインツ・コーハットは、子どものころの二つの重要な欲求から感情移入というものが育ってくると信じて疑わなかった。一つには、子どもは自分の能力を外に示して称賛されたいと思い、また一つには、愛してくれる保護者――ふつうは母親――を身近に感じていたいと思っている。こうした欲求に関連して、母親と子どものあいだに親愛の情が育ち、それが感情体験の共有をもたらして、感情移入の基礎としてはたらくようになる。母親は子どもに笑いかけたり、子どもを抱きしめたりして、前向きの感情を示すこともあれば、しかめっ面をして不快の感情をあらわすこともある。子どもはそうした母親の反応を解読して共有する。そのようにして子どもは他人の感情を理解したり、共有したりする基礎を形成してゆくわけである。

感情移入の能力は早い段階から発達するにもかかわらず、周知のとおり、子どもというものは残酷で思いやりがない。子どもはよく友達をばかにしたり、弱い子をいじめたりして、泣かせたり、もっとひどい目にあわせたりもする。イギリスでは、ふとった一〇代の女の子がクラスメイトからひどいいじめを受け、自殺するということがあった。いじめた連中は彼女の給食に塩をふりかけたり、服をゴミ箱に捨てたり、バターやたまごなど、ケーキの材料を激しく投げつけたりした。けっきょく、彼女は致死量の鎮痛剤を飲んだのだったが、その夜、クラスメイトのたびかさなるいじめには、もうこれ以上耐えられないと両親に訴えたそうである。

こうした出来事はめずらしいことではない。イギリスのいじめ防止運動の代表者の報告によれば、子どもが子どもをいじめるのは日常茶飯事で、毎年、一〇人もの子どもがいじめが原因で死んでいる。また、この組織には、毎年、一万六千件もの電話がかかってくるが、そのほとんどが子どもたちからの電話で、かれらは仲間から受けた精神的苦痛について、だれかに話さずにはいられなくなったのだという。

子どもがどうして〈心ない〉ふるまいをするのかはかならずしも明らかではない。いじめっ子といっしょになって弱い子をいじめるのは、自分がつよいとか大物だとか思いたいからという子もあれば、自分のなかの嫌な性格を相手のなかにみいだして、そうした自分の弱点の償いをするためだという子もある。理由はなんであれ、友達に対して残酷なふるまいをすれば、それなりの報いがある。ほかの子をいじめれば、自分には思いやりがないと思わざるをえないし、また、自分には残酷な性向を乗り越えようとする力があるということも疑わしくなってくる。

木こりが心臓を欲しがるのは、ただ、人を愛したいからだけでなく、心臓がないと、自分も魔女と同じように残酷なことをするようになるかもしれないと本能的に知っているからである。木こりはドロシーに悩みを打ち明け、きっぱり、「何に対してもいじわるや嫌がらせはしたくない」と言う。ドロシーは同情して耳をかたむけ、エメラルドの都への冒険の旅に加わりたいという願いを聞き入れて、木こりを仲間として歓迎する。

## 臆病者は千回死ぬ

ドロシーが魔法の旅で最後に出会うのは臆病ライオンで、彼は旅の一行が森のなかを歩いているときに、行く手をさえぎる。ライオンは一行を怖がらせることができないと知ると、よよと泣き崩れて、自分の弱さをさらけ出す。虚勢の仮面の下には臆病者の姿があった。

「どうしてあなたは臆病なの？」ドロシーは不思議に思って、大きな野獣にたずねました。それは小ぶりな馬ほどの大きさがあったのでした。
「わかりませんよ」と、ライオンがこたえました。「きっとそんなふうに生まれついたんでしょうよ……」
「でも、そいつはおかしい。百獣の王が臆病だなんて」と、かかしが言いました。
「わかってますとも」ライオンはしっぽの先で涙をぬぐってこたえました。「それが大いに悲しいところで、おかげで毎日が不幸の連続ってわけでして。危険なことがあると、すぐに胸がドキドキしてくるしまつでね」

ライオンはかかしやブリキの木こりのように、すべての子どもたちに共通する関心事を代弁している。子どもたちの多くは勇敢になりたい、怖いもの知らずでいたい、必要とあれば自分の不屈の精神を最後の拠りどころとしてがんばりたいと思っている。だれも臆病者とは思われたくないのである。

苦難に際して大胆でありたいと思う臆病ライオンの願いは、「勇ましいちびの仕立て屋」の主人公とも共通する。このグリム兄弟のおとぎ話は、おとなしく控えめな仕立て屋が、ゼリーの上にとまったハエを一度に七匹も殺したことから、帯《おび》に「一撃で七つの命」ということばを刺繍したところからはじまる。仕立て屋は国を旅して歩くが、この帯は彼が途中で出会った多くの巨人たちだけでなく、隣の国の国王をも驚かせる。かれらはみんな、仕立て屋が七人の人間を殺したと思い込むのだ。けっきょく、〈勇ましい〉仕立て屋は、自分にはほんとうに勇気があると錯覚するようになり、それが効を奏して、あらゆる敵をなぎ倒し、最後には国王の娘と結婚する。

また、ジョージ・ルーカスの『スターウォーズ』三部作でも、勇気が主要な構成要素になっている。ルーカスはここで、ルーク・スカイウォーカーが未熟な思春期の若者からジュダイ戦士の列に加わるまでの遍歴をたどり、神話的テーマにもとづいて、ここに、忠義や名誉、勇気などといった永遠の問題をめぐる複雑な成長のおとぎ話をつくり出した。この三部作の各エピソードでは、ルークと仲間の宇宙飛行士たちが、自分たちの心の奥底ふかく潜入し、悪の力（〈フォース〉のダークサイド）を征服するのに必要な勇気をみいだしてゆく次第が描かれる。

ルークは一人前のジュダイ戦士になるために、不屈の精神を奮い立たせ、自分よりも強力な敵とたたかわなければならない。また、ハン・ソロは利己的な考え方を捨てて、内に秘められた勇気ある本能の命じるままに行動しなければならない。さらにレイア姫も感情のたたかいに参加する。彼女は戦争で同胞たちとならび立ち、受身的な失意の乙女というステレオタイプから脱して、女戦士という役割を引き受ける。

この銀河系宇宙間のドラマを突き動かすのはフォースである。これは自己に相当する宇宙の存在であり、おとぎ話における自己と同じように、物語中のさまざまな登場人物の行動を推し進める。しかし、ルーカスは名づけ親の妖精や魔女の代わりに、それぞれ、自己のよい面と悪い面を人格化したオビ゠ワン・ケノービやダース・ヴェイダーを提示する。

善と悪とのたたかいは、やがてオビ゠ワン・ケノービの精神的後継者であるルークと、邪悪なダース・ヴェイダーとの一騎打ちというかたちをとる。この最後の対決によって、じつはダース・ヴェイダーとはルークの父親であり、悪に変身した善なるジュダイ戦士だったことが明らかとなる。伝統的なおとぎ話では、魔女にあたる人物が外形化された悪い母親をあらわすが、同じように、ルーカスのおとぎ話では、邪悪なるダース・ヴェイダーは外形化された悪い父親をあらわしている。これらはどちらも自己の忌まわしい部分に具体的表現をあたえたものであり、自己の望ましい部分が勝つとすれば、なんとしてもこれらを克服しなければならない。

さて、勇気と臆病とのあいだの、すなわち、善と悪とのあいだの心理的葛藤は、ルークが敵に致命的な一撃を加えるところで頂点に達する。ルークは邪悪な皇帝にダース・ヴェイダーの息の根を止めるようにとそそのかされる。しかし、彼は復讐の衝動に身をゆだねることは、臆病な行為にほかならないと本能的にさとって、とどめの一撃を加えることを思いとどまる。ルークは（そして観客も）自己のなかの破壊的暴力に屈することを拒むことによって、それまでとは異なる勇気があることに目ざめるのである。かくて、ルークは父親の死をもたらした張本人となることを免れているのだが、いずれにせよ、ダース・ヴェイダーはほろびて、おとぎ話の魔女にあたる人物とまったく同じ運命をたどることになる。

ありがたいことに、臆病ライオンはルークとその同胞たちのまえに立ちはだかった銀河系宇宙間の暴力と対決する必要はないが、それでも彼のまえには同じくらい大きな問題が立ちふさがっている。ライオンは空いばりしていても、事実上、目のまえにあらわれるもの、すべてが恐ろしくてしかたがない。ドロシーの一行から旅の目的を説明されたときに、仲間に加わりたいと思うのも、けだし、当然なのである。

「わたしは偉大なオズの魔法使いに脳みそを分けてもらいにゆくんです」と、かかしが言いました。「なにせ、わたしの頭につまっているのはわらなんですから」

「わたしは心臓をいただきたいとお願いにゆくのです」と、木こりが言いました。

「わたしはトトといっしょに、カンザスに帰らせてほしいとお願いにゆくの」

「オズの魔法使いはわたしに勇気をくださるでしょうか」と、ライオンがたずねました。

「それはお安いご用でしょうよ。わたしに脳みそを分けてくれるのと同じようにね」と、かかしが言いました。

「わたしに心臓をくれるのと同じようにね」

「わたしをカンザスに帰してくれるのと同じだわ」

「では、よろしければ、お供をさせていただけませんか」と、ライオンが言いました。「からきし勇気がないとあっては、とてもライオンとして生きていけませんからね」


ドロシーがエメラルドの都への旅の途中で出会った三人は、何もないところからとつぜん姿をあらわした絵空事の人物たちではない。かれらはドロシー自身の内なる世界の感情的側面を体現している。ドロシーをはじめとして、子どもはだれでも、自分のことをバカだ、薄情だ、あるいは臆病だなどと思いたくない。みんな、自分はかしこくて思いやりがあり、勇敢だと信じたがる。かれらは心のおもむくまま、信念の勇気に恥じない行動をしたいと願っている。しかし、子ども時代というものは、疑念や不安、半信半疑の時代である。子どもたちはドロシーとともに、魔法使いをみつける旅に参加して、自分自身についての疑問を解決したいと願う。そうすることによって、かれらもまた自分たちのほんとうの姿について、もっとなっとくできるヴィジョンに到達できると考えるわけである。

## ライオンとトラとクマ――なんということでしょう！

エメラルドの都への旅は、多くのおとぎ話の旅と同じように不測の困難や危険に満ちている。原作では、ドロシーと仲間たちはけわしい断崖を渡ったり、危険なケシの野原を横切ったり、からだがクマのようで頭がトラそっくりの大きな毛ぶかい猛獣カリダーとたたかったりする。しかし、こうした障害はかれらの潜在能力を引き出して、結果的にかれらの決意を揺るぎないものにするのに資することになる。

たとえば、ライオンは崩れやすい岩壁に挟まれた峡谷を跳び越えようとして、自己の勇敢な一面を垣間みせる。ライオンは頭のなかで反対側までの距離をはかり、仲間たちに背中に乗れと言う。岩壁をジャンプして向こう側に連れてゆくというのである。かかしが深い谷底へ落ちてしまうかもしれないと言うと、ライオンはまったく不安がないわけではないと正直にこたえる。

「自分でも落ちるのが死ぬほど怖いんです」

ライオンはそれでも勇気をふりしぼって反対側にジャンプする。そして、みんなを無事に運んで安全な場所に着地して、一同はホッと安堵のため息をつくことになる。

ライオンがこのように勇気を示したことは、ほかの者への刺激となって、それからというもの、だれもが自分の潜在能力を行使しようとするようになる。四人はカリダーと短いながら激しい戦闘をするが、そのとき勝利をおさめることができたのは、なによりもかかしのすばやい機転のおかげである。カリダーは峡谷を渡るのに大きな木を橋として利用していたが、かかしはその木の端を切り落とすという名案を思いつき、カリダーを奈落の底へと突き落とした。また、ドロシーが危険なケシの野原で疲労から倒れ込んでしまったときには、かかしがドロシーとトトを死の花の匂いから救出する手だてを考え出す。

彼はもう一度、生まれながらにもっていた知性をはたらかせて、ブリキの木こりに「手を組んで椅子のようにして、この子を運ぼう」と言う。このかかしの機転のおかげでドロシーとトトは死なずにすんだ。

エメラルドの都への旅はドロシーの道連れとなった者たちに、何度も自分の欠点や不安を克服するチャンスをあたえる。かかしはじっさいは脳みそをもっていることを証明し、ライオンは自分でも信じられないほどの勇気を発揮する。これまでのところ、木こりだけは目的を達成していないけれども、まだ、旅は終わったわけではない。

この不屈の四人組はようやくエメラルドの都に到着するが、魔法使いは国事に忙しくて、とてもかれらに会っている暇はないという。もちろん、ドロシーとその一行はそれくらいでは引き下がらない。なんとしても謁見していただきたいとがんばった末に、どうにか、大きな部屋にとおしてもらえるが、そこでかれらを待ちうけていたのは、なんと、緑の大理石の王座に載っかった巨大な人間の頭だった。その頭から声がして、「世にも恐ろしいオズの大魔法使いとはわしのことじゃ。おまえは何者か？　望みは何じゃ？」と言う。

ドロシーは自己紹介をして、ことの次第を話し、エムおばさんとヘンリーおじさんは自分がどこにいるのか、心配しているにちがいない、ついてはカンザスに帰るのにぜひ力をかして欲しいと頼み込む。魔法使いはしぶしぶ力をかすと約束するが、その見かえりを要求して、つぎのように言う。


「カンザスに帰らせて欲しいなどと頼まれる筋合いはないが、おまえがわしのために、あることをしてくれるというなら話はべつだ。この国では何かをしてもらったら、その礼をしなけりゃならんのでな。わしの魔法の力で故郷に帰らせて欲しいなら、まず、わしのために一つやって欲しいことがある。頼みをきいてくれれば、おまえの頼みをきいてやろう」

「わたしにどうして欲しいの？」

「西のいじわる魔女をやっつけてくれんかね」と、オズの魔法使いは言いました。

この魔法使いの命令――魔女は死すべし――は『オズの魔法使い』を推進する原動力であり、物語を不可避の結末へと導いてゆく。ドロシーはカンザスに戻りたいなら、魔女を倒さなければならない。さらに三人の仲間たちも、ドロシーのやるべきことに手をかさなければならない。かれらはみんなドロシーの一部なのであり、力を合わせて魔女をほろぼさなければならないのだ。かれらの一致協力については、魔法使いが一人一人と交わした〈取り引き〉によって明らかにされている。

魔法使いはかかしには「西のいじわる魔女を殺してくれれば、脳みそをたっぷりあたえよう」と言い、また、木こりには「魔女が死んだら、わしのところに来るがよい。そうすれば、オズの国のなかで、いちばん大きくて、いちばんやさしく、いちばん愛情たっぷりな心臓をあたえよう」と言う。そして最後にライオンに対しては、魔女が死んだという証拠をもってくれば勇気をやろうと約束するのである。

## 最後の辺境——悪との対決

魔女との対決はあらゆるおとぎ話の場合と同様に、ドロシーの旅における決定的転機となる。オズの国の——またドロシーのなかの——〈悪〉のすべてを体現している魔女は、なんとしても退治されなければならない。しかし、西のいじわる魔女は魔女の常として、いろいろな能力を自由に駆使できる強力な人物であり、あらゆる手をつくしてドロシーを倒そうとする。

ボームの原作では、邪悪な魔女は獰猛なオオカミの群れを放って侵略者たちを攻撃させ、また、オオカミの助っ人としてカラスを送り出し、敵の目をついばませる。しかし、オオカミは木こりに斧で首をちょん切られて、あっさり倒され、また、カラスはかかしに首をひねられて殺されてしまう。

魔女はこんどはハチの群れを放って、ドロシーの一行を針で刺し殺そうとする。しかし、かかしはこのときすでに臨機の才を発揮できるようになっていて、ハチを退治する名案を思いつく。彼は自分のからだから抜き取ったワラでドロシーとライオンをおおって、恐ろしいハチの針からまもり、ただ木こりだけをそのまま外にさらしておく。すると、ハチは木こりを刺そうと群がって、逆にブリキの鎧に針を折られて自滅してしまう。

それでも魔女はこれに屈することなく、彼女に仕える羽をもつサルの軍団にドロシー一行を襲わせる。サルたちは木こりとかかしを倒して野原に捨て去り、ドロシーとライオンを西のいじわる魔女の城に連れてゆく。二人を捕えた魔女は、ドロシーに魔法の靴をよこさないと生命をもらうと言って脅すが、その靴こそ、魔女の攻撃に対抗できる唯一の道具であることを知っていたドロシーは、魔女の要求には応じない。魔法の靴は「うるわしのワシリーサ」の人形や、「がちょう番の娘」の血染めのハンカチのように、移行対象と言っていいものである。その靴はこのときまでドロシーをまもってきたのだし、それをうしなわないかぎり、これからもドロシーをまもりつづけてくれるはずである。ドロシーは靴の価値を本能的に悟っていて、なんとしてもそれを手放してはいけないと感じている。

激怒した魔女は、ドロシーにひどい仕打ちをして報復する。魔女は彼女にいろいろ辛い仕事をやらせるが、それらはおとぎ話のヒロインたちがよく強要されるような仕事と似たり寄ったりである。言うことをきかなければ、古いカサで殴ってやると脅しては、鍋類をみがかせたり、床を掃除させたり、さらにかまどの火を絶やさないように薪をくべさせたりするのである。ドロシーとしては、そうした魔女の命令にしたがわざるをえない立場にある。

ドロシーが苦役に服しているあいだに、魔女は城の中庭にしばりつけてあるライオンのことを思い出す。魔女はライオンにたづなをつけて、馬のように乗りまわすつもりだった。ところが、このライオンはおとなしいと思い込んだ魔女が檻に近づくと、ライオンはうしろ足で立ちあがり、魔女に襲いかかってくる――「魔女が檻の入り口に近づくと、ライオンはガオーと大きなうなり声をあげて跳びかかってきました。そのあまりの激しさに恐れをなした魔女は、また檻の格子戸をバタンとしめて、いちもくさんに逃げ出しました」。

ここでもまた、ライオンは自分に欠けていると思っていた資質を発揮して勇敢にふるまう。まえにも、大胆に峡谷を跳び越えて勇気を示したことがあったが、ここでは、捕虜となり、鎖につながれているにもかかわらず、直接、魔女の権威に挑戦して、脅迫には屈しないという姿勢を示す。

そして、いよいよ、ドロシーの番がやってくる。いじめられ、迫害されていたドロシーは、いじわるな魔女に対して立ち上がる。魔女は片方の靴を盗み取ろうとするが、そのときドロシーは近くにあったバケツに手をのばし、魔女の頭に水をぶっかける。

よこしまな魔女はギャッと恐怖の叫び声をあげたかと思うと、ドロシーがあっけにとられてみているまえで、みるみる縮んで溶けてゆきました。

「なんたることをしてくれたんじゃ」と、魔女は叫びました。「わしはすぐに溶けてなくなってしまうわい」

じっさい、魔女は溶けてなくなる。映画のなかでも、原作にならって魔女の死が描かれているが、ただ重要な一点において相違がみられる。映画ではドロシーはかかしが炎で燃えるのを救おうとして、〈たまたま〉、魔女に水をかける。それに対して原作では、魔女が靴を盗もうとしたからだけでなく、仲間の生命をおびやかすようなまねをしたことに対して、〈意図的に〉魔女に水をぶっかける――「ドロシーはそれをきいて腹がたち、近くにあったバケツの水を手にとって、魔女にザブッとぶっかけました」。この大胆に自己主張する勇気ある若い娘というイメージは、映画で描かれているイメージよりも、女性の能力についての現代的考え方に一致している。魔女をほろぼすために積極的に行動するのは、ドロシーが新たに自分に自信がもてるようになり、また成長して不安を克服できるようになったことを強調している。

さて、魔女が死んだことによって、エメラルドの都への凱旋の条件がととのった。しかし、ドロシーはオズの魔法使いのもとに戻るまえに、まずは野原に無残な姿で放り出されていたかかしと木こりのもとへ駆けつける。二人はドロシーをみてホッと安心するが、とりわけ木こりは感きわまって泣き出してしまう。木こりはドロシーが無事に戻ってきたことを知って、喜びの涙を流すのだが、それは彼が経験できないと思っていた感情が、彼の心にふつふつと湧き起こったということにほかならない。ほかの仲間たちと同じように、木こりもずっと探し求めていた資質が、はじめから自分のなかに眠っていたことを思い知るのである。ドロシーは木こりの涙をぬぐってやり、それから四人そろってオズの魔法使いに会いに出かける。

ドロシーはまだ帰宅の途につかなければならないが、すでに精神的にはもう帰宅したも同然である。彼女はもうほんとうの自分をみいだしている。魔女を倒し、仲間たちを変えることによって、すでに自分のほんとうの姿というものに対する意識が変えられている。魔法使いとの最後の対面は、ただ、ドロシーがはじめから本能的に気づいていたこと、すなわち、仲間たちが探し求めていた資質は、彼女自身が自分のなかに探し求めていた資質にほかならないということを、確認するためにすぎないのだ。ドロシーはほかの三人といっしょに魔法使いに会うことによって、自分の潜在的能力を現実化して、自信喪失を克服できるようになるのである。

自己における対立する力の闘争は、本質的に自分を善なるものとみなさざるをえないという必然性と結びついているが、このことはドロシーだけでなく、オズの魔法使いにも影響をおよぼしている。彼がトトに本性をあばかれたときにドロシーに示した反応をみれば、そのことは一目瞭然である。ドロシーは魔法使いがふつうの人間にすぎないことに気がついて、彼の欺瞞を非難する。

魔法使いの念の入ったはったり行為が暴露されたときに、ドロシーは「あなたってとっても悪い人だと思うわ」と言う。

すると、魔法使いは「おじょうさん、そんなことはありませんよ。わたしはほんとうはとてもいい人間なんです。じつにひどい魔法使いではありますがね」と答える。

われわれがみんなそうであるように、魔法使いも自分がいい人間だと信じないではいられない。彼がほのめかしているところによれば、自分の罪はただ自分の力を誇大にみせようとしたことだけだという。彼はふつうの感情をもったふつうの人間であるという実像をさらけ出すのが怖くて、自分を世間から隠そうとして複雑な欺瞞行為に走った。その結果、ほかの人間ときちんと交際するチャンスがすっかりうしなわれてしまった。ありのままの姿を隠すために用いた仮面——ほかの人から自分を隔てる偽りの顔——によって、ほんとうの素顔のままでいることができなくなってしまったというわけである。

ありのままの自分を受け入れるということは、『オズの魔法使い』に一貫して流れている感情的底流となっている。自分をありのままにさらけ出して他人と付き合うと、どんな目にあうか、わからない。人びとを悩ませるいろいろな心理的不安——襲いかかる心の動揺、さまざまな恐怖症、心身症的不安感など——は、そうした恐怖心を内に秘めた結果であることが少なくない。多くの人は自分の正体が暴露されるのではないか、欠点が白日のもとにさらされるのではないかと気になって、そのため、意義ある人間関係を築くのを妨げる障害物をつくってしまう。ラルフ・ウォルドー・エマソン〔一八〇三—一八八二年。米国の詩人・哲学者〕は「自分というものを最大限に活用しなさい。それが自分のすべてなのだから」と書いている。『オズの魔法使い』もまた、自分の運命を実現したいと思うなら、自分自身をそのまま受け入れなければならないということを教えている。

## それから、みんな幸せに暮らしました

ボームの原作の最終章では、ドロシーのカンザス州への帰還が語られる。すべてのおとぎ話には母親という土台があるように、ドロシーの帰還にも母親代わりのエムおばさんとの再会が待っている。〈母親《マザー》〉という語の最初の文字が〈エム〉であるのは、ただの偶然ではありえない。

エムおばさんはキャベツに水をやろうとして、家から出てきたところでした。顔を上げると向こうからドロシーが走ってくるではありませんか。

「まあ、おまえったら」と、おばさんは叫んで、ドロシーを両手に抱いて、顔にキスの雨を降らせました。

「いったい、どこからやってきたんだい？」

「オズの国からよ」と、ドロシーはまじめな顔でこたえました。「ほら、トトもいるわ。ああ、エムおばさん。わたし、また、おうちに帰れてほんとにうれしい」

物語は幸せのうちに終わるけれども、まだ、欠けているものがある。ハンクとジークとヒッコリーは、どこにいったのだろうか。映画のなかで、ドロシーの旅の道づれにそっくりだった三人の農場労働者たち

はどこにもいない。みんな、消えてしまったようである。理由はかんたん、そもそも、かれらははじめから物語には存在していなかった。ハンクとジークとヒッコリーの三人は、ボームの原作が映画化されたときに、映画版の『オズの魔法使い』に付け加えられた人物たちなのである。

映画では、ドロシーと仲のいい農夫たちが登場することによって、おもしろいひねりが利かされたが、かれらの登場は、ドロシーの冒険がただの夢であり、「じっさいは起こらなかった」ということを暗示する。このことは、原作のもっている精神的浄化作用の効果が妨げられるという点で、若い人のためにならない。子どもたちにとっては、おとぎ話は信頼できるものであり、物語のなかで起こることはほんとうに起こりうると感じられなければならない。おとぎ話の魔法は本物であり、ごまかしや巧妙なトリックの産物などではないと信じられるようでなければならない。おとぎ話を現実ではないものにして、ありそうな話をありえない話にしてしまえば、おとぎ話は矮小化されて、子どもを鼓舞したり、勇気づけたりする力がそこなわれてしまうだろう。

ドロシーの冒険旅行は、竜巻によって頭を打ったドロシーがみた幻覚などではない。子どもたちはそのように感じなければならない。白雪姫の冒険はただの夢にすぎないのではない。白雪姫が目をさまして、七人のこびとたちはじつは学校の遊び友達であり、邪悪な王妃は卑しいティリーおばさんだったと気づくとしたらどうだろうか。かかしやブリキの木こりや臆病ライオンをカンザス州の農夫に変えてしまうと、この物語のつぎつぎと移り変わる走馬灯のような性格がそこなわれ、その心理的インパクトが薄れてしまう。

そうは言っても、『オズの魔法使い』が映画の傑作であり、二〇世紀が生んだ物語の奇跡であることに変わりはない。オズの国へのドロシーの旅は現代における最高のおとぎ話である。それは子どもたちに魔法の冒険を味わわせ、子どもたちが人生という黄色のレンガ道を歩いてゆくときに、自己不信と対決する機会をあたえてくれる。こうした理由から、『オズの魔法使い』は現代だけでなく、あらゆる時代のためのおとぎ話として評価されなければならない。

# 第12章　おとぎ話の未来

　ある日の午後、暗い森のなかで大きなオオカミが女の子を待っていました。女の子は食べものの入ったバスケットをもって、おばあさんのところにやってくるはずでした。ようやく女の子がやってきました。たしかに、手には食べもののバスケットをもっています。オオカミが「そのバスケット、おばあさんに届けるんだね？」ときくと、女の子は「そうよ」と、こたえました。そこで、こんどは、「おばあさんはどこに住んでいるんだい？」とききました。オオカミは返事をきいて森のなかに消えてゆきました。
　さて、女の子がおばあさんの家のドアをあけると、ベッドにだれかが横になっていました。ちゃんとガウンを着て、ナイトキャップをかぶっています。それでも、ベッドから二〇フィート以上も離れていても、おばあさんでないことは一目瞭然でした。それはだれがみてもオオカミだったのです。オオカミがナイトキャップをかぶっていても、とてもおばあさんのようにはみえません。MGM映画のライオンがカルヴィン・クーリッジ〔一九二三―二九年、第三〇代アメリカ合衆国大統領〕に似ていないのと同じことです。そこで、女の子はバスケットから自動拳銃を取り出して、オオカミを撃ち殺してしまったのでした。

――教訓：いまではむかしとちがって女の子をだますのは容易ではない。

ジェイムズ・サーバー〔一八九四―一九六一年。米国のユーモア作家〕の「女の子とオオカミ」では、従来の「赤ずきん」とはまったくちがう話が語られている。赤いマントをまとった少女が――こともあろうに少なくとも四五口径の自動拳銃で――自分の身をまもるというイメージは、児童書にみられる伝統的な赤ずきんとは似ても似つかぬものである。

二一世紀をむかえたいま、おとぎ話の概念や子どもたちにとってのおとぎ話の意味は、おそらく変化してゆくにちがいない。それは当然予想されることである。おとぎ話はこれまでも、それが属していた時代や文化の産物だったのであり、そのことを思えば、最近になってフェミニズムのおとぎ話というジャンルがあらわれてきたことも驚くにはあたらない。そうしたジャンルの話は、男女関係についておとぎ話が潜在的に有していた前提をひっくり返そうとする。フェミニズム的傾向をもった話では、自分を犠牲にする受身的で従属的なヒロインではなく、大胆で臨機応変、元気いっぱいのヒロインが登場する。おそらく、そうしたヒロインが王子を救うことはあっても、逆のケースは起こらない。じっさい、最近のおとぎ話のなかには王子すら登場しないものもある。

ジェイン・ヨーレン〔一九三九年生まれ。米国の児童書・ファンタジー作家〕のシンデレラふうの物語「月のリボン」も、そうした話の一つである。少女シルヴィアの父は、長年のやもめ暮らしにけりをつけて再婚する決心をする。シルヴィアが驚いたことに、その再婚相手は利己的で心が狭く、おまけに彼女が連れてきた二人の娘も母親そっくり。新しい母親は家に入るとすぐに召使いたちに暇をとらせ、家事をすべてシルヴィアに押しつける。いままでは掃除も料理も畑仕事も、みんなシルヴィアの仕事である。

ある日のこと、シルヴィアが机をかたづけていると、母が使っていた薄い銀色のリボンが出てくる。それは母の髪の色と同じであるところから、母と過ごした年月の思い出の品として大事にとっておいたものだった。ところが、そのリボンの美しさに目をつけた継母は、それをシルヴィアから巻き上げようとする。もちろん、リボンはなんとしてもわたせない。それはなんといっても、自分の幸福な日々を思い出させる唯一のよすがなのである。

ある晩、シルヴィアがわが身の不幸を嘆いていると、そのリボンは魔法の力で川となり、シルヴィアを遠い国へと運んでゆく。森のへりには一軒の大きな家があり、そこには銀色の髪をした女性がいた。その女性はじつはシルヴィアの母だという。母はあたたかいことばでシルヴィアに、自分の心の奥底を探して、力と霊感をみつけなさいと忠告する。シルヴィアはそのことばを胸に秘め、記念としてもらった貴重な水晶をもって帰宅する。

シルヴィアは継母にこの不思議な体験を話すが、継母は鼻でせせら笑う。それから、シルヴィアがどうして宝石をもっていたのか、わけがわからないまま、宝石を取り上げ、それを売り払って代金をねこばばする。シルヴィアはもう一度、リボンの魔法で、森のそばの不思議な家に出かけてゆき、そこでまた、心の支えである母から、こんどは二つのまっ赤な宝石をプレゼントされる。こうして家に帰ると、また、継母は宝石に目をつけて、それをよこせとシルヴィアに迫る。もちろん、宝石はわたせない。

「そんなこと、できないわ」と、シルヴィアは継母に言いました。

「さあ、それをおわたし」継母は恐ろしい目でシルヴィアをにらんでいます。

こんどはシルヴィアも引き下がりません。「ぜったい、いやよ」

「そんなこと、できないわ」から「ぜったい、いやよ」という変化は、シルヴィアが屈従する受身的な子どもから、自己主張する行動的な娘に変身したことを示している。ここで重要なことは、シルヴィアの変身が王子の助けを借りるのではなく、愛情に満ちた女性とのふれ合いから生じたということである。ヨーレンの話では、仮装舞踏会も魔法の靴も、また、シルヴィアをいじわるな継母から助け出してくれる男性の存在もみられない。ヒロインは自分自身の考えにしたがって、自己の独立性を主張し、新たな自分のアイデンティティを切り開くのである。

「シンデレラ」に忠実にしたがう物語がほとんどそうであるように、「月のリボン」の継母とその娘たちは、シルヴィアにひどい仕打ちをした罰を受けることになる。継母はリボンが財宝の山に導いてくれるものと信じて、シルヴィアから宝石の代わりにリボンを巻き上げ、意気揚揚とリボンを頭上に振りかざしながら牧草地を歩いてゆく。そして、なかほどまで来たところで、大地が裂けて、そこから銀と赤の階段がつづいているのが目にとまる。継母は穴の底に財宝が隠されていると思い込み、娘たちといっしょに急いで階段を駆け下りてゆくが、かれらはそのまま大地に飲み込まれて一巻の終わりとなる。シルヴィアは銀色のリボンが草の上に落ちているのをみつけて、胸にしっかり抱きしめる。それから何年かたって、シルヴィアは結婚して女の子をもうけ、リボンはその子に譲られることになる。

フェミニスト的感覚に根ざしたおとぎ話として、もう一つ、ジャンヌ・デジーの「自分の足で立ったお姫さま」をあげることができる。この物語では、悪役はいじわるな継母ではなくて、鈍感でえげつない王子である。「自分の足で立ったお姫さま」は、古典的作品からヒントを得たほかの現代のおとぎ話とはちがって、独自の筋立てをもっている。タイトルのお姫さまと同じように、いわば、この物語も自分の足で立っているわけである。

デジーの物語に登場する王女は頭がよくて美しいうえに、いろいろな才能にめぐまれている。王室の財産をそろばんで容易にはじき出せるのはもちろんのこと、王室の教育係が提示する学問はなんでも修得してしまう。王女はそうした知的才能に加えて、芸術的センスにもめぐまれている。チターの演奏を苦もなくこなし、タペストリーのデザインもみごとにやってのける。王女はまた身長も高かった。たった一つ、欠けているものと言えば、それは恋だった。国中のどこを探しても、王女に匹敵するほど、背の高い若者は一人もいなかったのである。

しかしながら、王女には愛情ぶかい友がいた。金色の毛をしたアフガン犬で、仲のいい魔法使いから贈られたものだった。ほっそりした貴族的な容貌をしているその犬はとても忠実で、昼は王女に付きしたがい、夜は王女のベッドの足元で寝た。それでも王女は「しょせん犬は犬だわ。王子さまじゃない」と言ってはばからない。王女は結婚したかった。

ある日、隣国の王子が両親の意向によって、王女に結婚を申し込もうと、この国にやってくる。いわゆる両国の利益を考えた政略結婚である。婚約の宴がもよおされ、その席で相手をみた王女は気をうしないそうになる。王子は想像以上にさっそうとしていて格好よかった。こんなにハンサムな王子を夫にできるったのかと思うと、もう、すっかり有頂天。宴のあいだ、テーブルの下でずっと王子の手をにぎって放さなかった。

食事が終わると、こんどはダンスの時間である。王室おかかえの吟遊詩人たちが楽器を取り出し、いっせいにワルツを演奏しはじめる。王子は最初のダンスをいっしょに踊って欲しいと手を差しのべ、王女はそれにこたえて立ち上がる。その瞬間、王子の顔に暗い影が走る。それから、王子は信じられないといった顔で王女をまじまじとみつめた。

「どうしたのですか？」と、お姫さまがたずねると、王子さまは何も言わずに、大広間から走って出てゆきました。

その夜、お姫さまは長いあいだ、じっと鏡をみて、王子さまの目に自分がどのように映ったのかを考えました。

「おまえがしゃべれるなら、きっと教えてくれるはず」と、お姫さまは犬に向かって言いました。犬はきらきら輝くかしこそうな目をしていました。「わたし、何かいけないことをしたかしら？」

すると、犬がしゃべりました。これまでだまっていたのは、何もきかれなかったからだったのです。

「何もしておりません。ただ、背が高いからですよ」

「背が高いからですって！　でも、わたしはお姫さまなのだから、背が高くてあたりまえなのよ」と、王女は驚いて叫ぶ。つまり、背が高いのは王家の特徴であり、王室の者はみんな背が高いというわけである。しかし、犬が説明するところによれば、それはそのとおりだけれども、ほかの国の男たちは妻よりも背が高くありたいと願っているという。

「でも、どうしてなの？」と、王女はたずねる。犬は答えを模索するが、うまい答えがみつからない。そんな考えは王女だけでなく犬にとっても、ほとんど意味がないように思われた。

もちろん、身長の問題は男女の力の差を示すメタファーである。自分より妻のほうが背が高いことに耐えられないのは、そのために自分の影が薄れてしまうからである。王子はそれを話題にすることすら、がまんできない。おそらく、自分でも理由がよくわからないのにちがいない。王子にわかっていることは、王女の背の高さには辟易する、それも結婚を取り消して国へ戻りたくなるほど嫌だということだけである。

王女は、なぜ相手に逃げられたのか、よくわからなかったが、それでもことをうまく運ぼうと魔法使いのもとに駆けつけて、自分の背を低くして欲しいと頼み込む。しかし、魔法使いは気の毒そうな顔をして、自分にはそんな力はないと言う。たしかに、王女をでっぷりふとらせることも、ほっそりやせさせることもできる。また、カラスに変身させることもできるけれど、身長だけはどうすることもできないというのだ。王女はがっかりして、暗い気持ちで寝室に引きこもる。

いっぽう、隣国の国王夫妻は息子に決心をひるがえし、結婚のことを考えなおすように説得する。王子が説得されて戻ってみると、王女は寝室にこもり、げっそりやつれていた。ベッドのそばに立った王子は、当然のことながら、王女を見下ろすかたちになる。そのことがふたたび王女に対する以前の愛をよみがえらせた。

王女は長いあいだ床に伏せっていたために、顔色が悪かった。それに気づいた王子は外の新鮮な空気を吸わせようと、王女を乗馬に連れ出す。馬に乗った王女は椅子にすわっているときと同じように、それほど背が高くなかった。しかし、途中で馬がつまずいて、王女は地面に放り出される。それを助け起こそうとして、王子はまた相手のほうがずっと背が高いことに気がついた。

王女は彼が不愉快そうな顔をしたのに気づくと、すぐに地面にがっくりひざまずき、「どうしよう、足が痛くて立てないわ」と叫ぶ。王子は彼女を助け起こし、部屋まで抱きかかえてゆく。王女は立てないのだから、また、自分が彼女を見下ろすかっこうになるわけだ。彼の心は男らしい誇りに満ちあふれていた。

王女は〈養生〉のために何週間かベッドで過ごしたが、日がたつにつれて、だんだん退屈になってきた。活動的で才能のある娘が一日中寝室に引きこもっているのは、決して快適と言えるような状態ではない。


やがて、お姫さまはよく暇をもてあますようになったので、気の利いた愉快なことばを考え出すことにしました。そうやって王子さまを喜ばせたかったのですが、ある日、とくに知的で深遠なことばを口にしたとき、王子さまは険しい顔をして、「〈女はみるもの、意見はきくな〉ということわざを知らないのか！」と、どなりました。

お姫さまは考え込んでしまいました。そのことわざの意味はよくわからないけれど、どこか、自分の背が高いことと似ているような気がします。王子さまはお姫さまが立っていると不機嫌で、すわっていると喜びます。同じように、だまってきいていると機嫌がいいのに、話をするとそっけない態度をとるようなのでした。


王女は、王子の機嫌をとるために、もう一度誇りをすてて、話をしないように努める。王子や召使いたちに言いたいことは石板に記して伝えたが、夜がふけてだれもいなくなると、知的な話がしたくなる。王女は忠実な犬と話をして、そうした欲求を満たすようにした。

しかし、王子はこうしたやり方にも満足できない。王女が犬に愛情を注いでいることが許せない。ある日、犬は自分の余命がいくばくもないことを察して、王女にそのことを告げる。王女はあなたがいないとどうしたらいいか、わからないと嘆くが、犬は「それに慣れてください。王子さまはわたしのことがおきらいなのです」とこたえて、その場にバッタリ倒れて死んでしまう。犬は王女の幸せをまもるために自分から死んだのだった。

悲しみに打ちひしがれた王女は慰めようがなかった。忠実な友の亡きがらは、自分のドレスにつつんで埋葬しようと王女は思う。しかし、墓地に出かけてゆく途中、王子が前に立ちはだかる。彼は冷たい声で「そいつは何週間もまえに始末したはずではなかったのか」と言う。

「〈そいつ〉とおっしゃるの？　わたしの苦しみを救うために死んだのよ。わたしはりっぱに埋葬してあげるつもりだわ」

王子は驚き、王女が口をきいているという事実を指摘する。

「そうよ」王女は相手を見下ろして、にっこり笑った。「話をしているのよ。わたしたち、お別れしたほうがよさそうね。では、お元気で」

物語はここで終わってもよさそうだが、まだ先がある。母である王妃はことの次第を聞いて、腹をたてる。

その夜、お妃さまは部屋にやってきた娘に言いました。「まあ、あなたったら、ほんとうにとんでもないことをしてくれたわ。信義ということを考えないの？　国の交渉はとっても複雑だってわかっているはずよ。それを台無しにしてしまうなんて。いいこと？　王女としての務めはね……」

お姫さまは最後まで言わせませんでした。「すべてを犠牲にすることが、わたしの務めだなんて、そんなのおかしいわ。わたしの務めはほかにもある。考えていることを正直に言うこととか、自分の足で立つこと、それに背が高いことや、自分を愛してくれる人を裏切らないこと、そうしたことも王女の務めではないのかしら?」国王夫妻は何もこたえませんでしたが、娘のことばをあれこれ考えているようでした。

その夜、王女はこっそり城を脱け出し、愛するペットの墓にゆく。そして、その場にたたずみ、これまで男のためにいろいろ犠牲にしてきたことを思い浮かべる。

「わたしってほんとうにおばかさんだわ。愚かな王子のためにかしこい友を死なせてしまうなんて」と、王女は言って、白いバラを墓前に供え、銀のじょうろで水をかける。

城へ帰る途中でのこと、暗闇で物音がする。みるとハンサムな騎士がいる。騎士は長い金髪に貴族的な風貌をしていて、どこか、王子のような身分を思わせた。騎士の旗じるしは黒地に白バラだった。王女がもっとよくみえるように旗を下げて欲しいと頼むと、騎士はそれを王女の目のまえに差し出す。

「〈死神〉ね」と、王女さまは言いました。

「いや、そうではありません」騎士は笑って言いました。「わたしは〈再生〉という者です。もっとも、生まれ変わるためには、死ぬこともありますけれど」騎士は馬からおりると、かがんでお姫さまの手にキスしました。お姫さまは騎士がからだを起こすときに、どうぞ背の高い方でありますようにと祈りました。でも、願いはかなえられませんでした。じっさい、騎士の背丈は数インチほど低かったのです。お姫さまは背筋をぴんと伸ばしました。

すると、なんと、若い王子さまは「誇り高く美しい人は背の高いほうがすてきです」と言ったのでした。大きな目をみれば、それがうそでないことは明らかです。お姫さまはポッと顔を赤らめました。
「まだ、わたしの手をにぎっておいでですわ」騎士はにっこり笑って、お姫さまの手をにぎったまま、城へと向かってゆきました。

「月のリボン」や「自分の足で立ったお姫さま」のような物語は、おとぎ話の形式で書かれているが、そこには、女性についての――また男性についての――既成概念をファンタジーによって変革する可能性が示唆されている。おとぎ話だからといって、かならずしも、おとなしいヒロインや救いの手を差しのべる王子、また悪意ある年配の女性などが登場する必要はない（ただし、現代のおとぎ話でも魔女が登場するケースは多い）。こうした物語では、ヒロインはユーモア感覚があり、積極的で自由な考え方をする一人の人間として自己を確立し、さらに重要なことには、自分の関心にもとづいた選択をする。ジュディス・ヴィオースト〔一九三一年生まれ。米国の児童書作家〕の「そして王子さまはひざまずき、シンデレラの足にガラスの靴をはかせようとしました」は、シンデレラ物語の簡略版であるが、このヒロインは王子がガラスの靴をもって戸口にあらわれたとき、王子のことを再吟味する。白日のもとでみると、王子は鼻がへんてこりんで、舞踏会の夜のようにすこしも格好よくみえない。ヒロインは、こんな男はごめんだとすぐに決断し、靴がきつすぎて、とてもはけないというふりをする。そうしたヴィオーストのシンデレラをはじめ、これからのおとぎ話のヒロインたちは、自分の足で立った王女のように、他人のものになるのに甘んじるのではなく、自分の欲望を満たすことを選ぶようになるだろう。そして、自分に選択できる道を天秤にかけ、けっきょく、自己実現に結びつかない道を選択することによって、盲目的に押し流されるようなことはしなくなるにちがいない。

こうした改変・改訂されたおとぎ話は、おとぎ話全体の未来について、どのようなことを示唆しているのだろうか。「白雪姫」「眠れる美女」「ヘンゼルとグレーテル」「ルンペルシュティルツヒェン」のような話が忘れ去られ、もっと文化的、政治的にぴったりした話に取って代わられる日が来るのだろうか。やがて、二一世紀のおとぎ話が一八・一九世紀の話に取って代わり、眠りにつく子どもたちの時間を占有するようになるのだろうか。

おそらく、そうはならないだろう。新しい話が出てくるにもかかわらず、古典的なおとぎ話は再現できないほど、深く人びとの心の奥底にまで浸透している。これほど深く人びとの心にふれて大きな影響をおよぼし、かつ、楽しくてわくわくするような話はほとんどない。大食の問題については「ヘンゼルとグレーテル」のような話はほかにないし、貪欲の問題については「ジャックと豆の木」のような冒険物語はほかにない。ウォルト・ディズニーは大成功をおさめた『白雪姫と七人のこびと』の続編をつくれと迫られたとき、「こびとで〈屋上屋を架す〉ようなまねをしろというのでしょうか。なぜ、そんなことをする必要があるのでしょう」と答えたという。

われわれの子ども時代の伝統的な物語は、これからも魔法のことばを織り成してゆくだろうが、それを語る手段はおそらく変わるかもしれない。おとぎ話というものは、思い起こせば、そもそも本来口頭で伝えられたものである。それは家族の団欒や子どもの寝室で語られて、多くは音声を介して広まり、日常生活の談話の一部になっていったものなのだ。それが書きことばのかたちで伝えられるようになったのは、やがて時をへて、バジーレやペロー、さらにグリム兄弟などの作家たちが、それを収集して本にまとめたからである。しかし、そうした事情もいまは変わって、過去半世紀ほど、おとぎ話は視覚芸術のかたちで表現されるようになった。それに貢献したのは、とくにウォルト・ディズニーと彼のスタジオの画期的な仕事である。いまでは古典的なおとぎ話の本にすら、ディズニー映画をもとにしたイラストが描かれているほどである。こんにち、七人のこびとと言えば、ほとんどスニージー、スリーピー、ドックなどを思い起こさずにはいられない。また、『リトル・マーメイド』の悪役は一般的な魔女ではなく、あふれるばかりの乳房と密に生えた眉をもった恐ろしいアーシュラなのである。

その結果、しだいに視覚的図像と視覚的表象がおとぎ話の世界を支配するようになった。いまでも、おとぎ話は語られたり読まれたりするけれども、子どもたちが白雪姫やシンデレラ、それにドロシーの冒険などにふれるのは、長編映画やビデオを通してであることが多い。じっさい、ディズニーの会社がおとぎ話を手がけるたびに、興行記録は新しくぬり替えられる。『リトル・マーメイド』や『美女と野獣』のような映画が大成功をおさめるだけでなく、数年ごとに、ディズニーのむかしの名作が再映されて、新しい観客を引きつけたりもする。これから、ディズニーの会社は「ヘンゼルとグレーテル」や「ジャックと豆の木」の計り知れない可能性を開拓することになるだろう。歌うハープや金のたまごを産むめんどりなどは、アニメ映画製作者の夢であるように思われる。

## 未来が維持するもの

二一世紀をむかえて、すでに進行している傾向から判断できることは、おとぎ話はますます情報やコンピュータ・テクノロジーと結びつくようになるということである。たとえば、子ども用のコンピュータ・プログラムの一つに、決定的に伝統とは異なる「ジャックと豆の木」がある。このプログラムはラーニング・カンパニー社の〈リーダー・ラビット読書力養成ライブラリー〉の一つで、コンピュータを使って三択方式で物語を進めてゆく。最初の画面では、ジャックの冒険談の語り手として、無名の語り手（〈古典的〉タイプ）、ジャック自身、大男のなかから、だれを選ぶかをきいてくる。これらの三つのタイプは同じ物語を展開するが、ただ、選ばれた視点がちがってくる。

ジャックが語り手の場合は、ジャックの感情が物語に反映され、当然、ジャックの視点が優遇される。ジャックは母に乳牛のミルキー・ホワイトを売りにいかされるときに、「乳牛がいなくなるのはとても悲しかった」と言う。また、ミルキー・ホワイトを豆と交換するときには、自分がどんなに商才にめぐまれているかを読者にわからせるために、してやったりとばかり「かしこい取り引きをしたぞ」と言うのである。コンピュータの母親は原作と同じように、ジャックの興奮にはついてゆけない。

ジャックの視点では、当然予想されるとおり、彼の貪欲という性格は控えめにあつかわれる。ジャックは強欲な少年というより、幼いロビン・フッドであり、大男が村人たちにおかした悪事に対して、報復するために出かけてゆく冒険少年なのである。いっぽう、コンピュータの大男は泥棒として描かれる——「むかし、ジャックの村の人びとは三つの宝物をもっていました。金貨と黄金のたまごを産むめんどりとハープでした。ところが、大男がやってきて、それらをみんなうばい取ってしまったのでした」。ここではジャックの強欲な性格については、まったくふれられていない。ジャックはもともと村人のものだった宝物を取り戻そうとするだけなのだ。

ところが、大男の視点から語られる物語では、全体像はまったくちがってくる。大男は「わしの苦労がはじまったのは、ジャックという小僧のせいだ」と言って、まず、はじめにジャックがやっかいごとを引き起こした張本人であることを読者に知らせる。彼は画面をみている読者に自己紹介する過程で、自分が強欲で所有欲がつよいことについては否定しようとしない。じっさい、「わしは大男で黄金が大好きだ。

いる。
黄金の財宝をみると、うばい取ってしまうのだ」と言って、自分がどんな人物であるかを率直に表現している。

大男は自己紹介が終わると、つぎに物語中で起こる出来事について語り、やがて、おなじみの追跡シーンに話がおよぶ。眠っていた大男は黄金のハープの音に目をさまし、ジャックを追いかけて豆の木を降りてくる。このモニターテレビに展開されるドラマに見入っている子どもたちに、大男は「すぐうしろまで追いついたぞ」と言う。しかし、ジャックが母親から斧を受け取るのをみると、すぐに自分の身に危険が迫っていることを察知する――「豆の木が倒れたら、まっさかさまに、どーんと落ちてしまうわい」。大男はそれから先の出来事を、つぎのように語る。

ミシッ、ミシッ、豆の木がちょん切れた。
すんでのところで跳んで逃げ、
いのち拾いをしたけれど、心は晴れぬ。
財宝は村に落ちてしまった。
それに、もう二度と村にはいけぬ。

大男は死を免れて、ホッと安堵のため息をついたのも束のま、切ない孤独感を覚える。下の村ではお祭り騒ぎ。それをみた大男は自分の悲しい状況を、このように語る。

村の人たちはお祭り騒ぎ。

わしの黄金のハープがかなでる歌に合わせて踊ってる。
ジャックにはわしの金貨のおすそ分けか。
だれもわしのことなど考えてくれぬ。
わしもごちそうにあずかりたいが、ここにあるのは豆ばかり。
豆なんか大きらいなのに！

鬼は死を免れたばかりか、哀れっぽいことばで読者の同情を誘う。なんといっても、みんながおいしいごちそうに夢中になっているときに、彼はがまんして豆を食べなければならないのである。

コンピュータ版の「ジャックと豆の木」は感情移入の効果を発揮するが（「だれもわしのことなど考えてくれぬ」）、〈貪欲〉に的をしぼって意味を引き出そうとはしていない。それでも、読者の同情や理解を喚起しようとしていることには意味がある。幼い子どもたちは大男の立場に立つことによって、豆しか食べられないということはもちろんのこと、のけ者にされると、どんな気持ちになるかを実感させられる。

こうして、いくつもの役を演じて、その役になりきることができれば、大きな可能性が開けることになる。「ジャックと豆の木」でそれができるなら、「白雪姫」でも、さらには『オズの魔法使い』でも同じことができるだろう。おそらく、だれか、新進気鋭のプログラマーが、子どもたちをオズの魔法使いの国へと連れてゆく日が遠からずやってくるにちがいない。そうなれば、子どもたちはドロシーの三人の道連れを演じることができるようになる。おそらく、臆病ライオンの役を演じれば、ことばにできない強迫観念にこれまでよりも直接的に対処できるようになるだろうし、あるいは、根拠のない不安を克服する方法を学べるようになるかもしれない。また、ブリキの木こりの立場に立てば、「冷たい心」にならないうちに、供犠の感情に対処できるようになるだろう。新しいミレニアムのおとぎ話は、子どもたちに無力な犠牲者と自分とを同一視させることによって、ブリキの木こりのことばを借りれば、「残酷で心の冷たい」人間にならないように、はたらきかけるようになるかもしれない。

コンピュータとおとぎ話が融合すれば、けっきょく、ヴァーチャル・リアリティの世界が出現する。遠からず、いつの日か、子どもたちはコンピュータのヘッドギアをつけて、黄色のレンガ道を〈歩いて〉ゆけるようになるだろうし、あるいは、おそらくジャックになって、じっさいに豆の木を登ったり、逆に大男になってジャックを追跡したりするようになるだろう。また、未来のおとぎ話では、子どもたちが眠っている王女を目ざめさせるために城壁をよじ登ったり、ガラスのスリッパのはき心地がどんなものか実感することもできるようになるだろう。一八・一九世紀のおとぎ話と二一世紀のテクノロジーが結びつくことによって、むかしながらの自己の探求の旅（いわゆるおとぎ話）に無限の変化が生み出されるようになるはずである。

## 魔女はどこへ？

では、魔女はどうなるだろうか。過去の古典的なおとぎ話が、読者参加によって相互作用的になってゆくとすれば、それにつれて、未来のおとぎ話の世界では、魔女の位置も変わってゆくのだろうか。たしかに、そうなる可能性は高いが、一つ、確実に言えることは、魔女が消え去ることはないということである。魔女は〈自己〉の不変的部分であり、テクノロジーのゴミ箱に捨てられることはないし、そんなことはありえない。コンピュータ画面で魔女をゴミ箱のアイコンにドラッグして、マウスのクリックによって消去することは不可能なのだ。魔女の性格、また、人間心理における魔女の位置を考えれば、魔女はこれからも、われわれがたたかうべき悪の力でありつづけるにちがいない。

しかし、魔女はかならずしも死ぬ必要はない。おとぎ話が発展するにつれて、おそらく、魔女を排除するよりも、魔女と和解することのほうが重要になるにちがいない。子どもたちは成長しておとなになるにつれて、しだいに――ジーキル博士とハイド氏のように――自己の悪い面を根絶しようとしても、けっきょく、その努力は失敗に終わるということを悟るようになる。魔女を除去することは悲劇的結果をまねくことにもなりかねない。精神的成長という視点で考えれば、魔女をただ消去するのではなく、魔女を進んで取り込もうとするほうが、よほど実り豊かな成長をもたらすのである。おそらく、グレーテルは魔女に菜食主義者になるように説得すればいい。自分の罪ぶかい一面を寛大に受け入れ、それをコントロールすることができれば、自分だけでなく、他人をも受け入れることができるようになるはずだ。

しかしながら、グリムやペローにも、伝統的な魔女が出てきて、最後には死ぬという話がいくつもある。それらもまた読み継がれてゆくとすれば、理由はかんたんである。そこには、自分の御しにくい衝動に、どのように対処したらいいのかが記されているからである。三歳、四歳、さらには五歳の子どもたちの世界は絶対性の世界であり、黒は黒で、白は白、中間のあいまいさは許されない。かれらは魔女や魔女に相当する人物が死ぬ物語から強力な道具をあたえられ、その道具によって、慣習的方法では容易にあつかえない自分の性向を処理できるようになる。

対照的に、もうすこし年上の子どもたちは、邪悪な存在と〈対話〉できるような物語に興味を示すにちがいない。魔女とかかわりをもつという行為、魔女が感じたり考えたりすることを体験するという能力は、子どもたちの成長をうながす力となりうる。子どもたちが成長するにつれて、「汝の敵を殺せ」は「汝の敵を知れ」に高められなければならない。このように魔女との交流の機会をもつことにくらべれば、魔女が死ぬかどうかということは、それほど重要ではないのかもしれない。子どもたちは魔女に表象される心の一部を十分に理解する機会が必要である。これから一生、それとかかわっていかなければならないからである。

　では、おとなの場合はどうだろうか。未来のおとぎ話はもっと年長の読者には何をあたえてくれるのだろうか。ずっと長いあいだ子ども専用だったおとぎ話は、いまの世のなかに何か意味をもたらすのだろうか。いまは悲劇的出来事が日常茶飯事で、夜のニュースはセックスのスキャンダルばかり、子どもが子どもを銃で撃ち殺し、環境破壊が地上に重くのしかかっている時代である。「嫌なことがレモンの雫のように溶けてしまう」ような〔ジュディ・ガーランド主演のミュージカル映画『オズの魔法使い』で歌われる曲「虹のかなた」のなかの一節〕、どこか「虹のかなた」なる場所があるのだろうか。そもそも、どんより立ちこめるスモッグをとおして、虹を見分けることなどできるのだろうか。

　おとぎ話の歴史的研究で知られる社会批評家マリーナ・ウォーナーは、それが可能だと信じているらしい。ウォーナーによれば、おとぎ話はおとなに対して重要な機能を果たしているし、その点はこれからも変わらないという。おとぎ話はわれわれにべつの人生を想像させる。それによって、われわれはべつの物語を語れるようになり、幸福な結末が可能な世界を招来できるようになる。おとぎ話は楽天主義的感情を呼び起こし、それを人びとすべての心の奥底にこだまさせるというのである。

　しかしながら、おとぎ話に人生の問題に対する答えを求めようとするのは素朴すぎると主張する人も多い。おとぎ話では、悪がただ魔法の杖の一振りで排除され、いつもちょうどいいときに王子があらわれ、最後には、みんなが幸せに暮らすようになる。こんな話はあまりにも単純で、あまりにも現実離れしすぎている。じっさいには、われわれは生計をたて、健康を維持し、愛する人の身の安全をしっかりまもらなければならないという現実がある。たしかにそのとおり。しかし、こうした現実はすべて、われわれが意味ある人間関係をつくり上げ、それを維持できるかどうかにかかっている。それはすなわち、親しい人との関係をおびやかしたり、傷つけたりする自分の性癖と向き合えるかどうかを意味する。おとぎ話は子どもと同様、おとなの場合にもこうした機能を果たす。おとぎ話は人間の弱い部分に取り組み、ファンタジーを用いて、より充実した人生を送ろうと思うときに、かならず直面するはずの問題に光を投じる。

ファンタジーと現実との相互作用はロバート・クーヴァー〔一九三二年生まれ。実験的な作風で知られる米国の作家〕の『いばら姫』によって検証されている。この物語は「眠れる美女」の現代版で、勇気と苦悩、それに報われない愛などの本質をさぐっている。クーヴァーの方法は、それぞれ、王子、王女、魔女の視点から、交互に物語を語るというものである。ちなみに、ここで魔女というのは、一〇〇年の眠りから救い出される日を待っているいばら姫を見張る妖精のことである。

クーヴァーの解釈によれば、王子は明らかに、この探求に葛藤を感じている。王女の魔法をとくためには試練をへなければならない。自分の生命を危険にさらしてまで、王女を救い出すべきなのだろうか。そもそも、王女はそうした努力をはらうのに値するのだろうか。王女はたしかに自分の夢の女性となるのだろうか。これまでにかぞえきれないほどの騎士たちが眠っている王女を救い出そうとして失敗した。王子はかれらの無残な屍《しかばね》をみて、心のなかに疑念が生じる。塔のまわりをぐるりと囲む死の垣根のいたるところに、息絶えた騎士の死体がころがっている。王子はそれをみて臆病ライオンのように考えてしまう。自分は先に進む勇気があるのだろうか。いわば存在論的試練の網にとらわれているのではないだろうか。

垣根に跳び込んで不幸な運命をたどった騎士たちの骨が、枝のなかでコツコツと不吉な音を立てました。そして、花を切り取られて剝き出しになったイバラが王子さまの肉に突き刺さり、まだ身体に残っていた衣服を引き裂きました。それでも、王子さまはひるむこともなく（すこしは気おくれしたのですが）、また、冒険を最後までやりぬくという勇敢な決意をひるがえすこともありませんでした。というのも、これは遠いかなたをめざす象徴的なすばらしい冒険の旅なのであり、揺るぎない勇気と献身とを必要とするということが、最初からわかっていたからでした。

そのあいだ王女は眠りつづけて、果てしない夢と現実のあいだを往き来し、幻想の世界をさまよっている。それは多くの場合、性愛にまつわる幻想だった。あるとき、王女は城に押し入った悪党一味の物音に目をさます（あるいはそのように思った）。かれらは王女を陵辱しようと長い時間をかけて部屋を探しまわるが、それから、とつぜん、酒に酔った侵入者たちは父親の騎士たちに変貌する。すべてはほんとうに起こっていることなのか、それとも、ただの夢にすぎないのか、王女にはわからない。

また、べつのときには、王女が目をさますと、一人ではなく三人の〈王子〉がベッドのそばに立っている。一人は皺くちゃの老紳士、もう一人はせむしのハンセン病患者、最後の一人はハンサムな若者だった。王女は自分にキスしたのは、だれなのかと問いかけ、期待してハンサムな若者に目をやるが、老人は「みんながキスしたのです。さあ、わたしたちのなかから、だれか一人を選んでください」と言う。しかし、王女がハンサムな王子を選ぼうとすると、ハンセン病患者が「美貌はほんの皮一重」だと忠告する。肉体の美はほんの一時期だけのもので、永遠に変わらないのは精神の美だというのである。王女はまったくわからなくなり、ベッドに倒れ込み、「みなさんのおかげで頭が痛くなったわ」と言う。

彼女が夢みた王子はようやく姿をあらわすが、王子にはその城が自分のめざした城かどうか自信がない。ベッドに横たわっている乙女は期待したほど美しくはない。王子はときどき家具を指で触ったり、鏡に自分の姿を映したりしながら、ぶらぶら寝室を歩きまわる。たしか、ほかにも眠っている王女が救いの手を待ちわびているといううわさを聞いたことがある。この王女が本物でなかったら、どうしたらいいのか。とつぜん、王子はくるりと振り向き、寝室から走り去る。残された王女はほんとうの王子がじっさいに来てくれるのだろうかと思い悩む。

お姫さまは、一人、暗い寝室のベッドの上に寝ていました。おそらく、ベッドから抜け出たことは一度もなかったのでしょう。肉体は、紡錘《つむ》が刺さってからというもの、ずっとそこに横たわったままであり、肉体から切り離された自分がときどき何の目的もなく迷い出て、そして、子どものころ遊んだ城のなかを、とくに何を探そうというあてもなく歩きまわっていたのかもしれません。そうやって歩きまわったのは、ただ一人ぼっちの不安からのがれるためでした。（暗闇が怖い、自分は遺棄されたのではないか、自分がだれなのかわからない、この世が終わるのではないかなど、不安はいろいろありました）。そうした不安はしょっちゅうお姫さまを苦しめました。まるで絹のシュミーズのなかで、ネズミがチョロチョロ走りまわっているようでした。眠っていても、それは眠りとは言えず、逆に果てしない覚醒状態にあるようで、まったく安らぐことができません。それでいながら、すべては老婆の話がこだまのように響く程度にしか、あとに痕跡をとどめないのです。これまで自分の人生は人生と呼べるようなものではなかったし、いまもそうだという感じがするのでした。

このあいだ、魔女である妖精はどんな出来事が起こっているのかを語る。妖精はバジーレの話の要素とペローやグリム兄弟の話の要素を織り交ぜながら、熟睡している王女に物語を語って楽しませる。それによれば、王女は眠っているあいだに双子を産み落とし、母になったという。また、妖精はその話をべつのかたちで語るときに、自分の魔法が引き起こした苦悩の数々のことにふれ、自分のなかに善の力と悪の力が渦巻いていると考える。

妖精は、自分の話がたいてい自分の立場からは滑稽にみえても、じつは苦しみとかかわっている、しかも、ときにはやわらげようもないほどの耐えがたい苦悩とかかわっているのだと気づきました。それはたぶん、彼女が悪い妖精だからでしょう。けれども、心の底では（心なんてものがあればの話ですが）実際的な世話やきで、自分の保護する夢みる少女が軽いキスや結婚式の先にある苦労に対処できるようにと願っていたのでした。とすれば、彼女はまた、いい妖精でもあるのではないでしょうか。そもそも、こうした区別は妖精の世界ではいくぶんぼやけているものなのです。

「眠れる美女」の〈再解釈〉であるクーヴァーの物語を読むと、達成されない願望とは、どのようなものなのかを考えさせられる。この物語は読者にセックスと憧れ、努力と成就、不老不死と早世とを分ける境界線について考えさせる。こうした問題が子どもよりもおとなにかかわるものであることは明らかである。それでも、いろいろな登場人物との一体化を促進するという基本的考え方は、リーダー・ラビット版の「ジャックと豆の木」の場合とそれほど変わらない。ただ、クーヴァーの話では、人間存在の本質的な問題に照明をあてるべく、おとぎ話の複雑な深層に読者を引きずり込むといった点がちがうかもしれない。

ジェフ・ライマン〔一九五一年生まれ。ロンドン在住のSF・ファンタジー作家〕の小説『夢の終わりに……』では、おとぎ話に対する現代的視点が取り入れられている。ライマンは『オズの魔法使い』にヒントを得て、フランク・ボームのドロシーとはまったく異なるドロシーを生み出した。ライマンの物語はドロシーがカンザス州にやってくるところからはじまる。ドロシーは母親がジフテリアで亡くなったので、エムおばさんとヘンリーおじさんのもとで暮らすことになった。愛犬のトトもドロシーといっしょである。

農場での生活はきびしく辛いものだった。ドロシーはエムおばさんにやっかいな仕事を押しつけられて、自尊心を傷つけられ、また、ヘンリーおじさんにもいじめられて、憎しみを内につのらせる無口な子どもになってしまう。ライマンはここで、ジュディー・ガーランドの人生の断片を映画のシーンに織り交ぜながら、ドロシーが虐げられた生活とどのように折り合ってゆくかを描いている。ドロシーは辛く苦しい生活を何年か過ごしたのち、ついに農場から逃げ出し、ウィチタ〔カンザス州南部の都市〕にいって娼婦になる。そして、『夢の終わりに……』の不運なヒロインは、人生の最後の日々を反抗的な半狂人として老人ホームで過ごしながら、マンチキンの人びとの暮らすオズという国のことを空想《ファンタサイズ》する。そこでは、黄色のレンガ道の果てに救済が待っている。

ライマンの暗い物語は、ドロシーの「以前の生活」を用いて『オズの魔法使い』の奥底をさぐり、われわれを子ども時代の苦痛に満ちた世界へと連れてゆく。それは消えた母親を恋い求める子どもの話であると同時に、精神的・肉体的に虐待された子どもの話であり、さらに、生き残るために辛い選択をしなければならない人びとの話でもある。しかし、これは悲しいけれども希望をあたえる物語であり、何よりもまず、ファンタジーの救済の力を証明するものである。ここには、現実がわれわれにひどい仕打ちをするときにも、精神の世界は、よりよい生活を想像することができるということが示されている。

『いばら姫』や『夢の終わりに……』のような話は、みんなが知っていてたいせつにしている身近な話から着想を得ていて、そうしたおとぎ話の世界へとおとなの読者を導いてくれる。それらに加えて、ペローやグリムの時代から修正されずに残っていても、いまではほとんど読まれなくなったおとぎ話もある。それらは内容が暴力的だったり、あまりにもいかがわしいと判断されて、おとなの話から子どもの話へと移行したときに、あっさり歴史のゴミ箱のなかに捨て去られてしまったものである。しかしながら、それらの多くは否定しがたい魅力をもっていて、本質的に新鮮で現代的である。

まえに述べた「かしこいお姫さま」がその例である。この物語に登場するヒロインのフィネットは、かしこくて勇気があり、冒険心に富んでいる。現代のフェミニスト的おとぎ話では、ヒロインは自分の運命を自分で切り開くが、彼女はそうしたヒロインとくらべても、まったく遜色がない。彼女の冒険は性的欺瞞、不実、嫉妬などのテーマをもっていて、一五〇年まえと同じように現代にもまったく通用する。それは男女関係の複雑性について多くを語ってくれる。

また、「びゃくしんの木の話」にしてもそうである。この物語は、当時、暴力的イメージがつよかったために——こんにちでもすこしばかり生々《なまなま》しすぎる——幼い子どもたちには不適切だとみなされたが、ここには子どもに対する両親のえこひいきや子ども同士の関係など、すべての親にとって身近な問題があつかわれている。また、性的虐待の問題があつかわれている「ロバの皮」や、肉体的な愛と精神的な愛とが対立的に描かれている「ぶたの王子さま」のような話が流行するについても、同じようなことが言えるだろう。

話は一巡してもとに戻った。本来、おとなだけに読まれていたおとぎ話も、また、子どもに読まれるようになるかもしれない。もし、そうなるなら——現にそうなりつつあるという証拠もある——おとぎ話は新しいミレニアムにふたたび花開くかもしれない。

おとぎ話はけっきょく人生賛歌にほかならない。われわれを力づけてくれる魅力的なおとぎ話は、何百年もまえと変わらず、現代においても新鮮である。ダイナミックな潜在力――むかしながらの善と悪との闘争――は「白雪姫」や「シンデレラ」、それに『オズの魔法使い』などの行間に横溢している。それは二一世紀のこれから書かれるおとぎ話についても変わるまい。それゆえ、魔女はこれからもおとぎ話における主要な存在でありつづける。自分はだれなのかというわれわれの自己認識を問う内なる力に、魔女はわれわれの目を向けさせる。魔女の死は復讐行為ではないし、また、残虐行為でもない。罪ぶかい性向は日常的に存在するものであり、もし、自分の人生がおとぎ話のように幸福な結末をむかえることを望むなら、われわれはそうした性向とたたかわなければならない。魔女が死ぬのは、ただ、そうした事実をわれわれに再認識させるためにほかならないのである。

# 補遺一　おとぎ話を利用する

親や教員、それに児童セラピストたちは、おとぎ話が子どもの感情をのぞき込むための、かけがえのない窓となることを直感的に承知している。私は心理学者として、問題をかかえている子どもたちにとって、おとぎ話がどのような助けとなるのか、何度も質問されたことがある。〈貪欲〉という悩みをかかえている子どもに対しては、どんな話がとくに効果的なのか。おとぎ話はうそをつきたがる子どもにとって助けとなるのか。妹に激しく嫉妬して、おまけにそのことに罪悪感を感じている少女には、どんな話を読んでやったらいいのか、などである。また、実際的なことがらについてのアドバイスを求められたこともある。どんなふうに子どもを物語の世界に導いていったらいいのか。じっさいの物語を子どもの感情的欲求と関連づけるためには、子どもにどんな質問をしたらいいのかなどと、よくたずねられるのである。

以下のページでは、私はこうした関心にこたえるための具体的提案をしておきたい。その際、いつも子どもは自分の問題を追及する能力——それに意志——をもっているということを念頭におかなければならない。ただし、子どもが感情の洞察力を身につけるにあたっては、精神の発達段階に差があることも考慮しなければならない。したがって、以下の提案は厳密な処方箋としてではなく、ある段階の子どもたちには、どのようなテーマがふさわしいかを明らかにするための指標というか、灯台のようなものとして受けとっていただきたい。この補遺は、こうしたテーマと、それがもっともよく生かされているおとぎ話とが中心になっている。この補遺にはまた、重要な話が簡潔に要約されているので、これ自体、一種の読書案内として機能するはずである。カッコ内の数字はそれぞれの物語について、本書で詳細な議論がなされている章をあらわしている。

## 虚　栄

「白雪姫」（3章）は虚栄の暴走があつかわれている古典的物語である。王妃は国中でいちばん美しくありたいという願望にとりつかれているし、また、白雪姫もくしと美しいリボンを欲しがるところに、見栄っぱりな性格があらわれている。子どもたちには、このような関連づけをうながすために、つぎのようにきいてみるとよい――「白雪姫はこびとたちに何度も知らない人を家に入れてはいけないと言われていたね。それなのに、どうして変装したお妃さまを家のなかに入れてしまったのだろう?」また、白雪姫と継母とをくらべさせて、物語中のナルシシスト的要素に注意を喚起するのもよい。この二人はどこがちがうのか、また、どこが似ているのか。こうして、二人とも自分の容貌に過剰なほどの興味を示しているということを、子どもたちに気づかせるようにするのである。

こびとたちが白雪姫をガラスの柩におさめたというのは、いかに、虚栄というテーマが物語全体に浸透しているかを示している。この透明なケースは白雪姫を展示する対象に変えて、ほかの人間的特質をないがしろにするものだ。そこで、子どもたちには、「こびとたちは、どうして、ふつうの木の柩ではなくて、ガラスの柩を選んだのだろう?」という質問をして、こびとたちのやり方の意味を認識させるようにしたらどうだろうか。

「キューピッドとプシケ」（3章）は厳密に言えば、おとぎ話ではないが、ここには、おとぎ話に典型的にみられる要素がたくさんある。これは虚栄の落とし穴を描いているだけでなく、子どもたちにギリシア神話を紹介するためにも、もってこいの話だろう。ヴィーナスは世界最高の美女という自分の地位をプシケにおびやかされていると思い込んで、プシケを破滅させようとする。子どもたちには、なぜ、ヴィーナスはやっきになってプシケを破滅させようとするのか、その理由を考えさせるとよい。そうしたヴィーナスのやり方を子どもたちはどう感じるのか。容姿はどれほど重要なのか、また、外見に人生を左右されるということが、はたして健康的なことなのかどうか、こうした疑問を投げかけてみるとよい。

「キューピッドとプシケ」の中心となるのは、ヴィーナスが冥界から取り戻してくるようにとプシケに命じた〈美のつぼ〉である。じっさい、このつぼのなかには何があるのか（洗顔ローションか、しわ取りクリームか、それとも、ほお紅なのか）、また、つぼをあけないようにと命じられたのに、どうしてプシケはあけないではいられなくなったのか。子どもたちの答えはどうなのだろうか。プシケはもともと非常に美しいのに、どうして我が身を危険にさらすようなことをしたのか。答えはもちろん、プシケ自身も虚栄心がつよかったからである。つぼが提起する問題は、子どもたちが喜んで話したがるものだが、これは美の〈みなもと〉と関係がある。はたして、美とは外から——つぼの中身から——生じるものなのか、それとも内側から生じるものなのか。

「巻き毛のリケ」（11章）では、容姿が人間関係において、どんな役割を果たすかが検討されている。これは「シンデレラ」や「赤ずきん」と同じように、シャルル・ペローの物語集に収められていて、一人はかしこいけれども見てくれが悪く、もう一人は美しいけれども愚かであるという二人の王女の物語である。

この物語は美貌の価値とは相対的なものにすぎないことを明らかにして、自分の容姿を苦にしている子どもたちを励ましてくれる。ここでは知的な娘のほうが美しい娘よりも高く評価されている。子どもたちには、どちらの王女になりたいか、また、それはなぜかを考えさせれば、子どもたち自身の価値観を吟味させるうえで効果がある。多くの〈いじめ〉の原因が容姿にあることを思えば、教室でおこなわれている〈いじめ〉に直面している教員にとっては、この物語はとりわけ役に立つはずである。

「巻き毛のリケ」はまた、約束をまもる義務を教えるためにも貴重な物語である。愚かな王女は知性を贈られるのと引き換えに、魅力に乏しい王子リケと結婚すると約束する。しかし、知性をあたえられた王女は自分の利益に聡くなりすぎて、なしくずし的に約束を反故《ほご》にしようと考える。王女が約束をやぶったとき、王子はどんな感じがしただろうか。子どもたちにはそれを考えさせるとよい。約束をやぶったり、だましたりすれば、相手はどんな気がするかを悟らせるのに役立つにちがいない。

「王さまの新しい服」（3章）は、自分を世間にどうみせるか、人はどのように外見に欺かれるかという問題を提起している。ここでは、自己をいつわる見栄っぱりな君主が、けっきょく子どもに自分の正体をみすかされて、人びとの嘲笑の的になる。この話は子どもたちに受けがいい。この話のメッセージは、いつもおとなが正しいとはかぎらないということであり、それが子どもたちを勇気づけるのである。子どもたちに機会をあたえると、いつでも喜んで、自分のほうが正しくて、おとなたちがまちがっていると思ったときのことを話したがるものである。

このアンデルセンの話は、また、他人に盲従する態度についても教えるところがある。この話をきかせた子どもたちに、仲間はずれにならないために、仲間の言うとおりにしたことがあったかどうかたずねて、そのときのことをきいてみるとよい――「いま、そのときのことを振り返って、どう思う？　ほんとうは嫌だった？　困ったと思った？」。「王さまの新しい服」は〈同輩集団圧力《ピア・プレッシャー》〉の悪影響に対して、子どもたちちの目を開かせるという二重のはたらきをする。

## 大食

「ヘンゼルとグレーテル」（4章）は、味覚の耽溺についての真髄とも言うべき物語で、ここでは、食欲が度を越すとどうなるかが描かれている。ヘンゼルと妹グレーテルが空腹なのはもっともだとしても、二人は満腹になったあとも、魔女の家をがつがつ食べつづけ、我が身を危険にさらすことになる。子どもたちには、この物語を読んできかせたあとで、たとえば腹痛とか、あるものを食べすぎてそれがきらいになるとか、じっさいに過食にかかわる〈危険〉について、具体例をあげさせるとよい。また、肥満という複雑な問題をもちだすこともできるだろう。肥満は常に過食の結果なのか。ふとった人がいけないのか。理想的な身体とは、どんな身体なのか。いまや、小学生でもダイエットをする時代であり、食事障害の発症年齢も年々低下の一途をたどっている。このことを考えれば、「ヘンゼルとグレーテル」は健康的な食生活について話し合うきっかけをあたえるものとして、力づよい味方になってくれるにちがいない。

この話はまた、機転というものについて話すきっかけともなる。ヘンゼルは帰り道のしるしとして、パンくずをまくという巧妙な工夫を思いつくし、グレーテルはかしこくも魔女をかまどのなかへと誘い込む。また、二人が帰宅できるように、湖を横切る方法を考え出すのは、グレーテルであるということも指摘するとよい。子どもたちは自分の機転・才能に頼って、困難な問題を解決したことがあるはずで、そのときのことを具体的に話させてみるのもいいだろう。

「赤ずきん」(4章)では、ものをがつがつ食べるとどうなるかが語られている。子どもたちを遊び半分にうながして、オオカミの貪欲な胃袋と自分たちの過食の傾向との関連について考えさせたらどうだろう。大食に関連して、「ヘンゼルとグレーテル」について質問したのと同じような質問を、「赤ずきん」について質問してみることも可能である。

グリム版の「赤ずきん」(4章)は、とりわけ、この点で役に立つ。ここではヒロインと祖母は、力を合わせてオオカミの裏をかき、水をはった石桶のなかに落として溺れさせる。子どもたちには、オオカミは自分の貪欲な胃袋をコントロールできなかったから、死ぬはめになったのだということを理解させたい――じっさい、石桶にはソーセージをゆでるために使った水が入っていたのだ。オオカミの裏をかく方法を考え出したのは、猟師ではなく、ヒロインと祖母であるところから、グリム版はまた、女性の才能について考えさせるためにも有効である。

「怪獣たちのいるところ」(4章)は葛藤をあつかった現代の物語だが、ここでも食べものの問題が大きく浮上してくる。主人公の少年マックスは、暴れまわって、母親を食ってやると脅したために、夕食ぬきで部屋に追いやられる。部屋で一人ぼっちになったマックスは、空想の冒険に乗り出して、〈怪獣たち〉に出くわし、最後には多くの残虐な怪獣たちを手なずける。

この物語は御しにくい衝動、とりわけ怒りの衝動について話題にするのに効果的である。「きみの乱暴な一面について、話してくれないかな」といった質問をすれば、子どもたちに自分の困った部分のことを話させることができる。同じように、怪獣たちをコントロールしようとするマックスの試みを、自分の御しがたい性格をコントロールしようとする子どもたちの努力と結びつけることもできる。それはまた、夕食のときには、怒りの感情はどのようなかたちであらわされるかを考えることにもなる。子どもたちは、よく不満をあらわす手段として、食べることを拒否することがあるからだ。「マックスにとって、おもしろくないという気持ちをあらわすのに、何か、ほかに手段があったんじゃないかな?」という質問をして、食べものと食事について、親子の会話を活性化させるとよい。

## 羨　望

「シンデレラ」(5章)や類似の物語は、本質的には、嫉妬のなかでも、とりわけ〈きょうだい〉のあいだの嫉妬についての物語である。これらの話をきいた子どもたちは、主人公の嫉妬を自分自身の嫉妬の感情に結びつけることが多い。こうした感情について子どもたちに話させるためには、「家族のなかで、だれか、特別あつかいされている子がいると思うかい?」と質問してみるといい。子どもたちは自分でこうした問題をもちだすのは嫌がるものだが、この質問はかならずや、羨望について生き生きした議論を巻き起こす出発点になること、請け合いである。「シンデレラ」はまた、いじめや供犠行為とも関連しているので、学校の生徒たちのいじめについて話し合うきっかけとしても利用できる。子どもたちには「もし、シンデレラだったら、どんな気持ちがするか、説明してごらん」ときいて、シンデレラが姉たちに苦しめられて、どんな思いがしたかを想像させてみればよい。

ディズニーは「シンデレラ」を映画化するにあたって、ペロー版をもとにしているところからして、子どもたちにいちばんなじみのあるのは、ペロー版であると考えられる。しかし、姉たちの嫉妬と継母の迫害を、より効果的にドラマ化しているのは、グリムの「灰かぶり」(5章)のほうである。ここには身体の一部を切断する残酷な場面があるけれども、死んだ母親が娘のことを心配して、象徴的に樹木のかたちで再来するという、哀切きわまりない場面もある。この場面は幼児遺棄にかかわる問題にふれているところであり、「悪いことをしたら、きっと捨てられちゃうんだ」とか、「一人っきりになったら、どうしたらいいんだろう？」といった、子どもたちの心の奥底の不安とかかわっている。ここは子どもたちとじっくり読むべきところである。

もし、身体の一部を切断するという場面があまりに残酷だと思うなら、グリム版の代わりに、現代のシンデレラ物語「月のリボン」（12章）を代用してもよい。この物語では、嫉妬は比較的穏やかなかたちであつかわれていて、しかも、ヒロインと姉たちとの対抗意識というテーマの核心は変わらない。「灰かぶり」と同じように、ここにも死んだ母親の魂との出会いがあり、幼児遺棄と母子の精神的つながりについて話し合う絶好の機会となる。同じことは、スコットランドのシンデレラ物語「ラシン・コーティ」（5章）や、中国の「葉限《イエーフシエン》」（5章）についても言える。

「月のリボン」のリボンは、母親が死ぬまえにヒロインに残した思い出の品であり、これは子どものお気に入りの人形やテディ・ベアなど、子どもの生活の重要な隙間を埋める玩具類について話し合う機会を提供する。これらの特別なおもちゃは、心理学者によって〈移行対象〉と呼ばれ、ただのおもちゃとしての価値以上に、重要な情緒的意味をあたえられている。それらは両親の愛情を象徴し、子どもたちに安心と慰めをあたえるものなのである。

ちいさな子どもたちは、ふつう、なんの問題もなく、このことを本能的に認識できる。しかし、すこし大きくなると、ときどき、こうしたおもちゃに執着していることを恥ずかしく思うようになる。そんなとき、ほかの子も同じであることがわかれば、そうしたうしろめたさも払拭され、おもちゃに夢中になるのは子どもっぽい、あるいは異常なことなのではないかという不安もやわらげられる。子どもたちには、ただお気に入りのおもちゃのことを話させれば、移行対象についての意見交換に導くことができる。それから、「悲しいときに（あるいは寂しいときやいじめられたときなどに）、きみのお気に入りは助けになってくれるかい？」ときいてみるとよい。

ロシアのおとぎ話「カエルのお姫さま」（5章）には三人姉妹が登場し、義理の父親である国王の寵愛を得ようと競い合う。そのうちの一人はカエルであり、そのことから、パンを焼いたり、踊り狂ったりという陽気な話が展開する。この物語は「月のリボン」のように、比較的穏やかに――ここでは寵愛を求めて張り合うというかたちで――どうしたら嫉妬の感情に対処できるかについて考えさせることができる。子どもたちには、だれかと競い合ったときのことをたずねて、勝ったときの気分はどうだったか、また、負けたときはどうだったかをきくとよい。

「カエルのお姫さま」は、ユーモアをとおしてメッセージを伝える数少ないおとぎ話であり、きわめて魅力的である。さらにここには、王子に窮地から救い出してもらうのを待つヒロインではなくて、自分のおかれた状況（競い合い）をコントロールするつよいヒロインが登場する。これもまた魅力の一つである。それゆえ、この物語は、とくに少女たちに、おとぎ話のヒロインのうち、一味《ひとあじ》ちがったタイプのヒロインを紹介するのに役立つ。こうしたことに注目させるためには、「この物語のお姫さまは、ほかのおとぎ話のお姫さまとくらべて、どうちがう？」ときいてみるとよい。

## 欺　瞞

「がちょう番の娘」（7章）では、〈他人のふりをすること〉をあまり真剣に考えすぎると、どんな犠牲をはらうことになるかが描かれている。これはグリム兄弟の本に収められている物語で、召使いの女が遠くの国の王子と結婚しようとたくらんで、王女になりすますという話である。侍女は到着するとすぐ、宮廷の人たちを欺いて、自分こそがほんとうの王女であると信じ込ませる。

この物語はほんとうの自分に対する不満をあつかっているので、子どもたちには、いまの自分に満足しているかどうかを話してもらうとよい。「もし、ほかの人と入れ替わることができるなら、だれになりたいと思う?」「どうして、それがいまの自分よりいいと思うの?」「その場合、何を手に入れ、何をうしなうことになるのだろう?」こうした質問をすれば、自分の願いをかなえるためには、かなりの犠牲をはらわなければならないことも多いということを実感させることができる。

「がちょう番の娘」もまた、子どもたちが家を去るときの気持ちを想像させるのに役に立つ。子どもたちは両親の別居や離婚によって、新しい環境に移らなければならないこともある。しかし、別離のトラウマや、新しい環境に放り込まれるときの気持ちについて話し合う機会はほとんどない。子どもたちには、王女の立場に立って、家を去らなければならないとしたら、どんな気持ちになるかを想像させるとよい。ふつうは「お姫さまはどんな気持ちだったと思う?」ときくだけで、話の口火を切るのに十分だろう。

「カエルの王さま」(7章)は、カエルに井戸に落ちたボールをもってきてくれたら、いっしょにベッドに寝かせてあげると約束した王女が、その約束をやぶるという話である。初期のかたちにおいては、王女の約束にエロティックな意味合いが認められるが、児童向けのものでは、王女が約束を反故《ほご》にしようとするところに焦点があてられている。そこで、欲しくてしかたがないものを手に入れるために、うそをついたときのことを子どもたちに思い起こさせるといい。「欲しくてたまらないものを手に入れるために、うそをついたときのことを思い出してごらん」ときくだけで、ほとんど十分だろう。それから、王女が約束をやぶったときに、カエルがどんな思いをしたか、子どもたちに考えさせるようにする。この物語を利用して、約束を反故にされる立場に立たされたら、どんな思いがするかを実感させることで、感情移入の技術を身につけさせることができるだろう。

「ルンペルシュティルツヒェン」（7章）は、ある粉屋の話をとおして、うそをつくとどんなことになるかを語っている。その粉屋は、自分の娘には麦わらから金《きん》をつむぎ出す能力があると国王にうそをつく。子どもたちには、この物語をきかせてから、粉屋の非常識な言い分に対して、何か理由を思いつくことができるかどうか、きいてみる。たとえば、「粉屋がこんなばかげた話をでっちあげたのは、なぜだと思う？」と質問すればいいだろう。粉屋は国王に自分を誇大にみせるために、うそをついたのだと助け舟を出してやるのも手である。ちいさな子どもたちには、自分のしたことを大手柄のようにみせるために、うそをついたことがあるかどうかをきいて、そのときのことを話してごらんと誘いかける。粉屋のうそは娘の生命を危険にさらすという恐ろしい結果をまねくのであり、子どもたち自身も、自分を偉くみせようとすると、不愉快な結果をまねくことになりかねないということを悟らせることが必要である。

「ルンペルシュティルツヒェン」ではまた、うそが許される状況についても考えさせてくれる。粉屋の娘は自分の生命をまもるために、国王に――またルンペルシュティルツヒェンにも――うそをつく。子どもたちはときどき、他人の感情を傷つけないようにうそをつくこともある。たとえば、祖母から誕生日プレゼントをもらったときに、ほんとうは気に入らないのに、すばらしいプレゼントをありがとうと祖母に言うような場合である。子どもたちはまた、不当な罰を受けないように、うそをつくこともある。こうしたことは、ちょっとした悪戯に対して、厳しい罰をあたえるような家庭では、よくみられることである。したがって、この物語は子どもたちに、うそをつくときに感じる道徳的ジレンマを、すっきり整理させるのに利用できる。

## 性　欲

典型的に性的意味合いをもっているおとぎ話は、セックス自体ではなく、早熟なセックス、つまり〈早すぎるセックス〉をあつかうのがふつうである。おとぎ話における性的メッセージは、ふつうは間接的に伝達される。子どもたちに処理できない主題を子どもたちの手にゆだねないですむようにという配慮である。たとえば「人魚姫」（8章）では、ヒロインの足がないということと、女性器がないということとの関連性は、決して明確にはされない。しかし、じっさいには、このことがこの物語にひそむダイナミズムを生み出している。また、ラプンツェルの秘密の妊娠（8章）は、それこそ、ラプンツェルが魔女に追放される理由であるにもかかわらず、決して明言されない。ただ、ラプンツェルのエプロンが、腰まわりにぴったり合わなくなったと記されているだけである。「一二人の踊るお姫さま」における王女たちの夜の冒険がどんなものかは、彼女たちが真夜中にベッドを脱け出してゆくという事実によって暗示されている。彼女たちは一二人の王子たちとのランデブーにいって、翌朝まで帰らないのだ。

しかしながら、この物語は年長の（たとえば、九歳から一一歳のあいだの）子どもたちについて、性的誘引の肉体的・心理的側面をさぐるのに役に立つ。この年ごろの子どもたちの多くは、セックスについて正しいもの、正しくないものの取り混ぜて、多くの情報にさらされている。ためしに、デートをしたり、男女混合のパーティに出たりするのは、何歳ぐらいからが適当かと、子どもたちにたずねてみたらどうだろう。もっとちいさな子どもたちの場合は、登場人物同士のやさしいセンチメンタルな感情を強調しておくのがいちばんいい。官能的な部分は、もっとおとなになって、もっと上手に対応できるようになったときに、自然に浮上してくるものである。いまや、テレビや雑誌で、ますます、けばけばしいセックスが目につくようになっている。五歳の子どもですら、夜のニュースで耳にしたオーラル・セックスということばの意味を、両親にきいてくる時代なのだ。こんな時代だからこそ、より一般的な献身と気遣いという文脈において、男女が互いに惹かれ合う物語を読むことが有益なのである。

## 貪欲

「ジャックと豆の木」（9章）は、〈貪欲〉に焦点をあわせたおとぎ話のなかでもレベルの高い話である。この物語をきいた子どもたちは、ジャックも大男と同じように貪欲であることを無視して、よく、ジャックがかしこくて大胆であることに感心する。そうしたジャックの貪欲ぶりに、子どもたちの注意を向けさせるためには、ジャックは無限の富を産み出すめんどりをもっているのに、さらに黄金のハープまで盗み出すということを指摘するとよい。質問としては、「ジャックはすでに金のたまごを産むめんどりをもっているのに、三度目に豆の木を登るのはどうしてだろう？」というもので十分だろう。さらに、じっさいに子どもたちに、必要以上のものを手に入れようとしたときのことを思い出させ、そのこととジャックの行動とを比較させて、自分の貪欲な性格をさぐらせるようにするとよい。このまえ、おもちゃ屋にいったとき、どんな気持ちだったかを話させれば、それがいい出発点になるだろう。

「漁師とおかみさんの話」（9章）はプロットが単純なので、とくに幼い子どもたちにぴったりである。ここでは、魔法の魚が生命を助けられた恩返しに、漁師と妻の願いごとをなんでもかなえてやると言う。

そして、城をあたえ、無限の富をあたえたにもかかわらず、漁師の妻はそれにも満足しない。「ジャックと豆の木」の場合と同じように、子どもたちには、この漁師の妻と同じような態度をとったときのことを考えさせるとよい。

この物語はまた、あたえる側と受ける側、それぞれの立場に立つと、どんな気分がするものなのか、それを体験する機会をあたえてくれる。だれかに何かをあげるのはどんな気分か、また、何かをもらうのはどんな気分か、両者を比較してみる。そうすれば、子どもたちは、自分本位の態度をとった結果だけでなく、気前よくあたえることの喜び——魚があたえる恩恵——をさぐることができる。

「びゃくしんの木の話」(9章)では、家族内のえこひいきや、貪欲な欲望をどこまでも満たそうとする人びとのことがあつかわれる。これは、継母が家の財産を、自分と娘だけで独占しようとして、義理の息子を殺そうとする話である。ここでは男の子が残酷な殺され方をする場面が出てくるので、あまりちいさな子どもたちには読んでやらないほうがいいかもしれない。けれども、これは家族をうしなうことだけでなく、〈貪欲〉についても内容のある話であり、年長の子どもたちには有益だろう。子どもたちはよく、離婚や死など、家族に起こった不幸な出来事について、自分の責任だと感じることがある。女の子が兄の死は自分のせいだと感じるところは、いわれのない罪悪感や見当ちがいの責任感について話し合うきっかけとなる。女の子が兄の骨を集めて、それをいとおしげに木の下に埋めるところは、きょうだい同士の愛の絆を感じさせる心打つ場面である。

## 怠惰

『ピノッキオ』(10章)は〈ほんとうの男の子〉になるために、なまけ癖をなおさなければならない人形が主人公で、〈怠惰〉とその報いを描いた古典的物語である。カルロ・コッローディの原作は本一冊分の長さがあるが、子どもたちには注意力が持続できる程度に——10章で述べたように——抜粋して読んでやってもよい。この物語の重要部分は、学校にいかないと後悔するぞとコオロギが警告するところと、働くようにと瑠璃《るり》色の髪の妖精が戒めるところである。コオロギや妖精が、こうしたことをつよく要請するのはなぜなのか、また、長い目でみたときに、なまけたり、学校の勉強をサボったりするとどうなるのか、子どもたちにじっくり考えさせたい。これまで、やるように言われたことを、億劫がってやらなかったことがどれくらいあったか、反省させるのもよい。

子どもたちはほとんど、ディズニー版『ピノッキオ』をみたことがあるはずなので、原作を読んでやりながら、それを映画と比較させるとおもしろい。一つの物語にもいろいろな解釈——いろいろな真実——があり、それぞれ、力点がちがうところにあることがわかるだろう。たとえば、うそをつくことは——映画ではピノッキオの鼻が長くなることであらわされている——コッローディの原作では、二〇〇ページ以上もあるうちの、たかだか一ページ半ほどでふれられるだけで、これは全体からみれば、ほんの一部でしかない。しかし、ほとんどの子どもたちがディズニーの映画をよく知っているので、鼻が伸びるというエピソードを使って、うそをつくと社会的にどう評価されるかを考えさせてもよい。物語を読んでやりながら質問するなら、「うそをつくとまわりの人にバレると思う? もし、バレると思うなら、どうしてそう思う?」とか、「だれかがうそをつくと、それがうそだとわかるかい?」とか、きけばよい。

「三人の糸つむぎ女」(10章)では、〈勤勉〉を培うのに、いかに母親の影響が大きいかが描かれている。これは怠惰な娘が王子と婚約する話で、王妃は娘のことを勤勉で糸つむぎが大好きだと信じ込んで、娘を王子と結婚させる。ここには仕事熱心な者には報酬があたえられるという考え方があらわれている。しかし、娘はこれまで糸つむぎの仕事を学ぼうとしたことはなかった。そこで娘を助けてくれるのは、魔法のようにあらわれた三人の女——辛い仕事をやってのける生来の潜在的能力を象徴する母親のイコン——である。彼女たちは亜麻布を織って娘の窮地を救ってくれる。

この物語を糸つむぎに関する歴史的事実(10章で既出)と結びつけて、過去に女性の生活のなかで糸つむぎが果たしてきた役割について、とくにちいさな女の子に理解させるようにする。それには、「手作業と頭を使った仕事とは、どうちがう? それぞれの報酬については、どうだろうか?」などときいて、当時と現在とで女性に開かれている職業の差異について考えさせることである。また、こうした質問と合わせて、「おとなになったら何になりたい?」などときいて、もっと一般的に仕事や自己評価の話題にまで広げるのもけっこうである。

「ホレおばさん」(10章)もグリム兄弟の話で、怠惰や勤勉、責任などの問題をあつかっている。ここには仕事に関して、まったく正反対の態度をとる姉と妹が登場する。勤勉な姉は井戸に落ちて力のある魔女に会う。魔女は家事をするのと引き換えに、姉をいっしょに住まわせる。そして、姉が家に帰るときに、魔女——ホレおばさん——は姉の上に金の雨を降り注ぐ。妹も同じように金の雨の幸運にありつこうと井戸の底に出かけてゆくが、なまけ者の妹はホレおばさんに言いつけられた家事をやろうとしない。そして、帰るときに、〈報い〉として黒い松やにの雨を浴びるのである。

「ホレおばさん」は魅惑的なイメージに富んでいるので、とりわけ、ちいさな子どもたちにきかせるのにぴったりである。井戸の底にある魔法の国には、大声で叫ぶリンゴや話をするパンなどが登場する。また、ここでは多くのおとぎ話と同様に、〈再演〉がおこなわれる。学校では、床に円を描いて井戸をあらわし、金の雨の代わりに黄色い紙ふぶき、黒い松やにの代わりに黒い紙ふぶきを使えば、勤勉と怠惰についてのメッセージを、いっそう鮮明に印象づけることができるだろう。

## 罪のかなたに――孤独・転居・病気

ロシアのおとぎ話「うるわしのワシリーサ」（6章）は、残忍な魔女バーバ・ヤーガといっしょに暮らさなければならない孤児の物語である。ヒロインの少女は、いつも人形といっしょに生きてゆく。冒頭では死の床にある母親が娘に人形をプレゼントするのだが、この場面は、親との死別という不安をかかえている子どもたちに、その不安とたたかう勇気をあたえてくれる。そして、ワシリーサの人形は「月のリボン」（12章）のリボンと同じように、子どもたちに自分のお気に入り――人形や動物のぬいぐるみ、〈子どもの安心用の抱き毛布〉など――について話させたり、また、こうしたものが、どれほど孤独感を癒す助けとなるかを話させる窓口となる。

映画のおとぎ話『トイ・ストーリー』（6章）は、とりわけ、転居にともなう子どもたちの不安に対処するのに有効な物語である。この映画の人形たち――主人公のむかしからの親友ウッディと新参者のバズ・ライトイヤー――は主人公が新しい地域に引っ越ししようとしているときに、敵対するようになる。ウッディとバズとの葛藤は、慣れ親しんだもののあたえる安心感と、新しい変化を求める気持ちとの葛藤を反映しているのである。

この物語の意味を強調するためには、それぞれの人形たちが、少年の不安をどのように反映しているかを指摘してやればよい。子どもたちに〈ウッディ的感情〉と〈バズ的感情〉について話させることによって、転居――あるいは何か生活上の重要な変化――にまつわる子どもたちの心の葛藤を調和させることができる。ウッディとバズは移行対象であり、象徴的に愛と保護に対する子どもたちの欲求をあらわしている。このことを忘れなければ、子どもたちの質問に対して容易にこたえることができるだろう。

『ビロードうさぎの涙』(6章)は、病気が長びいて、一人っきりにされたときの孤独感をテーマとした傑作である。このマージャリー・ウィリアムズの物語の主人公は、猩紅熱からの回復期にある少年で、部屋から一歩も出られない。ここには、少年の大好きな人形たち――ビロードうさぎと皮のうま――が、〈実在〉とはどういうことかについて、議論するところがある。

子どもたちは〈実在〉とは、何か生きた動物に変身することと関係があると考えがちなので、この物語のなかの〈実在〉とは、どのような意味なのかをわからせる必要がある。このことばのほんとうの意味は野生に帰ることではなく、愛されたり大切にされたりすることと関係する。皮のうまがこのことをビロードうさぎに説明する場面は、じっくり時間をかけて説明して、このメッセージをしっかり理解させなければならない。物語の最後のほうで、ビロードうさぎは壊されてしまうけれども――主治医が猩紅熱の菌におかされているのではないかと心配したのだ――うさぎは愛されているから心のなかで生きつづけるのだ。

＊　＊　＊

この補遺で示したのは、おとぎ話によって子どもたちの成長をうながす方法についての、ごくわずかな例にすぎない。おとぎ話を愛するおとなたちは、ほかにも創造的な利用法をみいだせるにちがいない。子どもたちは想像力豊かで独創的なところがあり、ユニークな感想を言って、おとなを驚かせたりするものなのだ。

# 補遺二　おとぎ話に出会う

おとぎ話関係の本はきわめて多い。標準的なおとぎ話集や学術論文に加えて、およそ世界中のありとあらゆるところに、おとぎ話が存在する。したがって、参考文献一覧がふくれあがって手がつけられなくなるのを避けて、ここには個人的に楽しくて役に立つと思われたものだけを紹介する。どの本がとくに興味ぶかいかを読者が判断できるように、短いコメントを付した。

## おとぎ話集

ジャック・ザイプス（Jack　Zipes）訳『美女・野獣・魔法――フランスの古典的おとぎ話』（*Beauties, Beasts, and Enchantment : Classic French Fairy Tales*, New York : NAL Books, 1989）　高度に様式化された「かしこいお姫さま」をはじめとする、多くの〈サロン向け〉のおとぎ話集。

アンドルー・ラング（Andrew Lang）編『青版・妖精の本』（*The Blue Fairy Book*, London : Longmans, Green Co., 1889 ; reprint, New York : Dover, 1965）　ラングの〈カラー版〉おとぎ話シリーズの一巻。広く人口に膾炙している話が収められている。それほど知られていない話は、黄色や赤やグレーの本にみられる。

マーガレット・ハント (Margaret Hunt) 訳『グリムのおとぎ話全集』(*The Complete Grimm's Fairy Tales*, New York : Pantheon Books, 1944)　「びゃくしんの木の話」をはじめ、グリムのおとぎ話の二一〇篇、すべてが収められている。

ジャック・ザイプス (Jack Zipes) 編『王子に賭けるな——北アメリカとイングランドにおける現代のフェミニスト的おとぎ話』(*Don't Bet on the Prince : Contemporary Feminist Fairy Tales in North America and England*, New York : Methuen, 1986)　著名なフェミニスト作家による現代のおとぎ話集。「月のリボン」や「自分の足で立ったお姫さま」が収められている。

ジョーゼフ・ジェイコブズ (Joseph Jacobs) 編『イギリスのおとぎ話』(*English Fairy Tales*, London : The Bodley Head, 1968)　初版は一八九〇年。「ジャックと豆の木」や「ラシン・コーティ」などのイギリスの古典的なおとぎ話集。

エリク・ハウガールド (Erik Haugaard) 訳『ハンス・クリスティアン・アンデルセン——古典的おとぎ話』(*Hans Christian Andersen : His Classic Fairy Tales*, New York : Doubleday & Co., 1979)　「人魚姫」や「王さまの新しい服」など、アンデルセンのもっとも好評を博したおとぎ話一八篇。

ルーシー・クレイン (Lucy Crane) 訳『グリム兄弟による家族のためのおとぎ話』(*Household Stories by the Brothers Grimm*, London ; Macmillan & Co., 1886 ; reprint, New York : Dover, 1963)　グリム兄弟のおとぎ話のうち、もっとも人気のあるもの五〇篇。ウォールター・クレインによる美しいイラスト付。

ジャムバッティスタ・バジーレ (Giambattista Basile) 著／サー・リチャード・バートン (Sir Richard Burton) 訳『五日物語』(*Il Pentamerone*, New York : Liveright, 1927)　豊かな言語表現でつづられた卑

猥な話が多い。「笑わないお姫さま」、「日と月とターリア」、「灰かぶりネコ」のほか、四七篇所収。

『ペローのおとぎ話』(*Perrault's Fairy Tales*, New York : Dodd, Mead, & Co., 1921)　ペローの『がちょうおばさんのお話』中のオリジナル作八篇。「赤ずきん」、「眠れる森の美女」、ディズニー映画の原作となった「シンデレラ」などが収められている。

アレクサンドル・アファナスエヴ (Aleksandr Afanas'ev) 著／ノーバート・グターマン (Norbert Guterman) 訳『ロシアのおとぎ話』(*Russian Fairy Tales*, New York : Pantheon Books, 1945)　豊かなロシアのおとぎ話集。「カエルのお姫さま」や「うるわしのワシリーサ」をはじめ、不死のコルチョイやいたるところに存在するバーバ・ヤーガといった人物が登場する物語が収められている。

## 個々の作品

ロバート・クーヴァー (Robert Coover) 著『いばら姫』(*Briar Rose*, New York : Grove Press, 1996)　おとなのための〈眠れる美女〉物語。王子、王女、ゆかいな意地の悪い妖精、それぞれの視点から語られている。

ジェイン・ヨーレン (Jane Yolen) 著『月のリボン、その他』(*The Moon Ribbon and Other Stories*, London : J.M. Dent and Sons, 1976)　古典的なシンデレラ物語を一新したような話がある。

カルロ・コッローディ (Carlo Collodi) 著『ピノッキオ』(*Pinocchio*, New York : McGraw-Hill, 1982)　物語として完全にととのった作品。ディズニー映画では省略されたエピソードもすべてふくまれている。

レッティ・ポグレビン (Letty Pogrebin) 編『自由な子どもたちのための物語』(*Stories for Free Chil-*

*dren*, New York : McGraw-Hill, 1982)　ここに収められている「自分の足で立ったお姫さま」は、機転のきく王女と勇敢とは言えない求婚者が登場する現代的なおとぎ話。

ジェフ・ライマン（Geoff Ryman）著『夢の終わりに……』（*Was*, New York : Knopf, 1992)　オズ以前のドロシーの生活記録で、おとなのために書かれたもの。ここに描かれているドロシーのカンザス州の生活では、エムおばさんとヘンリーおじさんについて本編とはまったく異なった見解がとられている。

モーリス・センダック（Maurice Sendak）著『怪獣たちのいるところ』（*Where the Wild Things Are*, New York : Harper & Row, 1963)　食べものや反抗的態度、野蛮な性格に身をゆだねることなどがあつかわれている二〇世紀のおとぎ話。

フランク・ボーム（L. Frank Baum）著『オズの魔法使い』（*The Wizard of Oz*, Chicago : George M. Hill, 1900)　ここには映画でおなじみのハンクやジーク、ミス・グルチなどは、みんな登場しない。代わりに登場するのは、カリダー、クワドリング、陶磁器でできた壊れやすい人びとが住んでいる国などである。

## 分析と解説

ケイト・ベルンハイマー（Kate Bernheimer）編『鏡よ、壁の鏡よ』（*Mirror, Mirror, on the Wall*, New York : Anchor Books, 1998)　マーガレット・アトウッド、フェイ・ウェルドン、リンダ・グレイ・セクストンなどの女性作家たちが、おとぎ話から受けた影響について語っている。

ブルーノ・ベッテルハイム（Bruno Bettelheim）著『昔話の魔力』（*The Use of Enchantment*, New York : Knopf, 1976)　おとぎ話が、ファンタジーや願望充足をとおして、いかにエディプス・コンプレックス的葛藤を解決するのに役立つかを分析している。著者は高名な児童心理学者で、おとぎ話の精神分析的解釈の古典になっている。

ルース・ボッティヒャイマー（Ruth Bottigheimer）編『おとぎ話と社会』（*Fairy Tales and Society*, Philadelphia : University of Pennsylvania Press, 1986）　おとぎ話において、女性がどのように描かれているかから、心理療法におけるおとぎ話の効用にいたるまで、幅広いトピックがあつかわれている。

クラリッサ・ピンコーラ・エステ（Clarissa Pinkola Estes）著『狼と駆ける女たち——野生の女』（*Women Who Run with the Wolves*, New York : Ballantine, 1992）　民話やおとぎ話が女性の心理におよぼす影響について、ユング的視点からさぐったもの。

スティーヴン・スワン・ジョーンズ（Steven Swann Jones）著『おとぎ話』（*The Fairy Tale*, New York : Twaine, 1995）　洞察力に富んだ論考の詰まったスリムな本。古典的おとぎ話が『怪獣たちのすむところ』や『帽子をかぶったネコ』にあたえた影響についての論考をふくむ。

マリア・テイター（Maria Tatar）著『グリム兄弟のおとぎ話の厳しい事実』（*The Hard Facts of the Grimm's Fairy Tales*, Princeton, N.J. : Princeton University Press, 1987）　おとぎ話におけるセックスや暴力、犠牲者としての子ども、継母と魔女の関係などについて論じている。

マリーナ・ウォーナー（Marina Warner）著『野獣からブロンド美女へ』（*From the Beast to the Blonde*, New York : Farrar, Straus & Giroux, 1995）　おとぎ話が歴史・宗教・文化のなかに占める位置についての学問的分析。美しいイラスト付。

ジャック・ザイプス（Jack Zipes）著『それからずっと幸せに』（*Happily Ever After*, New York : Routledge, 1997）　映画化されたおとぎ話をはじめとして、おとぎ話が文化産業において占める位置について、社会経済学的に分析したもの。『ピノッキオ』や『ライオン・キング』の章がある。

# 訳者あとがき

数年前、グリム関係の本が書店の店頭をにぎわせた。それらは、従来、子どもの読み物とされてきたグリム兄弟のおとぎ話が、じつは児童書にはふさわしくない恐ろしい内容をふくんでいることを広く世間に知らしめた。それはブームと言ってよい現象だった。しかし、いまや熱狂もしずまって、ふたたび、おとぎ話の意義について冷静にみなおす時期にきている。少なくとも訳者は、そうした認識のもとに本書の訳業に取り組んだ。

本書は、Sheldon Cashdan, *The Witch Must Die : How Fairy Tales Shape Our Lives* (New York : Basic Books, 1999) の全訳である。この原題を直訳すれば『魔女は死すべし――おとぎ話はどのように人生を形成するか』となるが、同じ年に出版されたペーパーバック版では、副題の部分が 'The Hidden Meaning of Fairy Tales' (「おとぎ話の隠された意味」) に変えられている。いずれの副題も本書がおとぎ話関係の書であることを明示しているわけだが、なかにはメインタイトルだけをみて、これを魔女狩り関係の書と誤解する向きもあるかもしれない。本書のタイトルをあえて『おとぎ話と魔女――隠された意味』としたのは、ひとえに、そうした誤解を避けるためであると、ご理解いただきたい。

著者が「はじめに」で明らかにしているところによれば、本書の目的は三つあるという。第一に、おとぎ話の新しい理解の仕方を提示すること、第二に、おとぎ話のなかで子どもに理解できない隠された意味を明らかにすること、第三に、それほどポピュラーではないおとぎ話を広く世の中に紹介することである。

これら三つの目的のなかでも、とりわけ本書の〈売り〉となるのは、第一の目的、すなわち、おとぎ話の心理学的解釈を提示している部分であろう。著者キャッシュダンは、ベッテルハイムにみられるようなフロイト流の精神分析的解釈をしりぞけて、おとぎ話は基本的に子どもの心に宿る〈大罪〉をあつかっていると主張する。たとえば、ヘンゼルとグレーテルは子どもの〈大食〉の悪癖を、「白雪姫」の王妃は（また白雪姫自身も）〈虚栄〉を、そして、ピノッキオは子どもの〈怠惰〉な性向を体現しているといった具合である。こうしたおとぎ話は、子どもの心理的葛藤の投影にほかならない。子どもは成長過程において、さまざまな罪をめぐる心理的葛藤を経験するが、それらにどのように対処したらいいのか、わからない。おとぎ話はそうした子どもの善と悪との心の葛藤を解消し、人格形成に貢献するというのが著者の立場なのである。それは深層心理における性意識をおとぎ話の原動力と考えるベッテルハイムの立場とは、似て非なるものである。

しかし、このような著者のスタンスをあまりに強調すると、本書の性格を歪めることになりかねない。本書は専門的な学術書というよりは、一般読者を対象とした教養書として位置づけられるべきものである。そのことは実用的な目的をもった補遺が二つ、巻末に添えられているところからも明らかである。さらにまた、それは著者の言う第三の目的、すなわち、さまざまな理由で児童書から排除されてきたおとぎ話を、広く一般読者に供したいという著者の願望そのものにも表れている。読者が本書によって、これまで知らなかったおとぎ話に出会えたとすれば、少なくとも目的の三分の一は達成されたことになる。さらに付け加えるなら、ディズニーのアニメ映画やジュディ・ガーランド主演の『オズの魔法使い』、また、ジョージ・ルーカスの『スターウォーズ』やコンピュータ・プログラム版『ジャックと豆の木』など、いわば、おとぎ話の〈サブカルチャー〉までもが考察の対象になっているのも、そうした本書の性格と無縁ではない。わが国においても本書が心理学や児童文学の専門家はもちろん、広く一般読者、とりわけ学校や家庭において育児にかかわっておられる方々の目に触れることを願ってやまない。

著者のシェルドン・キャッシュダンは、マサチューセッツ大学アマースト校で心理学を講じ、一九九六年以降、同大学名誉教授。本書は「ファンタジーとフォークロアの心理学」という在職中の講座から生まれたもので、著書としては他に、入門的教科書『異常心理学』(*Abnormal Psychology*)、『相互作用による心理療法——行動変化における段階と戦略』(*Interactional Psychotherapy: Stages and Strategies in Behavioral Change*)や『対象関係療法——関係を利用して』(*Object Relations Therapy: Using the Relationship*)などがある。なお著者からの近況報告によれば、現在、「魔法の森近くのコテッジで夫婦二人の生活」を送りながら、フロイトと一人の患者との恋愛小説を執筆中とのことである。

原著は比較的平易な英文でつづられているが、浅学非才の身のこととて、意外なほど調査に手間どることになった。思わぬ誤解や誤訳もあるかもしれない。ご教示いただければ幸いである。翻訳に際しては、辞典類をふくめて多くの本を参照したが、とくに、おとぎ話関係の固有名詞の表記について参照した訳書を数点、ここに挙げておく。野村泫訳「決定版完訳グリム童話集」全七巻(筑摩書房、一九九九—二〇〇〇年)、今野一雄訳『ペローの昔ばなし』(白水社、一九九六年)、杉山洋子・三宅忠明訳『ペンタメローネ[五日物語]』(大修館書店、一九九五年)、石川澄子訳『すばらしい魔法使いオズ』(東京図書、一九八八年)などである。謝意を表したい。訳注については、上述のように教養書という本書の性格上、できるだけ少なくして、本文中に簡潔に挿入するかたちをとった。目障りでないことを願っている。索引は原著に挙げられているものを中心に作成したが、新たに項目や言及箇所を追加したところもある。作成方針に首尾一貫しない点があるとすればそのためである。

訳者が原書を初めて手にしてから、はや三年の歳月が流れた。この間、本書の出版を快く引き受けて、マイペースの仕事ぶりを温かくみまもってくださった法政大学出版局、および、編集作業を担当してくださった藤田信行氏に、この場を借りて心からお礼を申し上げたい。最後に、この訳書は、傘寿を超えてなお書物に目を走らせることを楽しみとしている母、保子に捧げたい。

二〇〇三年三月

田口孝夫

# 索　引

## ア　行

## カ　行

## サ　行

## タ 行

## マ 行



## ヤ 行



## ラ 行

## ワ　行

おとぎ話と魔女
——隠された意味——

発行　2003年6月10日　　初版第1刷

著者　シェルドン・キャッシュダン
訳者　田口孝夫
発行所　財団法人　法政大学出版局
〒102-0073 東京都千代田区九段北3-2-7
電話03(5214)5540／振替00160-6-95814
製版，印刷　三和印刷
鈴木製本所


ISBN4-588-49021-4
Printed in Japan

著者

シェルドン・キャッシュダン

(Sheldon Cashdan)

マサチューセッツ大学アマースト校で心理学を講じる．1996年以降は同大学名誉教授．著書として本書のほかに，*Abnormal Psychology. Interactional Psychotherapy: Stages and Strategies in Behavioral Change. Object Relations Therapy: Using the Relationship.*〔以上は未邦訳〕などがある．

訳者

田口孝夫（たぐち たかお）

1947年生まれ．東京教育大学大学院修士課程修了．1979-80年ケンブリッジ大学留学．大妻女子大学文学部教授．著訳書：『記号としてのイギリス』（共著，南雲堂），A. ブレイ『同性愛の社会史――イギリス・ルネサンス』（共訳，彩流社），J. ペリカン『大学とは何か』（法政大学出版局），R. ジラール『羨望の炎――シェイクスピアと欲望の劇場』（共訳，同），R. バーバー『図説騎士道物語』（監訳，原書房），Ch. フレイリング『悪夢の世界』（共訳，東洋書林），P. ラメジャラー『ノストラダムス百科全書　上下』（共訳，同）ほか．